# 逻辑思维与学术表达

郑 丽 薛 云 主编

清华大学出版社
北京交通大学出版社
·北京·

## 内 容 简 介

本书围绕逻辑思维与学术表达两部分内容展开，较为系统地介绍了逻辑学基本概念、基本理论、形式结构及其规律，通过大量案例阐述了如何识别逻辑谬误及如何在表达时避免逻辑谬误。根据高等院校学生的特点和需求，对写作和表达的逻辑结构与范式进行了系统梳理和总结，并以案例形式说明如何进行有逻辑的学术表达。全书分两部分，共9章，其中第一部分为逻辑学基础知识，主要内容包括绪论、概念、命题、演绎与归纳、论证与反驳、逻辑谬误与诡辩、普通逻辑的基本规律；第二部分为学术表达的规范和要求，主要包括学术写作的逻辑和有逻辑的学术写作。

本书可以作为高等院校通识教育课程，如逻辑学基础、逻辑学与写作、沟通与表达等的教材，也可作为各类成人高等教育教学用书，以及社会各类企事业单位相关人员的培训教材和自学参考书。

**图书在版编目（CIP）数据**

逻辑思维与学术表达 / 郑丽，薛云主编. -- 北京 ： 北京交通大学出版社 ： 清华大学出版社，2025. 6. -- ISBN 978-7-5121-5516-9

Ⅰ. B81

中国国家版本馆 CIP 数据核字第 2025AW9003 号

**逻辑思维与学术表达**
LUOJI SIWEI YU XUESHU BIAODA

责任编辑：韩素华

出版发行：清 华 大 学 出 版 社　　邮编：100084　　电话：010-62776969
　　　　　北京交通大学出版社　　邮编：100044　　电话：010-51686414
印 刷 者：北京华宇信诺印刷有限公司
经　　销：全国新华书店
开　　本：185 mm×260 mm　　印张：12.75　　字数：315 千字
版 印 次：2025 年 6 月第 1 版　　2025 年 6 月第 1 次印刷
定　　价：39.00 元

# 前　言

　　这本教材的写作初衷其实很简单。作为高校教师，在我们授课的大学课堂或者是在平时带学生参加本科生科研项目研究及学科竞赛的过程中，时常会遇到和同学交流的困境，也会在评价学生的读书总结、案例分析报告、商业策划书抑或是学术小论文时陷入深思。"这个同学说话概念不清、前言不搭后语，毫无逻辑可言""这篇论文眉毛胡子一把抓，逻辑混乱"，我们时常会有上述感受；也发现在给定学生特定的探究要求和主题时，有相当一部分学生抓不住重点，无法设计出"恰当""重要"且"可行"的选题。俗话说，好的开始是成功的一半；爱因斯坦也曾指出，提出一个问题往往比解决一个问题更为重要。可是，如何才能提高学生在复杂情境下识别关键问题的能力，并能符合逻辑地进行分析、论证，进而提出解决问题的有效方案呢？近年来这个问题一直萦绕心头。

　　2021 年，笔者所在的北京联合大学在原有通识选修课基础上，发布了《关于开展北京联合大学 2021 年普通本科通识教育核心课程建设项目申报工作的通知》（以下简称《通知》），将通识教育核心课程建设纳入高水平、应用型大学人才培养体系之中，并特别强调其在支撑学校人才培养目标中社会责任感、创新创业精神和可持续发展能力等核心指标点达成中的重要作用。《通知》指出，北京联合大学通识教育选修课程体系的四类课程分别为人文社科类、自然科学类、艺术审美类和阅读写作类，每一类均设计了具体且详细的教育目标。我们发现，这无疑是一个很好的契机。通过通识教育核心课程的研究、建设及教学实践，可以有组织、有计划、有保障地在全校范围内推广逻辑学基础知识的学习及学术表达基本方法的训练，从而有针对性地解决困扰我们许久的问题，促进学生逻辑思维能力的提升。因此，经过两年潜心准备，2023 年，我们申报并获批通识教育核心课程"求真向雅：逻辑思维与学术表达"，开启了更加深入的探究及教育教学实践。

　　逻辑学是一门关于推理形式及其规律的科学，研究概念、命题、推理与论证的规律与规则，为人们正确思维、高效交流及认识客观真理提供工具。逻辑和理性思维在人才培养中居于重要地位。作为一种重要的思维工具，逻辑学可以帮助学生在学术研究中"祛魅"，亦即可以帮助学生用更加理性的态度去看待世界、认识世界和辨识真伪，避免被事物表面的光环或魅力所迷惑，从而能够更加真实地认识和理解事物及其本质，有效地做出理性的选择，为科学决策提供依据。正如《逻辑与批判性思维动态》2024 年第 4 期卷首语中所写，"追求真、善、美的逻辑是人类智慧的高峰，培养具备真、善、美精神的公民的逻辑教育具有提升认知、促进创新和构建和谐社会等多重价值"。

　　虽然逻辑学作为基础科学拥有在人才培养中的核心地位，其在培养学生的推理能力、增强创新力及思维成长等方面也被认为发挥着重要作用，但是在我国应用型高校中，开设"逻辑学"或相似通识教育课程的尚不普及，逻辑教育在小学、中学、大学乃至研究生等所有教育阶段并未得到应有的重视，学生的思维发展仍然是教育中的短板，这是造成我们在评价一篇文章或评价一个人讲话时的逻辑思路不清晰的重要原因之一。如果希望学生们在讲话或写文章时逻辑思路清晰，则意味着他们使用的概念要明确，判断要恰当，推理要可靠，论证要充分。而要做到这一点，学点逻辑学基础知识必不可少，掌握学术表达的逻辑及进行有逻辑的学术写作训练也不可或缺。在这一点上，笔者认为，学校有针对性地开展逻辑学教育教学是一条有效路径。一言以蔽之，学校在对学生进行逻辑思维及学术表达方面的培养环节不能、也不应缺失。正因如此，我们设计了"求真向雅：逻辑思维与学术表达"这门课程的基本内容框架和教学逻辑，而这本教材也是瞄准这一目标的达成精心设计而成的。

需要说明的是，本教材受北京联合大学 2023 年通识教育核心课建设项目"求真向雅：逻辑思维与学术表达"、2022 年北京高等教育"本科教学改革创新项目"——"数智化"时代商务实践能力培养的创新与实践的资助，在此表示衷心的感谢。教材由北京联合大学商务学院和管理学院的教师合作编写，其中郑丽编写第一至三章、刘宇涵编写第四至五章、薛云编写第六至七章、郭彦丽编写第八章、陈建斌编写第九章。全书由教学团队多次研讨确定，并由郑丽、薛云统稿。在编写过程中，编者参考借鉴了国内外专家学者的研究成果，也参阅了相关书籍和网络资料，在书中以资料来源或参考文献的方式列于各章末尾，在此谨向原作者表达深深谢意。

我们希望，通过本课程的教学及本教材的出版，能够改变同学们看待和分析问题的方式，提升他们在沟通交流及学术表达时的逻辑性和准确性，帮助同学们更有效地应对未来的道路选择、问题解决、合作达成及思想表达，并对他们的成长成才产生积极影响。我们相信，逻辑思维与学术表达在自然科学技术、人文社会科学和思维科学发展的进程中将日益显示出其重要的理论意义和应用价值，本教材如果能够在其中发挥些许作用，那将是教材编写团队全体成员荣幸之至的事情。

由于编者水平有限，疏漏之处请各位专家及读者批评指正。

郑　丽

2025 年 4 月

# 目　　录

# 第一章 绪 论

    管理学中有一个吉德林法则，是美国通用汽车公司管理顾问查尔斯·吉德林提出的。其主要内容是指：把难题清清楚楚地写出来，便已经解决了一半。意思是只有先认清问题，才能很好地解决问题。这句名言表明，将问题明确、清晰、具体地描述出来，能够让人们更好地理解问题的本质，明确问题的范围和边界，从而更好地找到解决问题的方法，也便于和他人更好地合作。杂乱无章的思维，不可能产生有条有理的行动。由此可以看出，在解决复杂问题时清晰明确的表达和沟通是多么重要。

    值得注意的是，表达和沟通离不开思维，清晰的表达、有效的沟通均有赖于思维的逻辑性。所谓思维的逻辑性，又称逻辑思维，是指人们的思维活动应遵循逻辑的方法和规律，按照逻辑的程序进行。它包括概念形成、判断、推理等认知活动，以及问题决策、解决等实际操作过程。思维的逻辑性是人们在日常交际及学术表达中表现出来的一种重要的思维品质，它能够使人们概念明确、表达清晰、判断恰当、推理合理、结果正确或至少可以接受。在逻辑思维中，要用到概念、判断、推理等思维形式和比较、分析、综合、抽象、概括等思维方法，而掌握和运用这些思维形式和方法的程度，也就是一个人逻辑思维能力的体现。

    提高逻辑思维能力有多种途径，其中最直接、最系统的一种是参加相关培训课程的学习，或者阅读优秀的逻辑思维著作和文章，并以此为基础进行相关的训练及实践。鉴于学习逻辑学基础知识是提高逻辑思维能力的根基，所以本书首先介绍逻辑学的基本概念、性质、起源和发展、分类和应用等基础知识、基础理论。在后续的章节中，渐次介绍概念、命题、演绎与归纳、论证与反驳、逻辑谬误与诡辩、普通逻辑的基本规律等内容，并在最后的章节中详细阐述学术写作的逻辑及如何进行有逻辑的学术写作。希望上述内容对强化读者的逻辑思维能力，提高思维的严密性、条理性和清晰度，提高学术表达水平具有一定的启发和实际意义。

## 第一节 逻辑学的定义与性质

### 一、逻辑学的定义

    "逻辑"一词的词源可以追溯到古希腊的"λóγos（逻各斯）"，它具有"言辞、理性、思想、规律、规则、秩序"等含义。随着时间的推移，"逻辑"这个词不断演变和发展，在现代生活中，"逻辑"已经成了常用词汇，含义非常丰富。具体来说，"逻辑"这个词的含义可以归纳为以下 4 种。

① 逻辑可以指思维的规律、规则，这是对思维过程的抽象。例如，只有充分地摆事实、讲道理、断是非，才能得出合乎逻辑的结论来。

② 逻辑可以指某种理论、观点或行为方式。例如，数字经济促进高质量发展的内在逻辑是数据成为生产要素，改变了传统生产模式，提高了生产效率。

③ 逻辑也可以指客观事物的规律性。例如，适者生存，优胜劣汰，这是自然界的逻辑，也是市场竞争的基本逻辑。

④ 逻辑还可以专指逻辑学或逻辑知识。例如，逻辑是一切思考的基础；大学生要懂点逻辑等。

逻辑学是研究思维形式的规则及其规律的科学，它是一门历史悠久的学科，至今已有两千多年的历史。其中的思维形式，是指思维借以实现的形式，它是逻辑学的核心概念。逻辑学以推理和论证作为研究对象，旨在发现推理中的逻辑形式、规则和标准，以便深刻地理解推理的本质和规律，正确地推导出结论，并进行恰当的评估和反思。作为工具性学科和思维科学，逻辑学与哲学、数学等许多学科都有紧密的联系，它为各种学科提供严格的思维方式及一套完整的方法论和工具，帮助人们更好地理解与评估推理和论证的有效性。同时，逻辑学在语言学、计算机科学和人工智能等领域中亦有广泛的应用。

## 二、逻辑学的性质

逻辑学是一门支撑人类思维大厦的基础性学科，其重要性日益受到普遍关注。1974 年，联合国教科文组织将逻辑学与数学、天文学和天体物理学、地球科学和空间科学、物理学、化学、生命科学并列为七大基础学科。2019 年 11 月，联合国教科文组织正式将每年的 1 月 14 日定为世界逻辑日，一方面用以纪念人类历史上两位伟大的逻辑学家哥德尔（1978 年 1 月 14 日逝世）和塔尔斯基（1901 年 1 月 14 日出生），另一方面也希望在这个非常值得庆贺的世界性日子里，人们有必要再次重新认识逻辑的价值和功能。由于在自然科学技术、人文社会科学和思维科学发展的进程中日益显示出重要的理论意义和应用价值，古老的逻辑学依旧活力四射，显示出更好地服务科技创新和社会发展的重要作用。

具体来说，逻辑学的性质包括基础性、工具性、共有性、人文性 4 个方面。

### 1. 基础性

基础性是指逻辑学具有基础性地位。人类知识依据其可靠性可以分为不同的层级：逻辑、数学、自然科学、哲学、经验常识等。逻辑在人类知识体系中处于最为基础的地位，任何知识体系一旦逻辑上出了问题，就将大厦倾覆。哥德尔认为，逻辑是一门优先于所有其他科学的科学，它包含所有其他科学的基本观念和原理。严复在《穆勒名学》中引用培根的话说："是学为一切法之法，一切学之学。"①

逻辑学的基本理论是普遍适用于一切科学的原则和方法。中世纪大哲学家托马斯说："应当从逻辑开始，因为一切科学都要依据它。它教给我们在一切科学中的思考方法。"人类的一切思维活动和知识领域，都要应用逻辑，故而都应遵守逻辑。掌握逻辑学基础概念、基本理论和方法，对于建立一个由概念、判断和推理构成的知识体系来说，是十分必要的。由此可知，逻辑学是各门科学建立的思维基础，也是学习和研究各门科学的思维前提。

---

① 穆勒. 穆勒名学 [M]. 严复，译. 北京：商务印书馆，1981：2.

### 2. 工具性

正如前面所述，逻辑学是以思维形式结构及其规律为研究对象的学科，虽然它本身并不能给人们直接提供各种具体知识，但它能够为人们进行正确思维、获取新知识，以及表述、论证思想，提供必要的逻辑手段和方法，这就是逻辑学的工具性。逻辑学教给人们的是一套行之有效的思维工具，它不同于各种具体操作的实用工具，而是被人们运用在思维中的隐性工具。离开它，人们就难以正确、合理地进行思考和表达，也无法进行有效的对话、演说和论辩。

逻辑学的工具性表现在它所研究的逻辑形式，既不是包含有具体内容的概念、判断和推理，也不是包含有具体内容的词项、命题和推理，而主要是命题形式和推理形式；它所研究的规律、规则主要是命题形式和推理形式所必须遵循的逻辑规律和规则。就此而言，逻辑学和语法学非常相似，因此常常有人把逻辑学所揭示的逻辑规律和规则比喻为"思维的语法"。如同只有遵守语法规则才能使语言使用具有一种有条理的、可理解的性质一样，也只有遵守逻辑规律和规则，才能使思维有条理、可理解。如同语法是准确表达、有效交流的工具从而使语法学具有一种工具性一样，逻辑规律和规则作为"思维的语法"也使得逻辑学具有工具的性质。

### 3. 共有性

共有性是指逻辑学的研究内容对所有人一视同仁，没有地区性，也没有民族性。尽管人们的国籍不同、民族不同、地位不同、语言不同，但思维的形式，即概念、判断、推理的形式是相同的。任何国家、任何民族、任何阶级的团体和个人，都应该运用逻辑学的知识进行思维和思维实践活动，都要符合思维规律才能正确地进行表述和论证。思维如果杂乱无章，不合逻辑，就不可能有条不紊地表达思想，也就无法有效地实现思想交流。

逻辑学的共有性还体现在其基本理论和方法对所有人都是适用的。无论是东方还是西方，无论是哪个国家或地区的人，只要进行思维活动，就必须遵循逻辑学的规律和规则。这种普遍适用性是逻辑学共有性的重要体现。它不是针对某个具体领域或学科的特殊规律和原则，而是探索一切学科普遍适用的逻辑原则和规律。例如，假设有两个不同国家、不同文化背景的人要进行交流，由于逻辑学的共有性，他们可以使用相同的逻辑规则和形式进行推理和论证，以确保彼此理解和信任。这种跨文化、跨语言的交流需要逻辑学的支持，也是逻辑学共有性的具体应用。

### 4. 人文性

逻辑学的人文性是指其具有启发民智、更新观念、确立价值导向的社会文化功能，这主要是因为逻辑学不仅作为一种人文存在，而且学科对象本身即具有人文内容。逻辑学以研究思维的逻辑形式及其规律、规则为主要内容，以提高人的思维能力和素养为根本任务，而由逻辑规律和规则所确立与判定的逻辑原则、逻辑精神作为一种理性原则，乃是一切社会理性的基础。体现理性精神和规则意识的逻辑精神既是科学精神的基本要素，也是民主法治精神的基本要素，不仅关系并影响个体的生存质量和价值，而且关系并影响社会运行的质量和价值。就此而言，逻辑学应当成为"社会理性化的支柱性科学"。

美国逻辑学家塔尔斯基认为，逻辑的广泛传播可以积极地加快人类关系的正常化过程。因为，一方面，使概念的意义在其自身范围内精确并一致起来，逻辑就使得凡是愿意很好地交流的人们都可能彼此很好地进行沟通；另一方面，思想工具的精确化，它使人们更具有批判性，人们不再轻易地被那些似是而非的推论引入歧途。逻辑有助于人们坚定信仰、辨明是非、增进对话、减少分歧。只有在有逻辑的社会中，人们才能幸福、祥和地生活，才会对富有者多一分理解、对贫困者多一分尊重。只有在有逻辑的社会中，人们才能尊重规则，崇尚道德，消除各种暴力如语言暴力、思想暴力、行动暴力等，更好地实现对美好生活的追求。

# 第二节　逻辑学的起源和发展

逻辑学历史悠久，源远流长。梳理其发展历程，介绍世界著名逻辑学家的学说，有助于读者领略逻辑学深厚的历史渊源及其重要的基础与根基地位。

## 一、逻辑学的发展历程

逻辑学是一门古老的学问，起源于公元前 5 世纪，至今已有两千多年的历史。它的起源可以追溯到古希腊、中国、古印度和古罗马等 4 个国家，其分别产生了各具特色的逻辑学说。下面分别简述之。

### （一）古希腊的逻辑学

古希腊逻辑以亚里士多德的词项逻辑和斯多亚派的命题逻辑为代表。

古希腊是西方逻辑学的发源地。早期的古希腊哲学家，如泰勒斯、毕达哥拉斯等人，已经开始探索如何通过推理和证明来获得知识，这被认为是形式逻辑的前身。柏拉图和亚里士多德则进一步发展了逻辑学，使之成为一门独立的学科。为此，亚里士多德被称为逻辑学的创始人，史称"逻辑之父"。

亚里士多德建立的是一种"大逻辑"框架，即"概念—判断—推理—论证—谬误及其反驳—思维基本规律"，在后来十几个世纪中占据逻辑教学体系的统治地位。但其最主要的逻辑成就，还是以直言命题为对象、以三段论理论为核心的词项逻辑理论。该理论迄今为止仅有少许改良和增补，没有实质性变化。

古希腊欧几里得的几何学逻辑对后世亦产生了深远影响。在《几何原本》中，欧几里得通过一系列的公理和定义，构建了一个严密的几何世界，其中每一条定理都可以从公理体系中推导出来。这种公理化的方法，为后世的形式逻辑也提供了重要的启示。

斯多亚派是古希腊的一个重要哲学流派，活动时间长达千年。其创始人芝诺（Zeno of Citium）于公元前 300 年前后在雅典建立了一个学园，吸引了大量学生。因常在画廊（stoa）聚集讲学，故被称为"画廊学派"（stoa 学派）。斯多亚派的逻辑学包括论辩术和修辞学。他们在逻辑史上的贡献是提出了与亚里士多德完全不同的命题分类体系。斯多亚派对逻辑学有着独到的见解，认为：逻辑不仅是思考的工具，更是道德生活的基础。该学派提出的"自然法则"概念，强调了理性在人类生活中的重要性，对后世的伦理学和哲学产生了深远影响。

在实际的逻辑学发展进程中，唯有肇始于古希腊逻辑的西方逻辑有相对完整的历史，其后成为世界逻辑发展的主流。中世纪时期，逻辑学得到了进一步的发展和完善。近代，随着数学和符号逻辑的兴起，逻辑学逐渐与数学、计算机科学等学科相结合，产生了现代逻辑。

### （二）中国的名辩学

在中国，先秦时期是逻辑学发展的黄金时期。辩士、哲学家们通过对名辩的研究，探讨"名"与"实"之间的关系，即概念与现实之间的关系，提出了许多有关逻辑的概念和理论，是对人类思维方式和认知模式的探索。

名辩学是名学和辩学的合称，以名、辞、说、辩为主要研究对象，其代表人物有邓析、孔子、惠施、公孙龙、墨子、荀子、韩非等。名辩起于名，激于辩，百家学者对如何为"名"而"辩"都有浓厚兴趣。孔子曰："正名之学，必为之"；老子曰："名可名，道亦可道"；法家则声称："寻名实而定是非"。

名学又称为"正名学"，主要指中国古代有关名实关系和正名的理论，内容涉及正名的对象和范围、目的和意义、认识论基础、客观标准、基本原则和制止乱名等。

辩学亦称为"论辩学"，指中国古代关于辞（命题）、说（推理）和辩（论证）的学说，主要包括辩学的一般哲学基础、"以辞抒意"的命题学说、"心说出故"的推理学说、"以辩争彼"的论证学说、论辩的基本规律和规则等。

名学和辩学两者的有机结合可总称为"名辩学"。从主要内容和基本性质看，中国古代逻辑构成了名辩学的核心和重点，但名辩学并不等同于中国古代逻辑或中国逻辑史，因为名辩学尚包含有大量哲学、认识论等非逻辑的理论。

与古希腊的逻辑学一样，名辩学也强调思维和表达的清晰、准确和一致性。作为一种独特的思维方式和方法论，名辩学对中国古代的哲学、政治、文化等领域产生了深远的影响，在日常生活中也得到了广泛的应用。无论是文学、艺术、政治还是日常生活，名辩学的思维方式都贯穿其中，成为人们思考和表达的重要工具。

但是，令人遗憾的是，中国先秦逻辑在发展过程中因种种原因没有延续，这其中包括了历史背景的改变、思想文化因素的限制、学科发展的不平衡、语言文字的变化及外部因素的影响等。然而，尽管名辩学在当代的影响力已经不如古代，但它作为中国学术史上的重要流派，仍然具有重要的历史和文化价值。

### （三）古印度的因明学

古印度的因明学是印度哲学中的一个重要分支，因明是佛家逻辑的专称，其中"因"指推理的根据、理由，"明"指知识、智慧，"因明"就是关于推理、论证的学问，它探讨的是逻辑和推理在认识论、伦理学和宗教信仰等领域的应用。

古印度因明学的起源可以追溯到公元前，由古印度正理学派创立，并在佛教中得到进一步发展。因明学作为佛教的论辩术，其基本原理包括立宗、因、喻三支作法，用于论证论题的真实性及其原因。活跃于公元 150 年至 250 年之间的龙树菩萨通过《中论》《大智度论》等著作强调了因明学在理解佛法中的重要性，认为一切事物都是相互依存的，对后来的因明学发展产生了深远的影响。

因明的体系是建立在古正理的基础之上的，分为古因明和新因明。古因明中有所谓的"五支作法"，即以宗（论题）、因（理由）、喻（例证）、合（应用）、结（结论）五支（部分）组成的论式，是古因明的论证形式。五支作法一般用例如下：宗，此山有火；因，以有烟故；喻，如灶，于灶见是有烟与有火；合，此山亦如此；结，此山有火。

陈那亦是古印度因明学的代表性人物之一，其学说是对古因明学说的改革，因而被称为"新因明"。陈那在因明学上的成就被普遍认为是龙树思想的延续和进一步发展，他在龙树的基础上，对因明学进行了更为深入和系统的研究，并提出了许多新的理论和方法，如对概念、判断和推理的探讨，以及对语言和文字在逻辑推理中的重要性的认识。

陈那的新因明将五支作法变为三支作法，删去合、结二支，由三个部分（"支"）组成，即：宗（论题目）、因（理由）、喻（例证）。其中，"宗"指的是要证明的观点或命题，"因"指的是支持该观点的理由或原因，"喻"则指的是类比或比喻，用来帮助人们理解抽象的概念或命题。例如，此处有热（宗）；由于有火的缘故（因）；有火的地方都有热（喻）。从古因明的五支作法改为三支论式的推理方式，是因明学史上的一次重大变革，它使因明的论式更符合人的逻辑思维。

古印度因明学经历了萌芽、发展时期后，从 7 世纪中期到 9 世纪末期，逐渐失去了往日的辉煌，进入了衰落时期。这一时期的社会动荡和政治变革导致了学术思想的混乱和迷茫，也使得因明学的发展受到了阻碍。但从 9 世纪末期到 13 世纪初期，因明学迎来了复兴时期。印度学者们重新审视了因明学的理论和方法，并致力于将其应用于新的时代背景之下。自 13 世纪以来，因明学经历了多次现代发展的浪潮。在现代社会中，它被广泛应用于哲学、科学、人文等多个领域的研究之中。同时，随着计算机技术的发展和应用，因明学也在数字化时代又找到了新的应用和发展空间。

### （四）古罗马的逻辑学

古罗马逻辑是古希腊逻辑的发展和继续。它虽然在理论上没有系统的、实质性的创新，但在翻译、注释、解释、保存和传播古希腊逻辑著作方面，作出了巨大的贡献。古罗马人不仅翻译希腊逻辑原本，而且对其中错漏的、残缺的、不清楚的地方加以增、删、订、补，给以详细的注释。此外，他们在某些理论方面综合、补充和发展了亚里士多德和斯多亚派的逻辑学说。

古罗马时期的著名逻辑学家有波爱修，他出生于古罗马名门望族阿尼契，年轻时接受过罗马显贵西马丘斯的保护和资助。波爱修被认为是西方逻辑史上的一个重要人物，他最早将亚里士多德《工具论》中的《范畴篇》和《解释篇》等著作译为拉丁文传播到西欧，还对其中一些著作做了注释。波爱修学识渊博，被誉为百科全书式的思想家，在哲学、神学、数学、文学和音乐等方面作出了卓越的贡献。其在逻辑学上也有重要建树，他创造了大量拉丁文逻辑术语，确定了属加种差的定义和发生定义，并试用了一些逻辑符号。他发展了命题逻辑，将假言命题分为简单的和复合的，提出了 10 个假言三段式。

波爱修的代表性著作是《哲学的安慰》。该书采用散文与诗歌交替和对话的形式，描述了作者与代表理性的哲学女神一起探讨人生与信仰的过程。全书分为 5 卷。第一卷，描述作者自己的境遇和愤懑不平的心情；第二卷，指出世俗的幸福的不可靠；第三卷，讨论最高的幸福和至善；第四卷，论恶的本质；第五卷，论天命与人的自由意志的关系。全书以善恶问题为中心，以逻辑推理的方式论述了有关哲学、神学等问题，告诫人们学会以内心的自足面对无常命运。

古罗马时期并未产生如亚里士多德或斯多亚派那样重要的逻辑学成就，其最重要的贡献是保存和注释了前人的逻辑学著作，使之得以流传后世。但是，古罗马逻辑不仅承前启后发挥了逻辑传播者的作用，而且实际上它作为古希腊逻辑和中世纪逻辑的衔接点，或者说是介于古希腊逻辑和中世纪逻辑之间的一个小阶段，其贡献也是独特的。古罗马逻辑承认古希腊逻辑中的两大彼此隔绝的逻辑体系，并试图使它统一。可以说，古罗马逻辑是古代各种逻辑体系的汇合点，一方面它继承了以往逻辑学家的理论成果；另一方面又在理论成果上、研究方法上做出克服前人局限性的尝试。古罗马的逻辑学家们不断推动逻辑学的发展和完善。他们的理论贡献和实践活动，为后世提供了宝贵的思想和理论资源。

综上所述，逻辑学的四大起源包括古希腊、中国、古印度和古罗马等 4 个国家。这些国家的学者和哲学家们通过对不同领域的研究和探讨，各自发展出了独特的逻辑思想和理论，为后来逻辑学的发展奠定了坚实的基础。

## 二、世界著名逻辑学家及其主要学说

古往今来，世界著名逻辑学家多如繁星，数不胜数。不同时代、不同国家或地域，均产生过伟大的逻辑学家。他们潜心钻研，著书立说，对世界逻辑学科的发展发挥着重要的影响作用。因篇幅所限，更由于编者对于逻辑学领域的认知限制和研究难度，本书仅从中撷取几位典型代表进行介绍，以展示逻辑学领域的丰富多样性和辉煌成就。

### （一）亚里士多德及其《工具论》

在古希腊的众多哲学家之中，亚里士多德对逻辑学的贡献尤为突出。他认为，逻辑学应当成为人们思考一切问题的工具，无论是哲学、科学还是在日常生活中。亚里士多德可以说是有史以来最伟大的逻辑学家和最有影响力的思想家。他被认为是现代逻辑之父，也是伦理推理的奠基人。他的逻辑推理影响了几代人，直到今天仍然适用。

公元前 384 年，亚里士多德出生在希腊北部的斯塔基拉。17 岁时，他赴雅典在柏拉图学园就读，是柏拉图的学生，在雅典跟随柏拉图学习哲学的 20 年间对他的一生产生了决定性的影响。但是，亚里士多德与其老师柏拉图在哲学思想、政治思想、伦理观、教育观等方面并不相同。"吾爱吾师，吾更爱真理。"亚里士多德的名言，体现出他对知识的追求和对真理的热爱。

亚里士多德在逻辑学领域最著名的著作是《工具论》，该书是亚里士多德逻辑著作的汇编总称，也是逻辑学的经典之作，其中研究了推理和论证的基本原理，为后来的逻辑学发展奠定了基础。《工具论》包括《范畴篇》《解释篇》《前分析篇》《后分析篇》《论题篇》《辩谬篇》等 6 篇。其中，《范畴篇》讨论实体、量、关系、质等问题；《解释篇》结合词语、语句讨论判断或命题；《前分析篇》讨论推理的有效性、前提和结论之间的关系；《后分析篇》讨论证明的条件、种类、方法和构成因素，以及定义和证明的关系等；《论题篇》讨论一种通用的探索方法，用以对任何普遍讨论的问题进行推理，并且达到逻辑自洽；《辩谬篇》专门剖析和驳斥各种谬误和诡辩。

亚里士多德创立了形式逻辑这一重要分支学科。他认为，概念、判断和推理是形式逻辑的 3 个环节，最后的环节是逻辑公理，这就是矛盾律、同一律和排中律。亚里士多德建立了第一个逻辑系统，即三段论理论，该理论是亚里士多德对逻辑的最大贡献。亚里士多德认为："三段论是一种论说，在其中某些东西被肯定了，另外一个东西就必然由于这些基本的东西而成立。"三段论是一种重要的推理形式，至今仍然是逻辑学中的基本概念。此外，亚里士多德还对概念、范畴和语言的逻辑性质进行了深入研究，对后世的逻辑学发展产生了深远影响。

### （二）哥德尔和他的不完全性定理

库尔特·哥德尔生于 1906 年 4 月 28 日，卒于 1978 年 1 月 14 日，是美籍奥地利数学家、逻辑学家和哲学家，是有史以来最杰出的逻辑学家之一，与亚里士多德齐名。由联合国教科文组织设立的世界逻辑日，定于每年的 1 月 14 日，在某种意义上也是为了表达对哥德尔特殊的纪念意义。

哥德尔最杰出、最具代表性、最有震撼力的贡献是哥德尔不完全性定理，包括第一定理和第二定理。该定理蕴含的深刻含义是：存在有意义的数学真理，其范围超出任何给定的形式系统的证明能力。亦即，存在这样的命题，从形式系统外部看是真命题，却无法在形式系统内部获得证明。哥德尔不完全性定理不仅使数学基础研究发生了划时代的变化，更是现代逻辑史上很重要的一座里程碑，同时使人类对理性的认识上升到一个新的高度。哥德尔不完全性定理告诉人们，人类寻求知识的努力永远都不会到达终点，我们始终都有获得新知识的挑战。

哥德尔不完全性定理的影响远远超出了数学的范围。它不仅使数学、逻辑学发生革命性的变化，引发了许多富有挑战性的问题，而且还涉及哲学、语言学和计算机科学，甚至宇宙学及现今十分热门的人工智能领域。哥德尔不完全性定理与塔尔斯基的形式语言的真理论、图灵机和判定问题，被誉为现代逻辑科学在哲学方面的三大成果。

哥德尔曾在美国普林斯顿高等研究院任职，其间和爱因斯坦成了很好的朋友，两人在各自的领域均对世界有极为重大的贡献。1951 年，哥德尔因其卓越工作获得爱因斯坦勋章。被誉为"计算机之父"及"博弈论之父"的科学全才冯·诺伊曼教授评价说："哥德尔在现代逻辑中的成就是非凡的、不朽的——他的不朽甚至超过了纪念碑，他是一个里程碑，是永存的纪念碑。"

### （三）黑格尔与他的《逻辑学》

格奥尔格·威廉·弗里德里希·黑格尔是 19 世纪德国最著名的古典哲学家，其思想标志着 19 世纪德国唯心主义哲学运动的顶峰，对后世哲学流派，如存在主义和马克思的历史唯物主义都曾产生深远的影响。

黑格尔 1770 年 8 月出生在德国符腾堡公国首府斯图加特一个官吏家庭，1790 年获得杜宾根大学的哲学硕士学位，1801 年，他在耶拿大学哲学系任编外讲师，以一篇论文《论行星运转》迅速取得哲学博士与讲师资格，然后在同年冬季学期讲授他的第一堂课：逻辑与形而上学。1805 年，在歌德与席勒的推荐之下黑格尔成为教授。1808—1816 年，黑格尔在纽伦堡当了 8 年中学校长，在此期间完成了《逻辑学》（常被称作"大逻辑"）。1816—1817 年，黑格尔任海德堡大学哲学教授，并在 1817 年出版《哲学全书》，完成了他的哲学体系。1818 年后，黑格尔任柏林大学哲学教授，并于 1829 年被任命为柏林大学校长。

《逻辑学》是黑格尔最重要的哲学著作之一，通称"大逻辑"，以区别于《哲学全书》中的部分"逻辑学"，即通称的"小逻辑"。《逻辑学》共分"存在论""本质论""概念论"3 编。前两编合称客观逻辑，分别出版于 1812 年和 1813 年，第三编称为主观逻辑，出版于 1816 年。全书 3 编出版后，黑格尔又着手修订，但仅完成了第 1 编"存在论"部分。

黑格尔在《逻辑学》一书中，阐述了逻辑学的对象、方法和特点，分析了逻辑学的历史和现状，指明从根本上改造旧逻辑的必要。他主张思维形式和思维内容的统一、主体和客体的统一。黑格尔指出，为了改造旧逻辑，必须使逻辑学有它自己的科学方法，这个科学方法就是"关于逻辑内容的内在自身运动的形式的意识"。这个方法正是内容本身，是内容在自身所具有的、推动内容前进的辩证法。他认为，逻辑概念不是抽象的，而是具体的，即在自身中包含了丰富的特殊事物的共相。但逻辑学和其他各门具体科学不同，它是纯科学，是科学之科学，它的特点就在于摆脱了一切感性的具体性。

黑格尔的《逻辑学》体现了逻辑、认识论和辩证法的一致。不过，所有这些合理的思想都是在极其抽象、晦涩和唯心主义神秘化了的形式下表述出来的。马克思、恩格斯和列宁都非常重视黑格尔的《逻辑学》。马克思在写《资本论》时运用了黑格尔《逻辑学》中辩证方法的思想。列宁说："马克思把黑格尔辩证法的合理形式运用于政治经济学。"

黑格尔一生著述颇丰，其代表作品除了有《逻辑学》之外，还有《精神现象学》《哲学全书》《法哲学原理》《哲学史讲演录》《历史哲学》《美学讲演录》等。

### （四）伯特兰·罗素与其《数学原理》

在现代西方哲学界、逻辑学界及社会政治领域内，英国哲学家、数学家、逻辑学家、历史学家、文学家，分析哲学的主要创始人，世界和平运动的倡导者和组织者伯特兰·罗素都享有崇高声誉。

伯特兰·阿瑟·威廉·罗素 1872 年出身于英国曼摩兹郡一个贵族家庭；1890 年考入剑桥大学三一学院，后曾两度在该校任教；1908 年当选为皇家学会会员；1950 年获诺贝尔文学奖。罗素一生著述颇丰，其学说对数学、逻辑学、集合论、语言学、人工智能、认知科学、计算机科学和分析哲学等领域，特别是数学哲学、语言哲学、认识论和形而上学都有相当大的影响。

罗素对分析哲学的两大贡献之一就是把逻辑分析引入哲学，创立了逻辑原子论。他的另一重大贡献是为哲学创立了精确的人工语言。可以认为，逻辑原子论是现代逻辑和经验主义相结合的一种哲学学说，它认为分析是了解任何主题实质的途径，对任一事物不断分析，直至无可分析为止，那时所剩下的就是逻辑原子。

作为一位逻辑学家，罗素在数学逻辑方面作出了巨大的贡献，他和怀特海共同写就的《数学原理》一书，耗时 10 年之久，被公认为是现代数理逻辑这门科学的奠基石。《数学原理》是一本关于哲学、数学和数理逻辑三大部分的皇皇巨著，该书对逻辑学、数学、集合论、语言学和分析哲学有着巨大的影响。在《数学原理》中，罗素和怀特海主张数学可以约化为逻辑，数学大厦的一部分被从逻辑出发直接构筑了出来。《数学原理》不是逻辑主义的奠基之作，却是它的高峰。罗素和怀特海对此深感自豪，认为这部书的精确性、推理的缜密性及内容的完备性无与伦比。

1901 年，罗素提出"罗素悖论"，使集合论产生了危机。罗素悖论可以简单地描述为：假设 $N$ 是由所有不属于自身的集合所组成的集合，那么请问 $N$ 属于自身吗？如果 $N$ 属于 $N$，那么按照定义，$N$ 不应当把自身作为元素；如果 $N$ 不属于 $N$，则按照定义 $N$ 应当包含 $N$。这就形成了矛盾。罗素悖论在实际生活中有许多通俗的案例，如理发师悖论、书目悖论、说谎者悖论等。罗素悖论虽然动摇了数学的基础，让彼时刚刚宣布完成严格化的数学变得不再稳固，但其积极意义是使得数学家和众多学者不得不重新审视整个数学理论，同时刺激和推动了 20 世纪逻辑学的发展。

### （五）弗雷格和他的《概念文字》

弗里德里希·路德维希·戈特洛布·弗雷格是德国数学家、逻辑学家和哲学家，他被认为是现代数理逻辑的创始人，也是语言哲学和分析哲学的创始人。尽管他的著作在生前反响不佳，但对 20 世纪哲学还是产生了根本而深远的影响，特别是对伯特兰·罗素、路德维希·维特根斯坦和逻辑实证主义运动。在他去世后，弗雷格的谓词逻辑几乎完全取代了传统的逻辑形式。

弗雷格 1848 年 11 月出生在德国北部的维斯马。1869 年进入耶拿大学学习，两年后转至哥廷根大学，1873 年，在那里得到了他在数学领域的哲学博士学位。1875 年，他回到耶拿大学担任讲师，并于 1879 年成为助理教授，1896 年成为教授。弗雷格在耶拿大学工作 44 年后，于 1918 年退休。

弗雷格 1879 年出版的《概念文字——一种模仿算术形式语言构造的纯思维的形式语言》（以下简称《概念文字》）是其第一部重要著作，标志着逻辑学史的转折。该书用独创的表意概念语言进行推理，构成了一阶谓词演算。这是逻辑发展史上第一个关于逻辑规律的公理演算系统，它是数理逻辑两个演算的奠基性著作。《概念文字》的出版标志着现代逻辑的开端，也是第一个将逻辑建立在严格的数学基础上的系统，弗雷格许多关于分析哲学和语言哲学的思想均发源于此。这本小书无可争议的是亚里士多德之后在逻辑学领域最重要的出版物之一。

《概念文字》具有逻辑和哲学两个方面的意义。《概念文字》为逻辑提供了一种可以精确描述包含复杂概念的命题形式和精确表述推理形式的形式语言，这是一种用关系符号补充数学形式语言而构造的逻辑的形式语言，它使逻辑从此走上真正形式化的道路。使用形式语言和数学方法获得的成功，使得逻辑这门科学真正从哲学中分离出来，成为一门完全独立的科学，并且应用于越来越广阔的领域。

### （六）严复及其译作《穆勒名学》

严复是我国著名的思想家、翻译家、教育家，是近代中国开启民智的一代宗师，被梁启超称为"于中学西学皆为我国第一流人物"。毛泽东曾称赞他是"中国共产党出世以前向西方寻找真理的一派人物"之一。李克强评论：每个中国人都应该记住严复。严复学贯中西，是第一批"放眼看世界"的中国人。他向国人翻译介绍西学，启蒙了几代中国人，同时又葆有一颗纯正的"中国心"。

严复 1854 年 1 月出生于福建省侯官县（今福州市区和闽侯县），1877 年 3 月赴英国学习海军，1879 年 6 月毕业于伦敦格林威治的皇家海军学院。毕业后放弃了当将军的梦想，主张教育救国，试图从法律、政教、意识形态等方面激发学生的斗志。1897 年和王修植、夏曾佑等在天津创办《国闻报》和《国闻汇编》，宣传变法维新；将《天演论》在《国闻报》上连续发表。1902 年赴北京任京师大学堂附设译书局总办。1905 年回到上海，协助马相伯创办复旦公学。1912 年，京师大学堂更名为北京大学，严复任首任校长。

严复在经济学、政治学、社会学、逻辑学等领域都有重要的影响，他不仅自己著书立说，而且以"信、达、雅"的翻译原则和标准翻译了大量世界名著，包括《天演论》《国富论》《群学肄言》《群己权界论》《穆勒名学》《社会通诠》《论法的精神》《名学浅说》等。通过翻译介绍西方著作，严复笔醒山河，警醒国民，在多个领域阐述真知灼见，激荡起时代的思潮。严复的大量译著也从侧面反映了其深厚的爱国情怀和远见卓识。

严复首创把"logic"音译为"逻辑"，又意译为"名学"，先后翻译了穆勒的《穆勒名学》（《逻辑学体系》）、耶方斯的《名学浅说》（《逻辑学教程》），成为中国近代逻辑学创始人。正是自严复开始，逻辑学渐为国内知识界所认同和重视，其后逻辑学进入部分学校的课堂。

《穆勒名学》原名为《逻辑学体系》（*A System of Logic*），由约翰·斯图亚特·穆勒所著。穆勒的逻辑学体系以归纳法为中心，是 19 世纪后叶西方资产阶级经验主义思想的一部代表性的逻辑著作，是英国经验主义归纳逻辑的总结。1902 年，严复译著《穆勒名学》，作为严复引入以改变中国传统文化方法论的专著。全译本约 27 万字，分为 4 部分：绪论、名称和命题、演绎推理、归纳法。严复在翻译过程中，加了 40 余条按语。如认为逻辑学是"一切法之法，一切学之学"。严复清醒地认识到，近代中国要实现救国图存国富民强，不仅要向西方学习先进的科学技术、社会秩序、政治制度，更重要的是要引入科学的认识论和逻辑学。英国经验论的认识论和逻辑学说，就是中国人所需要的科学的认识论和方法论。正如西方科学成就背后蕴含逻辑学指导一样，中国的科学研究背后也需要科学方法的指导，《穆勒名学》提供了这样的方法，于是被富有远见卓识的严复引入翻译并在国内隆重推出，对中国逻辑学的研究发展、人们逻辑思维能力的培养及学术研究的支持等方面发挥了重要的作用。

# 第三节　逻辑学的分类与应用

## 一、逻辑学的分类

逻辑学有多种分类方法。按照逻辑学的发展阶段、研究对象和方法的不同，逻辑学可以分为传统逻辑和现代逻辑；按照逻辑的形式和结构、使用的方法和范围进行划分，逻辑学可以分为形式逻辑和非形式逻辑。下面分别简单介绍。

### （一）传统逻辑和现代逻辑

传统逻辑和现代逻辑是逻辑学发展的两个重要阶段，它们在思维方法、研究对象和应用领域等方面均存在一定的差异。

#### 1. 传统逻辑

传统逻辑一般指古代和中世纪时期的逻辑思维方法，主要起源于古希腊哲学家亚里士多德的逻辑学体系。其产生主要是由于现实的社会需要。逻辑是由辩论术蜕化而来，在辩论的过程中，为了获胜并使对方屈服，不仅需要注重修辞，更需要注重条理。只有这样才能使自己的思想有条理地表达出来并被对方所接受。这种需要促使了传统逻辑学的产生。传统逻辑，也被称为"词项逻辑"或"形式逻辑"，主要研究的是推理的有效性和正确性。传统逻辑理论主要包括三段论和命题推理理论，它关注命题之间的关系及如何从给定的前提推导出结论。传统逻辑使用了一系列有效的推理规则，如三段论、假言推理等，强调推理的结构和形式。

传统逻辑主要采用归纳和演绎的方法进行研究。所谓归纳，是指从具体的事实和例子中得出一般性的规律和结论。例如，通过观察多个苹果，发现它们都是圆形的，从而得出结论：苹果是圆形的。而演绎则是通过推理规则从已知的前提出发，得出必然的结论。例如，众所周知，喝酒会影响人们的车辆驾驶能力，而张三今晚喝了很多酒，于是可以演绎出张三今晚不能开车，需要找别人代驾。

传统逻辑对人类思想、文化和社会发展产生了广泛的影响。它为人类提供了一种重要的思维工具和方法，帮助人类理清思路、明确概念和进行有效的推理。传统逻辑也是许多其他学科和领域的基础，包括哲学、语言学、计算机科学和人工智能等。传统逻辑也有其局限性，体现在它往往关注形式化的问题，忽视了人们在实际推理中的认知过程和语境因素。此外，传统逻辑也未能有效地处理模糊性、不确定性等问题。

### 2. 现代逻辑

现代逻辑是指从 17 世纪开始逐渐形成的逻辑学体系，主要受到数学和科学方法的启发。现代逻辑的创始人是弗雷格，伽利略、笛卡儿、牛顿等科学家的贡献亦推动了现代逻辑的发展，他们提出了新的思维方法和分析工具，引入了更为严格的符号化方法和形式化语言来表示命题和推理规则，通过形式推导和证明来研究逻辑系统的性质与结构。由此使得逻辑研究更加精确和系统化，并逐渐形成了现代逻辑的基础。现代逻辑包括命题逻辑、谓词逻辑、模态逻辑等多个分支，涵盖了更广泛的研究对象和推理形式。现代逻辑还引入了集合论、模型论等数学工具，用于对逻辑系统进行形式化和分析。

现代逻辑使用形式化和公理化方法，构造了经典命题逻辑与谓词逻辑演算系统，建立了形式语义学。当代这种形式与公理化的研究方法被广泛用于涉及必然、认知与信念的模态推理研究和语言学研究之中。现代逻辑以其形式化的彻底、推理的严密、计算的精细等特点，在数学、计算机科学、人工智能等领域中的重要性日益突出，一跃成为逻辑学科的主流。举例来说，在数学中，现代逻辑为数学证明提供了严密的基础和方法论。在计算机科学中，现代逻辑被用于形式化语言、编程语言和算法设计，以确保计算机系统的正确性和可靠性。在人工智能领域，现代逻辑为知识表示和推理提供了重要的工具与框架。

现代逻辑是在传统逻辑的基础上发展起来的，它更加关注人们的实际推理过程和认知机制。现代逻辑使用数学的方法，将逻辑学研究推向了一个新的高度。其不仅关注推理的形式结构，还考虑了推理的有效性和正确性之外的因素，如认知过程、语境、意义等。传统逻辑和现代逻辑二者相互补充，共同推动了逻辑学的发展和应用。

### （二）形式逻辑和非形式逻辑

依据逻辑的形式和结构，逻辑可分为形式逻辑和非形式逻辑。其中形式逻辑又可以分为普通形式逻辑和现代形式逻辑（数理逻辑），它们之间的主要区别在于使用的方法和范围。

### 1. 形式逻辑

形式逻辑是逻辑科学体系中最为基础的知识，狭义指演绎逻辑，广义还包括归纳逻辑。在我国，有些学者把形式逻辑又称为普通逻辑或基础逻辑。形式逻辑已经历了 2 000 多年的历史，19 世纪中叶以前的形式逻辑主要是传统逻辑，19 世纪中叶以后发展起来的现代形式逻辑，通常称为数理逻辑，也称为符号逻辑。

普通形式逻辑，又被称为传统逻辑或古典逻辑，是形式逻辑的早期发展阶段。它使用特定的符号和规则来描述推理的形式结构，并研究了命题和词项之间的关系。普通形式逻辑的核心是研究推理的有效性和正确性，主要涉及的是一些基本的推理技巧和规则，如演绎推理、归纳推理、类比推理等。

现代形式逻辑，也被称为数理逻辑或现代逻辑，是形式逻辑的现代发展阶段。它使用数学的方法来研究逻辑问题，将逻辑推理转换为数学运算。数理逻辑的发展始于19世纪末，它为形式逻辑提供了更加精确和严谨的基础。数理逻辑通过使用集合论、模型论、证明论等数学工具，对逻辑系统进行公理化和形式化，使得逻辑推理更加精确和可证明。

与普通形式逻辑相比，现代形式逻辑（数理逻辑）更加精确、严谨和系统化。一方面，它使用数学的方法和符号，使得推理的形式结构更加精确，为逻辑推理提供了更加严格的证明和推导过程；另一方面，数理逻辑中的推理是基于公理和规则的系统性过程，每个步骤都有明确的规则和定义，这使得推理过程更加清晰和易于理解。目前，数理逻辑在计算机科学、数学、物理学、人工智能等领域有广泛的应用。它为这些领域提供了基础方法和工具，促进了科学和技术的发展。

形式逻辑在欧洲的创始人是古希腊的亚里士多德。亚里士多德论述形式逻辑的代表作有《形而上学》和《工具论》。在中国，形式逻辑的产生基本与欧洲同时。代表学派有墨家与名家，此外还有儒家的荀子。在古印度，公元前4世纪，胜论派和正理派开创了因明学，至6世纪时陈那将其完善，称为新因明学。因明学，也即形式逻辑。

需要注意的是，形式逻辑只研究思维形式而不研究思维内容，但这并不是要把思维形式和思维内容割离开来。相反的，形式逻辑研究思维形式，正是为了使人们自觉地掌握思维形式的规律，从而更好地把思维形式和思维内容结合起来以正确反映客观现实。

### 2. 非形式逻辑

20世纪70年代以来，北美和欧洲的逻辑学家发展出逻辑的一个新分支——非形式逻辑。《非形式逻辑》杂志时任主编拉尔夫·约翰逊和安东尼·布莱尔提出："非形式逻辑是逻辑的一个分支，其任务是讲述日常生活中分析、解释、评价、批评和论证建构的非形式标准、尺度和程序。"这个定义被认为是当今流行的定义。他们认为，非形式逻辑之所以是"非形式的"，主要是它不依赖于形式演绎逻辑的主要分析工具——逻辑形式的概念，也不依赖于形式逻辑的有效性概念，而是建立在语用合理性概念的基础上。

非形式逻辑的主要研究对象是普通人在现实生活中所使用的真实的论证。论证是人们用于交流、传播、表达思想的重要载体，是用以说服并影响他人观点和立场的有力工具，是进行理性探讨深化认识的主要形式。好的论证有说服力，让人无可辩驳，而糟糕的论证则苍白无力。有的论证貌似合理，有很大的迷惑性，实则经不起推敲，在逻辑上站不住脚。非形式逻辑致力于发现、分析和发展人们在日常生活中运用与分析论证的标准、程序和模式，它并不先天地排斥形式化方法，但鉴于形式化方法与人们的日常生活和思维活动之间的距离相当疏远，非形式逻辑与形式逻辑学研究的形式化取向自然是大相径庭。

非形式逻辑最重要的理论先驱、现代论辩理论的创始人斯蒂芬·图尔敏主张，逻辑学应该关注人们在日常生活中的推理与论证实践，研究的核心应该是对论证的合理评估。在图尔敏看来，一个论证不只是前提、假设与结论之间的形式化模式，而应该更为广义地理解为各种主张、断言、数据、理由、反例和确证等之间灵活、丰富的相互作用与关系。

从某种意义上说，非形式逻辑与批判性思维有异曲同工之妙，关系密不可分。斯克里芬认为，非形式逻辑所关注的是批判性思维技巧的分析。格尔德提出，非形式推理是批判性思维的中心成分，而非形式推理又是非形式逻辑的主要内容之一。非形式逻辑与批判性思维都是以日常生活中的自然语言论证为对象的。因此，费希尔和斯克里芬把非形式逻辑定义为以研究批判性思维实践及提供智力为中心任务的学科。但是，我们不能因此把批判性思维和非形式逻辑等同起来。换句话说，批判性思维与非形式逻辑在研究内容是交叉关系而不是包含关系。非形式逻辑毕竟是逻辑，它以对实际论证的一般进程及一般形式的辨识、抽取与建构为重心和基点，而批判性思维对论证的关注则是多角度的和批判性的。由此可见，我们不能把批判性思维与非形式逻辑画等号。

总之，形式逻辑和非形式逻辑是按照逻辑的形式和结构原则进行的分类，两者各有其特点、主要内容和区别。形式逻辑关注逻辑的形式和结构，其主要内容涉及命题逻辑和谓词逻辑。命题逻辑研究命题之间的推理关系，使用符号和规则来表示命题的连接关系，如与、或、非等。谓词逻辑则引入了量词和变量，用于推理和描述对象与描述语句之间的关系。而非形式逻辑是关注自然语言论证，涉及分析、评估和改进出现于人际交流、广告、政治辩论、法庭辩论及大众媒体之中的非形式推理和论证的逻辑理论。两者在研究和应用中各有其重要性，共同构成了逻辑学的重要分支。在运用逻辑学时，要注意形式逻辑和非形式逻辑的适用范围，避免出现混淆；同时，要充分考虑思维形式的多样性和变化，避免出现偏见和误解。

## 二、逻辑学的应用

逻辑学是一门应用范围很广的学科。它既可以应用于人们的日常生活之中，帮助人们厘清在生活中推导和证明某件事情时的思维过程；又与其他许多学科都有密切的关系，指导并规范人们进行学术写作时的逻辑和语言表达。下面分别进行简要介绍。

### （一）逻辑学在日常生活中的应用

在日常生活中，逻辑学无处不在。无论是在学习、工作还是平常的生活中，人们都需要运用逻辑学的基本知识、基本工具方法来解决问题或说服他人。

例如，在学习中，人们需要运用逻辑思维来理解复杂的理论知识。当阅读学术论文、研究报告或者新闻报道时，逻辑学可以帮助理解文章或阅读材料的框架结构和撰写思路，识别出作者的基本观点及其提供的论据，并能够评估论证的逻辑性和说服力。当我们在解决数学问题时，逻辑学同样发挥重要的作用。从简单的算术问题到复杂的几何问题，都需要通过逻辑推理来推导出正确的答案。如果逻辑思维能力不强，那么有可能我们对学习中遇到的概念不能清晰、准确地掌握，对题意不能很好地理解，也就很难将问题一步一步符合逻辑地解决掉。

又如在工作中，我们同样需要运用逻辑思维来分析问题并提出解决问题的方案。我们知道，在工作中，决策是必不可少的。但是如何做出一个明智的决策却不是一蹴而就的，需要清晰的目标和使命，明确的方向，对问题深刻的洞察，对因果关系进行深入的分析，以及对各种解决方案进行合理的评估。例如，在第二次世界大战期间，美国统计学家用"弹孔思维"来提供关于"飞机应该如何加强防护，才能降低被炮火击落的概率"的相关建议改变战争策略的故事，就是逻辑思维在工作中的有效运用。其他类似案例数不胜数，读者朋友可以结合自身的需求，思考一下逻辑思维在帮助我们设计商业计划或工作计划、厘清工作思路、优化工作流程、制定工作策略等方面的重要作用。

再如在平常的生活中，我们也需要运用逻辑思维来与人沟通交流，确保我们能够清晰地表达观点，准确地理解他人的需求和立场，提高沟通效率，即保障信息的准确传递和理解。同时，逻辑学也可以帮助我们识别在日常生活中所见所闻的一些观点和行为的逻辑漏洞，提出更有说服力的论据并指导我们的行动。如果我们能够掌握好逻辑，洞悉思维过程中各种易犯的逻辑错误，就可以有效地减少或杜绝因违反思维规律、陷入思维陷阱所犯的错误，像偷换概念的错误、归纳谬误、滑坡谬误、诉诸专家的错误、循环论证的错误、不当周延的错误等。可以毫不夸张地说，具备良好的逻辑思维对于提高我们的生活质量具有重要意义。

### （二）逻辑学与其他学科的关系

逻辑学是一门基础性的学科，其基本理论是其他学科普遍适用的原则和方法。逻辑学也是一门工具性的学科，它为包括基础学科在内的一切科学提供逻辑分析、逻辑批判、逻辑推理、逻辑论证的工具。任何学科，只要用到推理和论证，都和逻辑学有关系。但是限于篇幅，本书只介绍逻辑学与数学、计算机科学、哲学及语言学等几个学科的关系。

#### 1. 逻辑学与数学的关系

逻辑学和数学有着密切的关系。逻辑学是研究思维形式及其规律的学科，它研究如何正确地进行推理，以及如何论证一个命题是否为真。数学则是研究数量、结构、变化、空间及信息等概念的一门学科。它利用逻辑和推理来构建数学系统，并通过严密的证明来验证数学定理。逻辑学为数学提供了基础，它研究数学中的概念、定义和关系，并提供符号系统和语言来描述数学结构与关系，确保数学推理的准确性和一致性。数学定理的证明过程通常基于逻辑的规则和推理方法，而数学则为逻辑学提供了实际问题和验证逻辑方法的实践。

#### 2. 逻辑学与计算机科学的关系

计算机科学是系统性研究信息与计算的理论基础及它们在计算机系统中如何实现与应用的学科。该学科的研究课题包括计算机程序能做什么和不能做什么（可计算性）；如何使程序更高效地执行特定任务（算法和复杂性理论）；程序如何存取不同类型的数据（数据结构和数据库）；程序如何更智能化（人工智能与机器学习）；人类如何与计算机沟通（人机交互和人机界面）；计算机系统之间的信息交流和数据传输（计算机网络与通信）；如何生成和处理计算机图像（计算机图形学与图像处理）；基于分布式数据库记录交易的技术（区块链）等。上述所有内容都离不开逻辑学的支持。逻辑学的原理和方法为逻辑电路的设计和优化提供了基础，为算法设计提供了规范和逻辑推理的基础，为人工智能提供了一种形式化的表达和推理方式，并可进行计算机辅助证明，实现自动化推理和决策。

#### 3. 逻辑学与哲学的关系

哲学是从整体上把握世界及其发展的一般规律，探索人与世界的关系及人自身的发展规律的学科。在现代教育和学科体系中，哲学是一门特殊学科，作为理论化、系统化的世界观、价值观和方法论，具有重要的地位。哲学在中国对人们的文化素质、思维方式、认知能力和价值取向起着导向作用，哲学关注和研究的重大理论问题和现实问题对社会发展和精神文明均具有积极的促进作用。逻辑学是一个重要的哲学分支学科，其关注对思维规律的研究。逻辑学是哲学发展的基础，逻辑学的发展推动了哲学的发展。而哲学是对逻辑学的概括和总结，为逻辑学提供世界观与方法论指导。对于任何哲学家而言，逻辑学的研究不可或缺，因为他们需要用逻辑学的方法和框架来讨论、分析和解释问题，以便达成真实的观点。需要注意的是，虽然逻辑学和哲学有着密切的关系，但它们在研究对象、研究方法、学科目标等多个方面存在区别。

#### 4. 逻辑学与语言学的关系

语言学是系统而科学地研究语言的本质、结构、起源及运用的学科。语言学与逻辑学的关系密切，源于语言与思维的联系非常紧密。这是因为，思维对事物的反映，只有借助语言才能实现。语言是思维的载体，离开语言，思维无以存在；而思维则是语言理解的基础，离开思维，语言不知所云。逻辑与语言两者相互影响、相互制约。语言是表达和传递信息的工具，而逻辑则是组织和处理这些信息的规则。马克思说："语言是思想的直接现实。"客观事实告诉我们，思维只有在语言的词和句的基础上才能产生和存在。思维对客观事物本质和规律性的揭示，总是要通过语言才得以确定和巩固。作为思维形式的词项、命题、推理，也总是依靠相应的语词（词或词组）、句子（单句或复句）、句群等语言单位才得以表达。没有语言，也就没有人的思维活动。正因如此，有人把思维和语言不可分割的联系比喻为一张纸的两面。

思维与语言的这种紧密联系，给人们对思维的研究带来了便利。思维是看不见摸不着的，它必须通过语言才能表达。研究无形的思维，只能借助语言形式开展研究。人们可以通过对语言形式的研究达到研究思维形式的目的。但是，值得注意的是，人们通过语言形式研究思维形式，绝不意味着逻辑学就是研究语言的。有人产生了误解，以为逻辑的研究对象不是思维的形式，而是语言。其实，这是混淆了语言形式与思维形式的区别。

总之，逻辑学是一门广泛应用于各个学科领域的学科，它在数学、计算机科学、哲学、语言学、法律学、心理学、社会学和物理学等领域中都有重要的应用价值。通过对逻辑学的学习和应用，可以培养出清晰、准确、有条理的思维习惯，提高分析和解决问题的能力，为各个学科领域的研究和实践提供重要的思维工具和方法论基础。

### （三）逻辑学在学术表达中的应用

逻辑学在学术表达中发挥着重要的作用，它为学术研究和论文写作提供了严谨的思维框架和表达方式。这主要体现在逻辑学可以帮助我们准确地表达观点、建立清晰的论证结构、确保推理的正确性、识别潜在的逻辑谬误及增强表达的严谨性等几个方面。下面分别简要介绍。

#### 1. 准确地表达观点

在学术研究及论文写作时，逻辑学可以帮助我们理顺自己的思路，把握问题的关键点，正确地运用概念、命题和推理，从而更加准确地表达自己的观点，避免使我们的观点被误解或产生歧义。这一点在撰写学术研究论文时非常重要，因为我们的观点是需要全面、客观、翔实的证据予以支撑的。如果表达的观点不准确，或者表达观点中的概念有不同解释，那么我们在提供证据时就会面临不知所云的困境，不仅给自己完成研究论文造成困扰，而且即使成文，也会留有多个漏洞，达不到科学、有效研究的目的。

#### 2. 建立清晰的论证结构

逻辑学强调论证的结构和顺序，以确保论证的脉络清晰、条理分明。合理的结构不仅可以极大地增加文章的可读性，更能够使作者事半功倍地完成论文撰写。在学术论文中，通过合理安排段落、句子和词语，可以使论点、论据和结论之间建立起严密的逻辑关系。清晰的论证框架，一方面保证研究者始终沿着正确的方向推进研究并用准确的学术语言呈现研究成果，不至于使研究偏离主题；另一方面也可以使读者能够更好地理解作者的思路和观点。学术论文写作千变万化，无论是使用因果论证结构、比较论证结构，还是使用演绎论证结构、归纳论证结构，均需要遵循学术规范和逻辑原则。唯其如此，才能确保论证的条理性、充分性和正确性。

### 3. 确保推理的正确性

在逻辑学中，推理是思维的基本形式之一，是由一个或几个已知的判断（前提）推出新判断（结论）的过程，有直接推理、间接推理等不同类型。逻辑学要求进行推理时要遵循思维的基本规律，即思维形式自身各个组成部分的相互关系的规律，也就是用概念组成判断，用判断组成推理的规律。逻辑思维的基本规律有 4 条，分别是同一律、矛盾律、排中律和充足理由律。这些规律构成了理性思维最基本的前提与预设，是理性的表达、对话、沟通能够进行下去的最基本前提，它们分别保证了理性思维的确定性、一致性、明确性和论证性。因此，在开展学术研究及进行学术表达时，为了支持自己的观点，正确地建立起已知知识和未知知识之间的联系，运用逻辑推理这种思维活动必不可少。

### 4. 识别潜在的逻辑谬误

逻辑学提供了一套规则和方法，用于评估论证的有效性和正确性，帮助人们识别潜在的逻辑谬误，并指导人们做出正确的决策。例如，在同一逻辑思维过程中，把不同的概念当成同一概念来使用，或将一些表面相似的不同概念当成同一概念来使用，就犯了混淆概念的逻辑错误。再如，在同一思维过程中，表达的过程中途改变一个概念的内涵或外延，用一些听起来一样的概念进行偷换，把一个事物的原意用狡辩的手法换成另外一种看起来似乎也可以成立的解释，把假的变成真的，以此来转移他人的注意力，以达到某种目的，这就犯了偷换概念的逻辑错误。无论是在日常生活中的交流沟通表达，还是在学术研究中的科学严谨表达，都要有意识地辨识和纠正常见的逻辑谬误，以提高表达及论证的质量和可信度。

### 5. 增强表达的严谨性

思维对表达的影响非常重要。如果一个人思维敏捷、逻辑清晰，那么他在表达时会更加准确、简洁、严谨、有条理。而如果思维混乱、逻辑不清，则在表达时会更加含糊、冗长、混乱。逻辑可以帮助我们避免在表达中产生歧义和混淆，加强我们对语境、语调和社会文化背景等因素的把握。通过精确使用词汇和避免模糊的表述，我们可以确保真实的意思被准确传达。另外，在学术论文中，使用精确的概念和定义，并限制过度使用情感色彩强烈的言辞，将有助于增强表达的严谨性和客观性。逻辑思维是一种确定的，而不是模棱两可的；是前后一贯的，而不是自相矛盾的；是有条理、有根据的，而不是杂乱无章、没有依据的。运用逻辑思维方法进行思考和工作，可以帮助我们洞察事物的底层逻辑，化繁为简，把重复、不相关、不重要的信息全部剔除，只保留与目标最相关的因素，并将它们按照逻辑结构重新组合，同时以严谨、准确的方式进行表达。

总之，逻辑学在学术表达中发挥着至关重要的作用，它有助于明确地表达观点、建立清晰的论证结构、确保推理的正确性、识别潜在的逻辑谬误及增强表达的准确性和严谨性。掌握逻辑学的基本知识和方法，并通过有针对性的训练来提高自己的思维能力和表达能力，将有益于写出高质量的学术论文。

# 本 章 小 结

本章首先简要介绍了逻辑学的定义与性质，从 4 个方面归纳了"逻辑"这个词的含义，同时从基础性、工具性、共有性、人文性 4 个方面明晰了逻辑学的性质；其次，通过梳理逻辑学的起源和发展，介绍世界著名逻辑学家的典型学说，帮助读者领略逻辑学深厚的历史渊源及其重要的基础与根基地位；最后，本章介绍了逻辑学的分类与应用。从不同视角，逻辑学可以分为传统逻辑和现代逻辑、形式逻辑和非形式逻辑，每种类型的逻辑有其特有的研究对象和方法，亦有其特有的形式和结构、适用的方法和范围。对于逻辑学的应用方面，重点介绍了逻辑学在日常生活和学术表达中如何运用，以及逻辑学与其他学科，如与数学、计算机科学、哲学和语言学等的关系。

# 本 章 习 题

1. 简述逻辑学的定义及其性质。

2. 请谈一谈对逻辑学"工具性"性质的理解。

3. 选取一位自己感兴趣的逻辑学家，对其学说进行详细研究，并用简短的语言概括其主要成就。

4. 简述逻辑学的发展历程，以及古希腊、中国、古印度和古罗马 4 个国家最具特色的逻辑学说。

5. 简要阐述当代中国逻辑学的普及与发展举措及路径。

6. 请谈一谈逻辑学对自己所学专业的作用。

# 参 考 文 献

[1] 史华兹. 吉德林法则 [EB/OL] [2025-03-22]. https://baike.baidu.com/item/吉德林法则/8009195?fr=ge_ala.

[2] 彭漪涟. 逻辑学基础教程 [M]. 3 版. 上海：华东师范大学出版社，2017.

[3] 杜国平. 逻辑，让世界更理性：庆祝世界逻辑日 [EB/OL]（2020-01-14）[2025-03-22]. https://baijiahao.baidu.com/s?id=1655691140716531346&wfr=spider&for=pc. 2020-06-10.

[4] 陈波. 逻辑学导论 [M]. 5 版. 北京：中国人民大学出版社，2023.

[5] 陈波. 逻辑学十五讲 [M]. 2 版. 北京：北京大学出版社，2016.

[6] 彭漪涟. 试论黑格尔关于建立逻辑范畴体系的基本思想[J]. 殷都学刊，1985（2）：69-73.

[7] 彭漪涟. 传统形式逻辑同数理逻辑、辩证逻辑的关系 [EB/OL]（2023-08-12）[2025-03-16]. http://www.360doc.com/content/23/0812/11/76506922_1092229097.shtml.

[8] 刘里立. 普通逻辑学的功能、方法及法律应用[J]. 山东农业工程学院学报，2016，33（9）：

104-107.

[9] 翟锦程. 逻辑学是科学的基础 [N]. 中国社会科学报, 2020-07-03.

[10] 彭漪涟, 马钦荣. 逻辑学大辞典 [M]. 上海: 上海辞书出版社, 2004.

[11] 林玉和, 燕晓. 不一样的严复 不一样的远见 [EB/OL] (2024-01-04) [2025-03-16]. https://baijiahao.baidu.com/s?id=1787126346408559573&wfr=spider&for=pc. 2024-01-04.

[12] 熊明辉. 试论批判性思维与逻辑的关系 [J]. 现代哲学, 2006 (2): 114-119.

[13] 中共中央马克思恩格斯列宁斯大林著作编译局. 马克思恩格斯全集: 第三卷 [M]. 北京: 人民出版社, 1960.

[14] 金岳霖. 形式逻辑 [M]. 北京: 人民出版社, 2006.

[15] 严乐儿, 黄弋生, 徐长斌. 逻辑学导论 [M]. 上海: 上海交通大学出版社, 2007.

[16] 陈波. 中国逻辑学 70 年: 历程与反思 [J]. 社会科学文摘, 2019 (12): 88-90.

[17] 余欢. 普遍的逻辑该如何关乎个体对象: 从亚里士多德到弗雷格 [J]. 湖北大学学报 (哲学社会科学版), 2024, 51 (4): 97-104.

[18] 吴娇. "'概念'自身"的展示: 以黑格尔和弗雷格概念比较探析为契机 [D]. 保定: 河北大学, 2022.

[19] 郝兆宽. 重审哥德尔思想 [J]. 科学·经济·社会, 2021, 39 (2): 32-38.

[20] 何向东. 逻辑学教程 [M]. 3 版. 北京: 高等教育出版社, 2010.

# 第二章 概　　念

## 第一节　概念与语词

康德在其《逻辑学讲义》中表明：一切知识，也就是一切伴随意识的关于客体的表象，不是直观就是概念。直观是个体的表象，概念是普遍的表象或反思的表象。借助于概念的知识称为思维。正因如此，概念是逻辑思维的基础。本节将阐述对概念的理解与辨析，主要从概念与语词、概念的内涵与外延、概念的类型、概念间的关系、概念的定义与划分等几方面进行介绍。

### 一、什么是概念

#### （一）属性

在客观世界中，存在着许许多多的事物。这些事物可能会有不同的大小、形状、颜色、气味、美丑、善恶、优劣、用途，也会有不同的运动状态和速度。我们把上述事物本身所具有的特征或特性称为性质属性。除此之外，该事物与其他事物之间也有一定的联系或相互作用，如大于、小于、压迫、反抗、朋友、热爱、同盟、矛盾等，称为关系属性。事物的性质或事物间的关系统称为属性。

事物与属性是不可分的。一个事物与另一个事物的异同，本质上说就是这两个事物的属性的相同或相异。于是，客观世界中就形成了许多具有不同属性的事物类。凡是具有相同属性的事物就形成一类，如学生；具有不同属性的事物就分别地形成不同的类，如工人、农民等，工人和农民是两个不同的类，因为工人这个类的共同属性是不同于农民这个类的共同属性的。

组成某类的那些一个一个的事物，叫作某类的分子。分子与类之间，有"属于"这种关系。亦即，某分子属于某类。

从不同视角，属性有多种分类方法，如本质属性与非本质属性、固有属性与偶有属性、共有属性与特有属性等。

本质属性是事物的有决定性意义的特有属性，即决定该事物之所以为该事物而不是别的事物的特有属性，与非本质属性相对。例如，"能制造和使用生产工具进行劳动的动物""能进行抽象思维（抽象思维是指运用概念、判断、推理和论证反映现实的思维过程）"是决定人之所以为人的特有属性，所以它就成为人的本质属性。没有这些属性，人就不能称为人了。

固有属性是指同一类中的所有对象都具有的属性，即某类事物派生的特有属性，与偶有属性相对。例如，"人类"作为一个事物类，它的属性是多方面的，其中有些属性，如有眼睛、耳朵、毛发，双足直立，有感情，有语言等是人类中每一对象普遍地必然具有的属性，这些就是人类的固有属性。

某类事物的特有属性，就是某类事物都具有而别的事物都不具有的那些属性。例如，"人"的特有属性包括有两足、无毛、能直立行走、能思维、会说话、能制造和使用生产工具进行劳动，这些特征使得"人"能够与其他高等动物区分开来。而像有五官、有四肢、有内脏和血液循环等特征则不仅为人所具有，也为其他高等动物所具有，这些特征就属于共有属性。

从上面介绍中可知，几对属性既有交叉，也有区别，需要用心体会。其中，本质属性一定是特有属性，而特有属性不一定是本质属性。在事物的特有属性中，有些是本质属性，有些是固有属性。例如，3条直线所构成的封闭平面图形这个属性与三内角之和等于180°的平面图形这个属性，都是三角形的特有属性。但前者是本质属性，是有决定性的特有属性；后者是由前者推导出来的，是派生的特有属性，所以称为固有属性。再以"商品"为例，"劳动产品"是商品的共有属性，也是商品的固有属性；至于"物美价廉"则是商品的偶有属性，因为并不是所有的商品都是物美价廉的。

### （二）概念

人们对客观事物的认识，是一个不断深化的过程。人们的认识发展，是由生动直观到抽象思维，由感性认识到理性认识的过程。感觉、知觉与印象，属于生动直观与感性认识的阶段；概念、判断与推理，则属于抽象思维与理性认识的阶段。概念是在感觉、知觉与印象的基础上，通过对事物属性的深刻认识及综合加工，借助于语言的抽象作用而形成的。

我们多次应用同一语词去表示同一类中的许多个别事物，就使我们能从这些个别事物中抽象出这类事物的特有属性，并进而从中概括出其本质属性，形成概念。例如，无论是个大还是个小，无论是红颜色的还是绿颜色的，我们都能将苹果与其他水果区别开来。"苹果"就是我们给予这种水果的概念。再如，无论速度快慢、动力大小，也不管体积是不是有所区别，外观有多么不同，我们在多次实践中，形成了一个关于"汽车"的概念，并能够很肯定地将其与"自行车""火车""轮船"等概念区别开来。

概念的产生，是人们认识过程中的质变。所谓概念，是反映事物本质属性的思维形式。当通过概念把握事物时，我们往往会舍弃其非本质属性，仅关注其本质属性。例如，即使由于身体原因不能直立行走，我们对"人"这一概念也不会有丝毫犹豫。因为，我们对"人"这一概念的建立，是源于其本质属性的。

随着社会历史和人类认识的发展，人们对概念的认知也不断发展，并逐步由初步概念发展到深刻概念，还创建出许多新的概念，如大数据、人工智能、移动互联网、云计算、物联网、区块链、数字经济、新质生产力等，这些概念都是通过使用抽象化的方式从一群事物中提取出来的反映其共同特性的思维单位。就其形式而言，概念据以产生的知性的逻辑活动包括以下3个方面。

① 比较，即诸表象在相互关系中比较而达到意识的统一。

② 反思，即考虑怎样才能将不同的表象把握在一个意识中。

③ 抽象，即同所有与表象在其中相区别的其余一切东西分离。

概念是思维的一种形态，判断、推理、论证也是思维的形态，它们是有密切联系的。人们必须首先具有关于某事物的概念，然后才能做出关于该事物的判断、推理与论证。判断是由概念组成的，推理与论证又是由判断构成的。基于此，概念是判断、推理与论证的基础，是思维的起点。另外，人们通过判断、推理与论证所获得的新认识、新知识，又要形成新的、更为深刻的概念。在这个意义上，概念又是判断、推理与论证的结晶。

## 二、概念与语词

概念与语词之间存在着密切的关系。概念是思维用以反映事物本质属性的一种形式，但人们却无法直接接触到概念。人们接触到的只是表达概念的语词。概念必须借助语词才能形成、储存、传播及交流。语词是表达概念的基本单位，是人们用来传递思想和交流信息的工具。通过语词，我们可以将抽象的概念具体化并进行描述、表述和理解。因此，概念需要通过语词进行具体化和表达，而语词则是概念的外在表现和载体。

语词与概念既有联系又有区别。

语词与概念的联系在于二者相互依赖。语词是概念的语言形式，概念是语词的思想内容。它们相互依存，没有概念的存在，语词就失去了指称对象；没有语词的存在，概念就无法通过语言进行传递和表达。它们相互作用，概念通过语词的表达，得到了具体的存在，而语词通过概念的引导和规范，具有了准确的运用。它们相互影响，概念的形成和发展受到语言的影响和塑造，而语词的使用和意义也受到概念的指导与约束。

但是，语词和概念之间又有着质的区别。

首先，不同民族对同一事物的正确反映是相同的，但是，不同民族用来表示同一事物的语词却可以多种多样。例如，中国人用"数字经济"这个语词来表示人类通过大数据（数字化的知识与信息）的识别—选择—过滤—存储—使用，引导、实现资源的快速优化配置与再生、实现经济高质量发展的经济形态，而其他国家则用自己的语言来表示这个概念，如英国用"digital economy"。再举一个通俗的例子。水的分子式是 $H_2O$，是由两个氢原子与一个氧原子构成的化合物，这在全世界的概念中都是一样的。但水的语词表达却有不同的形式。著名语言学家赵元任先生曾讲过一个非常生动的小故事：听说以前有个老太婆，初次跟外国话有点儿接触，她就稀奇得简直不相信。她说："……这明明儿是水，英国偏偏儿叫它'窝头'（water），法国偏偏儿叫它'滴漏'（del'eau），只有咱们中国人好好儿地管它叫'水'"。[①]

其次，即使在同一个国家或同一个民族的语言中，同一个概念往往也可以用不同的语词来表达。例如，在汉语中，"医生"与"大夫"是两个不同的语词，但是它们却表达同一概念；"土豆""洋芋""马铃薯"也是不同的语词，但是它们也表示相同的事物，表达同一个概念。这类语词在语法学上被称为同义词。我们在与他人交流时，就要了解语词上的这些差异，掌握概念的本质，以免造成误解。

再次，一个语词在不同的语境中也可以表达不同的概念。例如，我们可以用"纸老虎"表示一个用纸叠的老虎，或者一个剪纸形象，但是又可以用"纸老虎"来形容外表强大但实际上很脆弱的事物或人。再如，"光"这个词在不同的上下文中可以表达多种含义，既可以是在物理学中代表光速的"光"，也可以是花光用光的"光"，"为国争光"指荣誉的"光"，还可以用来形容明亮或光彩夺目的状态，"她的笑容像阳光一样照亮了房间"。可见，语词相同，

---

① 赵元任. 语言问题 [M]. 北京：商务印书馆，1980：3.

但是其表达的概念却大相径庭。

最后，任何概念都必须通过语词来表达，但并不是所有语词都表达概念。一般来说，实词是表达概念的，如"学校""政党"等名词，"鲜艳的""红色的"等形容词，"跑""跳""敲打"等动词，还有代词和数量词等。虚词一般不表达概念。虚词通常是指那些不能独立充当句法成分的词，如副词、介词、连词、助词、叹词等。像"呢""啊"等这些词，只有语法上的意义，它们本身并不表达概念。但是，也有一些虚词是例外。例如，虚词中的连词"如果，那么""而且""但是""所以"等，它们反映了事物之间的关系。像这样的连词可以将两个（或两个以上）意义相关、结构独立的分句连接起来，构建关系，从而形成论文表达时层层递进、不断深入的论述。善用"连词"进行"过渡"，就可以在论文前后语句或前后段落之间建立起"连接"搭上"关系"，使得表达的逻辑清晰，易于理解。

综上所述，由于语词与概念有着密切的联系，所以许多看起来是语词方面的问题，实际上反映出的却是对概念的认识不清晰、不准确。语词应用的混乱，同时也反映出概念的混乱。定义一个语词，表明就定义了一个概念。因此，我们在进行表达时要求概念明确、准确，其实也就是要求我们要明确、准确地使用语词。

# 第二节　概念的内涵与外延

概念有两个重要的方面，即概念的内涵与外延。"内涵"与"外延"这两个逻辑术语，是1662 年阿尔诺与尼柯尔所著的《波尔-罗雅尔逻辑》中第一次明确提出的[①]。

## 一、什么是概念的内涵与外延

所谓概念的内涵，是指一个概念所描述的对象的本质特征或关键属性。它是定义概念时所包含的最基本、最重要的信息。例如，"人"这个概念就反映了能制造和使用生产工具、有语言、能思维、可以两足站立的动物的这些特有的、本质的属性。当我们谈论"正方形"这个概念时，其内涵包括 4 个相等的边和 4 个直角等关键属性，这些属性定义了正方形的本质特征。而"商品"这个概念的内涵则指"为交换而生产的劳动产品"。概念的内涵是人们理解、解释和使用概念的基础，它表明概念反映的对象"是什么"，体现着概念的质的方面的关键属性，并使其与其他概念相区分。请读者仔细分析例 2-1 和例 2-2 两个例子，思考自己是不是理解了"数字经济"和"专精特新"这两个概念的内涵。

【例 2-1】"数字经济"是继农业经济、工业经济之后的主要经济形态，是以数据资源为关键要素、以现代信息网络为主要载体、以信息通信技术融合应用与全要素数字化转型为重要推动力、促进公平与效率更加统一的新经济形态。

【例 2-2】"专精特新"，是指企业具有专业化、精细化、特色化、新颖化的发展特征。其中"专"是指专业化，即企业专注核心业务；"精"是指精细化，即企业经营管理精细高效；"特"是指特色化，即企业的产品服务独具特色；"新"是指新颖化，即企业创新能力成果显著。

---

① 彭漪涟，马钦荣. 逻辑学大辞典 [M]. 上海：上海辞书出版社，2004：301.

与内涵相对，概念的外延，就是具有概念所反映的特有属性的对象，即一个概念所描述的所有对象的集合或范围。我们可以将概念的外延理解为概念的适用范围。它涉及的是概念反映的是"有什么"的问题，是从概念的"量"上来界定的。例如：

【例2-3】"人"这个概念的外延，是指具有"人"这个概念内涵的对象，如李白、苏东坡、雷锋、焦裕禄及其他的具体的人。

【例2-4】"智能手机"这个概念，其外延包括各种品牌、型号的智能手机，如苹果、三星、华为、小米等。

【例2-5】应用经济学一级学科是一个广泛的研究领域，其外延包括国民经济学、区域经济学、财政学、金融学、产业经济学、国际贸易学、劳动经济学、统计学、数量经济学和国防经济等多个二级学科。

概念的内涵和外延是人们认识的产物，概念中所反映的内涵与外延，前者是一种主观认识，后者是一种客观存在。只有当客观对象的属性（本质属性或特有属性）及其对象本身被反映到概念之中时，才转化成为概念的内涵与外延。正因如此，任何一个概念都是有内涵的。而概念的外延却可以有0个、1个、2个、多个，甚至无限多个。关于这一问题，我们将在后面的"概念的类型"中进行详细论述。总之，判断某一对象是否属于某概念的外延，标准是看它是否具有该概念的内涵。

概念既是逻辑的基础，也是判断、推理、论证及理性思维的基础。在逻辑推理和论证中，准确地理解与使用概念内涵和外延非常重要。概念的正确使用可以确保推理的准确性和逻辑的严密性。而如果概念使用不当或混淆了概念的内涵和外延，就可能导致逻辑错误或误解。因此，在语言交流和思维过程中，我们需要清晰地理解概念的内涵和外延，深刻地理解概念的本质，并在思考、交流和推理中使用准确的词汇和表达方式，以便准确地表达和解释我们的思想和观点。

## 二、内涵和外延的反变关系

概念明确，是正确思维的首要条件。没有明确的概念，就不会有恰当的判断，当然也不会有合乎逻辑的推理与论证。所以，在思维过程中，我们应当经常从内涵与外延两个方面来检验我们所用的概念是否明确。概念的内涵确定了，在一定条件下该概念的外延也就随之确定了；反过来，概念的外延明确了，在一定条件下其内涵也就跟着确定下来了。

从上述叙述中可以看出，概念的内涵与外延之间有着密切的关系，它们相互制约。我们把概念内涵的多少与概念外延的多少这二者之间的关系称为反变关系。即在一个概念体系中，一个概念的内涵越丰富，其外延就越狭窄；反之，一个概念的内涵越简单，其外延就越广泛。反变关系反映了概念的本质属性和外延数量之间的相反关系，但是这并不是一条严格的数学规律，只是表示内涵与外延在数量方面相应变化的方向。我们看下面的例子。

【例2-6】"学生"和"大学生"两个概念。"学生"是一种身份名词，凡是具有学籍的人都统称学生。一般指正在学校、学堂、研究机构或其他学习场所接受教育的人，这个概念的内涵相对较少，而其外延广泛，包括所有的学生，如幼儿园学生、小学生、中学生、高等院校学生等。相比之下，"大学生"这个概念的内涵更多，它是指大学在读或已毕业的学生，也就是指正在接受高等教育还未毕业或受过高等教育已经毕业走进社会的一群人。所以它的外延更小，只包括学生中某一特定范围内的人。

概念内涵和外延的反变关系还表明，当一个概念的内涵增多时，其外延就会相应地减少，这体现了概念本质属性的增加会导致符合这些属性的个体数量的减少。这种反变关系在逻辑学中具有重要的意义，它帮助我们更好地理解概念的本质属性和外延数量之间的关系，有助于我们更准确地使用概念和进行推理。需要注意的是，具有这种反变关系的概念之间必须具有属种关系，也称为从属关系、包含关系或真包含于关系，即一个概念是另一个概念的种概念，这样才能说明它们的内涵和外延之间的这种反变关系。

### 三、概念的确定性与可变化性

概念的确定性指的是，在一定条件下一个概念具有明确的内涵和清晰的边界（外延），能够明确地界定其含义及其所包含的对象范围，不容许随意变更或混淆不清。确定性是概念的基本特征之一，它使得我们能够准确地理解和应用概念。例如：

【例2-7】"三角形"这个概念，其定义是：由同一平面内不在同一直线上的三条线段"首尾"顺次连接所组成的封闭图形。

这个概念是确定的，并且其边界清晰，不存在模糊不清的情况。

然而，我们应该看到，概念的确定性并不是绝对的，它也会受到一定的条件和环境的限制。随着事物本身的变化发展，随着社会历史、文化环境等因素的变化及人们对事物的认知程度的不断深化，表征事物概念的内涵与外延也会随之发生相应的变化。这就是概念的可变化性。例如：

【例2-8】"太阳系的大行星"这一概念，在天王星和海王星被发现之前，其外延由七大行星组成；后来，随着观测的深入出现了一些新的发现，"太阳系的大行星"概念的外延扩大至九大行星，即其主要成员包括水星、金星、地球、火星、木星、土星、天王星、海王星和冥王星等九大行星；但在2006年8月24日于布拉格举行的第26届国际天文学联会上通过的第5号决议中，冥王星被划为矮行星，从行星中除名了，因其不具有"大行星"的内涵而被划了出去。

另外，在不同的学科领域、不同的语境和不同的文化背景下，同一个概念的定义和内涵可能也会存在一定的差异。例如，对于同一类植物，农学家就着重认识它的生长与栽培方面的特有属性；药学家就着重认识它在医治疾病方面的特有属性；而生物学家就着重一般地认识它的组织与生理方面的特有属性。这样，由于对问题关注的角度不同，就形成了不同的概念，这些概念的内涵分别地反映了这类植物不同方面的特有属性。

综上所述，概念的确定性和可变化性是概念的两个重要特征。确定性的作用在于帮助我们准确地理解和应用概念，而可变化性则使得概念能够随着社会历史、文化环境等因素的变化而变化，从而更好地适应人们认知世界的需求。

### 四、概念的限制和概括

概念的限制和概括也是逻辑学中的重要概念，它们涉及概念内涵和外延的变化。

所谓概念的限制，是指通过增加概念的内涵、缩小概念的外延以明确概念的逻辑方法。概念的限制就是从属概念过渡到种概念。也就是说，当我们对一个概念进行限制时，我们增加了一些特定的属性，从而缩小了该概念所涵盖的范围。例如：

【例2-9】在数学中，我们常常把"一组按照特定顺序排列的数字集合"称为数列，其以正整数集（或它的有限子集）为定义域。

数列这个概念的外延非常广泛，可以包括各种不同类型和性质的数列。

但是，如果我们增加数列的内涵，比如"从第二项起，每一项与它的前一项的差都等于同一个常数"，那么我们得到的概念就是等差数列；如果一个数列的前两项都是 1，从第 3 项起，每一项都等于其前两项之和，由此构成的数列则是大名鼎鼎的斐波那契数列。

这里的等差数列、斐波那契数列就是对数列概念的限制，因为它的外延缩小了，只包括那些满足特定条件的数列。

概念的限制，从语言表达方面说，一般是增加修饰词或限制词。逻辑学一般认为，对概念的限制极限是单独概念。例如：

**【例 2-10】** 北京、上海、纽约、伦敦等都是城市这个概念的外延，但是如果我们缩小其外延，谈到"中华人民共和国的首都北京"时，就是将城市这一概念进行了限制，明确了北京的特有属性，并与其他城市区别开来。

概念的概括，是指通过减少概念的内涵、扩大概念的外延以明确概念的逻辑方法。概念的概括就是从种概念过渡到属概念，它涉及从更具体、更特定的概念过渡到更一般、更广泛的概念。例如：

**【例 2-11】** 如果我们从"红色的花"这个概念概括出"花"，那么"花"就比"红色的花"更通用，具有更少的特征。因此，"花"的外延就比"红色的花"大。同样地，从"大学生"过渡到"学生"、从"中学教师"过渡到"教师"，从"苹果""香蕉""橙子""草莓"等过渡到"水果"，这些都是概括。

概念概括的意义在于为我们提供了一种将具体和特定的情况归纳为更广泛和一般概念的工具。通过概括，我们能够从个别到一般，从具体到抽象，建立起不同概念之间的联系，从而更好地理解和掌握事物的本质和规律。例如在经济学中，概念概括使得我们能够将复杂的经济现象简化为易于处理与分析的模型和理论，为政策制定和经济预测提供科学的依据。

概念的概括，从语言表达方面说，就是减少限制词的方法，当然，也可以换成一个其他更恰当的语词。需要注意的是，概念概括不是随意进行的，而是需要基于对事物的深刻观察和认知，根据一类事物的共同特征，通过科学的方法和逻辑推理来实现的。只有这样，才可以确保概括的合理性和准确性。

# 第三节　概念的类型

辨明概念所属的种类，有助于我们把握概念的本质特征，弄清楚概念的内涵和外延，准确地理解和使用概念。根据概念最简单、最一般的特征，可以将概念分为以下 4 种。

## 一、空概念、单独概念和普遍概念

根据概念外延的大小，即根据概念所包含的适用对象的多少将概念分为空概念、单独概念和普遍概念，这是从概念所反映的对象的数量角度进行的划分。

### 1. 空概念

空概念的外延为零，即不包括任何一个现实存在的分子的类。其是一种没有正确地反映事物特有属性的虚假概念，是人脑中想象并虚构出来的，在客观世界中不存在与其对应的事物。但是在人们的观念中，空概念也有其确定的含义和适用范围。例如：

**【例 2-12】**"孙悟空""龙""独角兽""阎王爷""永动机"，等等，就是空概念。

**2. 单独概念**

单独概念是反映单一对象的概念，其外延仅包含一个分子。它反映的是特定时间或特定空间中存在的独一无二的对象，它在描述、表达和理解中都是不可替代的，具有特定的意义和重要性。例如：

**【例 2-13】**

独一无二的自然或人造物体，如"地球""太阳""月亮""长城"等；

特定的人或人物，如"亚里士多德""孔子""鲁迅""乔布斯"等；

特定的地点或位置，如"北京""巴黎""珠穆朗玛峰"等；

特定的时间点或时间段，如"1949 年 10 月 1 日""唐朝时期""二战期间"等。

单独概念通常有两种语言表达方式。

其一是专有名词，包括人名、地名、书名、事件名称、国家名等，如例 2-13 所示。

其二是摹状词，即通过在一类对象中揭示出其中某一分子的特有属性来指称该特定对象的语词，例如：

**【例 2-14】**13 和 19 之间的那个素数。

**【例 2-15】**这个世界上最高的山峰。

**【例 2-16】**那个在中国逻辑学会批判性思维专业委员会成立大会暨首届学术研讨会上第一个发言的人。

摹状词有 3 种表达方式：第一，是包含"第一个""最后一个"等表示数目序列的词；第二，是包含"最高""最深""最大"等限制词的词；第三，是包含"这个""那个"等指示代词的词。注意：由于单独概念只反映一个对象，因而在表达单独概念的语词前不需要也不应该有表示并非单一数量的限制词，如"有些""几个""所有"等。

**3. 普遍概念**

普遍概念的外延是一个含有两个或两个以上的分子的类。也就是说，普遍概念的外延，可以包含很多事物。例如：

**【例 2-17】**

"动物"这个概念的外延包括狮子、老虎、狗、猫等许多动物；

"水果"这个概念的外延包括苹果、香蕉、葡萄、梨等许多种水果；

"交通工具"这个概念的外延包括汽车、火车、飞机、轮船等多种交通工具；

"货币"这个概念在经济学中是一个普遍概念，其外延包括世界上各种不同的货币形式。

语言中用以表达普遍概念的通常有普遍名词、形容词和动词等语词。但在特定的语境中，专有名词也可以表达普遍概念。例如，"向雷锋同志学习"是毛主席 1963 年 3 月的题词，号召全国人民学习雷锋的共产主义精神品质。这里的"雷锋"即指雷锋本人。但是在另一个表述中"在党的号召下，千千万万个雷锋涌现出来"，"雷锋"则不是指雷锋本人，而是指许许多多雷锋式的人物。因此，它所表达的概念就不再是一个单独概念，而是一个普遍概念。

由于普遍概念的内涵往往是指一类事物中共有的特征或属性，它是通过归纳推理得出的高度概括并普遍适用的概念，所以普遍概念反映的属性为该类对象中每个分子所必定具有。在用普遍概念作主项的判断中必须要有表示主项数量的概念，用以规定被断定对象的数量范围。否则，如果在普遍概念之前不加"所有"或"有些"这些量项，那么就不清楚判定的对象是该概念的全部还是部分外延，就会导致判断不当。例如，在经济学中谈论"货币供应量"这个概念时，通常会使用量项来限定货币供应量的范围，如"M0（流通中的货币量，也叫现钞）""M1（狭义货币量）""M2（广义货币量）"等。通过使用量项，可以更精确地描述货币供应量的变化和影响，从而进行更准确的经济学分析和预测。

## 二、集合概念与非集合概念

对象之间往往存在两种不同的关系：一种是类和分子的关系，类由分子构成，构成类的分子都必然具有该类事物的特有属性。另一种是集合体与个体的关系，集合体由一定数量的同类个体有机结合而形成统一体，构成集合体的个体并不必然具有集合体的特有属性。

### 1. 集合概念

所谓集合概念，就是反映集合体的概念。例如，"森林"就是一个集合概念，它是由许多树木组成的，但是构成森林的任何单个的树木并不具有"森林"的属性。其他集合概念还有如"丛书""羊群""群岛""舰队""党委""工人阶级"等，它们都反映的是由许多同一类事物个体组成的一个群体。因此，集合概念只适用于它所反映的群体，而不适用于该群体中的个体。

### 2. 非集合概念

非集合概念，就是不反映集合体的概念，与"集合概念"相对。例如，"树""书""羊""小岛""军舰""党委委员""工人"等都是非集合概念，它们都是以事物的某一类或某一个体作为反映对象。因此，非集合概念既可以适用于它所反映的类，也可以适用于该类中的每一个分子。

一个集合体与这个集合体的部分作为分子所组成的类，是有很大区别的。例如，森林这个集合体与树木这个类有很大区别；党委这个集合体与党委委员这一个类也有很大不同。

值得注意的是，人们在思维过程中，却常常容易把表示一个集合体的集合概念，同表示由这个集合体的部分所组成的类的普遍概念相混淆，尤其是在这二者都用同一个语词进行表示的时候，上述情况更容易发生，需要格外注意。请看下面两个例子。

【例 2-18】雷锋是新中国的青年。

【例 2-19】新中国青年是积极乐观、有理想、有担当的，是知识经济和网络经济的引领者与弄潮儿，是人类命运共同体的构建者与践行者，是中国的未来与希望。

其中，例 2-18 中的"新中国的青年"表达的是非集合概念；而在例 2-19 中的"新中国青年"则表达的是集合概念。再如：

【例 2-20】中国人是勤劳、勇敢、智慧的。

这里"中国人"是一个集合概念，表示中华民族这个集合体。如果有人把它理解为一个普遍概念，理解为一个由所有具有中国国籍的人所组成的类，就会犯混淆集合概念与相应的普遍概念的错误。因为，"中国人是勤劳、勇敢、智慧的"，并不意味着任何一个具有中国国籍的人都必然具有上述"中国人"这个集合体的特有属性。

### 3. 集合概念与非集合概念的辨识

对于集合概念与非集合概念的辨识，可以从其内涵上、外延上及同一个语词处于不同的语境中进行判别。最关键的是要看其属性是不是该概念中的每一个分子所具有。如果一个概念只适用于它所反映的群体，而不适用于该群体中的个体，则这个概念一定是集合概念。

了解集合概念的特点及其与非集合概念的区别，对于准确地辨识、运用概念，恰当地进行命题及逻辑推理是非常有帮助的。否则，特别容易引起思维混乱，造成逻辑错误。例如：

【例 2-21】群众是历史的创造者，我是群众，所以，我是历史的创造者。

【例 2-22】深圳人是讲究效率的，我是深圳人，所以，我非常讲究效率。

上述例 2-21 和例 2-22 两个推理形式，由于没有正确地区分集合概念和非集合概念，因而造成了其推理形式的无效。更进一步地，我们通过学习知道"人是由猿进化来的"，这里的"人"是集合概念，揭示的是群体所具有的属性。如果追问"张三是由哪只猿进化来的"则表明没有搞清楚什么是集合概念，会贻笑大方的。

## 三、正概念与负概念

正概念与负概念是逻辑学中的两个重要概念，它们反映了对象的肯定或否定状态。根据概念所反映的对象是否具有某种属性，可以将其分为正概念与负概念。

### 1. 正概念

正概念指的是反映对象具有某种属性的概念，又被称作肯定概念。例如，在日常生活中，"健康的人"是一个正概念，因为它肯定了"人"具有"健康"的属性；"党员"也是一个正概念，它反映了其外延中的所有对象具有"履行了入党手续"这一属性。在经济学中，"盈利的公司"是一个正概念，因为公司盈利肯定了它具有盈利的能力和状态。在管理学中，"高绩效员工"也是一个正概念，它表示那些在工作中表现出色、绩效评估高的员工。

### 2. 负概念

负概念指的是反映对象不具有某种属性的概念，也被称为否定概念。例如，"非党员"是一个负概念，因为它反映的是不具有"党员"的属性的所有对象。"亏损的公司"也是一个负概念，因为公司亏损表明它不具有盈利的能力和状态。"低绩效员工"同样是一个负概念，它表示那些在工作中表现不佳、绩效评估较低的员工。

负概念总是相对于一个特定的范围的，因此明确负概念的内涵和外延，必须联系它所处的语句或对话所论及的对象范围即论域。例如，"非党员"这个负概念是相对于人这个范围说的，它表示的是一切不是党员的人。论域有大有小，最大的论域可以是整个世界。在一定的论域中，任何一个事物，它或者是具有某种属性，或者不具有某种属性。如果它具有某个属性，它就不能同时又不具有这个属性。这分别是排中律和矛盾律在概念方面的表现，本书在后面的章节中将会详细介绍。

需要注意的是，逻辑学上的正、负概念并不涉及对内容的评价，也与语言学上的褒义词和贬义词没有对应关系，不能根据某种观点、内容的对错、好坏来区分正概念、负概念。负概念的论域是其所针对的正概念外延的集合，这意味着在一个特定的论域内，负概念所指的是一切不符合该论域范围内正概念的对象。因此，对负概念的界定总是要放到特定的论域中去理解和把握才可以。这样我们对"无产阶级""负数""私有制""非营利组织"等，就不会机械地认为它们都是负概念。

另外，如果不是在否定的意义下使用，即便带有"非""不""无"等字样的语词也不表达负概念。例如"非洲""非机动车路""无价之宝""无脊椎动物""不丹"等。从语言学的角度看，这里的"非""不""无"等不能作为否定词，不具有否定的含义。

## 四、相对概念与绝对概念

事物的特有属性，可以是某种性质，也可以是某种关系。逻辑学中的相对概念与绝对概念是两个不同的概念类型。相对概念反映的是具有某种关系的事物的概念，而绝对概念则反映具有某种性质的事物的概念。

### 1. 相对概念

相对概念强调的是事物之间的比较和关系，这总是要涉及另一个或另一些事物。因此，一个相对概念总是相对于另一个概念说的，脱离了其中一个，另一个也就不存在。例如，"大"相对于"小"而言，是相对概念，因为"大"这个属性的存在依赖于与其他事物的比较。又如，"早"和"晚"，"高"和"低"，"多"和"少"等都是具有对应关系的相对概念。当我们说"这是一只小象"时，所指的是这只"象"相对于其他"象"来说是小的。但是如果与老鼠相比较，这只"象"又显得很大。这就提醒我们，当我们使用相对概念时，必须要注意所比较的对象和范围。

### 2. 绝对概念

绝对概念则不同，它指的是反映具有某种性质的事物的概念，强调的是事物本身的性质，不依赖于与其他事物的比较。例如，"存在"是一个绝对概念，它表示事物的存在状态，不依赖于与其他事物的比较。再如，在一个平面内，围绕一个点并以一定长度为距离旋转一周所形成的封闭曲线叫作"圆"，这是圆本身所固有的性质，不依赖于与其他事物的比较。其他如"金属""男人""正方体""自然数"等都表达的是绝对概念。

需要注意的是，相对概念和绝对概念并不是互斥的。例如，"美"是一个相对概念，因为它依赖于个人的审美标准和文化背景。但是，"美的艺术品"在某种意义上也可以看作是一个绝对概念，因为艺术品本身的美丑是其固有的性质，不依赖于与其他事物的比较。

### 3. 相对概念与绝对概念的应用

相对概念与绝对概念的应用范围非常广泛，不仅局限于逻辑学领域。在各个学科领域中，相对概念与绝对概念都发挥着重要的作用。例如，在数学中，相对概念可以用来比较大小、长短等属性，而绝对概念则可以用来描述数的性质和特点；在物理学中，相对概念可以用来比较速度、加速度等属性，而绝对概念则可以用来描述力的性质和特点。正因如此，我们在实际工作中，对相对概念与绝对概念要把握清楚。例如，在测量学、地理学等领域，我们经常要使用比例尺、参照物，就是对相对概念的正确运用。忽略了"大""小""远""近"等的相对性，有时就会导致不正确的判断或推理。

以上我们从各个不同的角度对概念做了 4 种分类，目的是揭示概念的多种逻辑特性。需要指出的是，就某个特定概念而言，它不能同时属于某种分类的两个对应的种类，但可以分别属于不同分类中的某个种类。下面的几个例子可以帮助大家更好地理解上述 4 种分类概念。

【例 2-23】"鲁迅"这个概念，是一个单独概念，也是一个非集合概念，同时还是一个正概念和一个绝对概念。

【**例2-24**】"非党员"这个概念，是一个普遍概念，也是一个非集合概念，同时它还是一个负概念和一个绝对概念。

【**例2-25**】"共产党"这个概念，是一个普遍概念，也是一个集合概念，同时它也表示一个正概念和一个绝对概念。

【**例2-26**】"小象"这个概念，是一个普遍概念和一个非集合概念，另外，它也是一个正概念和一个相对概念。

# 第四节　概念间的关系

客观事物之间存在着这样那样的关系，反映到思维领域，概念之间相应地也存在着各种各样的关系。这些关系反映在内涵方面，属于各门具体学科的研究内容。亦即，逻辑学不研究存在于特定概念之间的具体关系，而是仅仅侧重于从外延方面来研究各种概念之间关系的一般类型。

在普通逻辑中，根据概念外延之间的重合关系，可以将概念分为相容关系和全异关系两大类。为了直观地说明概念间外延的关系，18世纪瑞士数学家欧拉创造了一种用圆圈表示概念间的外延关系的图解法，后人称之为欧拉图。下面，我们结合欧拉图从相容关系和全异关系两个方面来分别讲解概念外延间的各种关系。

## 一、相容关系

相容关系是指两个概念的外延至少有一部分是重合的。根据概念之间外延重合的情况，可将其分为全同关系、真包含关系、真包含于关系和交叉关系。

### （一）全同关系

全同关系，又叫作重合关系或同一关系，是指两个概念的外延完全重合。例如《狂人日记》的作者与鲁迅、中华人民共和国首都和北京、等边三角形与等角三角形、一分钟与六十秒等几组概念间都具有全同关系。

具有全同关系的概念反映的是同一个对象，所以它们的外延是相同的。但它们的内涵却不尽相同，因为具有全同关系的两个概念是从不同角度、不同侧面去描述同一事物的属性。例如，中华人民共和国首都和北京这两个概念的外延完全重合，但它们的内涵却不同。前者是从中央政府机关所在地及全国政治中心、文化中心、国际交往中心、科技创新中心等特点反映北京这个特定城市的，尤其是北京作为中国的首都，承担着国家政治决策、管理和服务的重要职责。后者则是从地理区位、面积、人口、历史形成演变等特点反映北京这个特定城市。两者内涵显然不同。利用这一逻辑特性，可以帮助人们从不同方面加深对同一对象的理解和认识。

但是，需要指出的是，具有全同关系的两个概念与表达同一个概念的两个语词是完全不同的。如果用以表达一个概念的两个或多个语词内涵和外延都相同，那就不是全同关系，而是同一概念的不同文字表达方式而已，如番茄和西红柿、玉米与苞米、苞谷、棒子等。

假设我们以后用 S、P 代表概念，由于 S、P 可以代表任何概念，所以我们把它们叫作概念变项。由此，全同关系可以表述为："所有 S 都是 P，并且，所有 P 都是 S"，这表明，"S 的外延完全等于 P 的外延"。

形式逻辑通常采用欧拉图的方法直观、形象地表示概念之间的关系。这种方法是用圆圈表示一个概念的外延，在圆圈内用 S、P 等符号表明该圆所表示的概念，并用两个或几个圆圈之间的离合来表示概念外延之间的关系。据此，具有全同关系的两个概念的外延关系可以用图 2-1 表示。

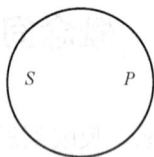

**图 2-1 全同关系欧拉图**

由于具有全同关系的两个概念在外延上完全重合，只是从不同侧面反映同一对象，因此，在表达时常常为了避免语言的单调或用词重复而将它们交互替换使用，以增强表达的丰富生动。例如，"一昼夜"和"24 小时"、"一年"和"365 天"等，都是具有全同关系的概念，交替使用时可以增强文字的表现力和感染力。但是也应注意，全同关系的两个概念毕竟在内涵上有所区别，所以在实际思维及表达过程中，还是要避免犯"混淆/偷换概念"的逻辑错误，即无意或有意地把不具有全同关系的概念当作具有全同关系的概念来互换使用。

### （二）真包含关系和真包含于关系

在两个概念之间，如果一个概念的外延完全包含在另一个概念的外延当中，并且仅为另一个概念外延的一部分，那么外延较大的概念就是属概念，外延较小的概念则被称为种概念。种概念（亦称"下位概念"）与属概念（上位概念）相对，是具有从属关系的两个概念中内涵较多的概念。例如，金宇澄是作家。其中"金宇澄"是种概念，"作家"是属概念。再如，建筑工人是工人中的一员。这个例子中的"工人"是属概念，"建筑工人"是种概念。"建筑工人"的内涵比"工人"的内涵多了一个"建筑"的属性，但它的外延则比"工人"的外延要小，相对来说只是一个种概念。

属概念与种概念之间的这种关系可以用真包含关系和真包含于关系进行区分。其中，真包含关系是指一个概念的部分外延和另一个概念全部外延重合，即属种关系；而真包含于关系，则是指一个概念的全部外延和另一个概念的部分外延重合，即种属关系。用概念变项的方式，真包含关系可以表述为：所有 P 都是 S，并且，有 S 不是 P。我们可以将其理解为："S 的外延包含 P 的外延，但是，P 的外延不等于 S 的外延"。而真包含于关系则可以表述为："所有 S 都是 P，并且，有 P 不是 S。"这就表明："S 的外延包含于 P 的外延，但是，S 的外延不等于 P 的外延"。真包含关系和真包含于关系可以分别用欧拉图进行表示，如图 2-2 和图 2-3 所示。

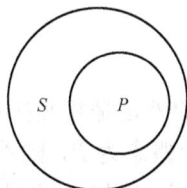

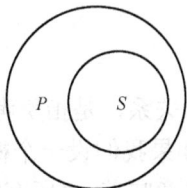

图 2-2　真包含关系　　　　图 2-3　真包含于关系

在日常思维与表达时需要注意的是，属种关系与整体、部分之间的关系是不同的，切忌混淆。属种关系存在于一个对象类与其分子之间，反映的是对象之间一般与特殊、整体与个别的关系，因此种概念必然具有属概念的所有内涵。但是整体-部分关系中，部分不具有整体的内涵，也不受整体外延的制约。例如，"工业"与"重工业"、"学生"与"大学生"是属种关系，因为重工业是工业中的一种，大学生是学生中的一类，它们均具有与之对应的属概念的内涵。但是"中国"与"河北"、"桌子"与"桌子腿儿"等概念都不是属种关系，而是整体与部分的关系。我们不能说"河北是中国"，也不能说"桌子腿儿是桌子"，它们不是真包含的关系，而是事物的整体与部分之间的关系。如果把整体与部分的关系混同于属种关系，则必然会产生逻辑错误。

特别需要注意的是，概念间的属种关系是一种非常重要的逻辑关系，是对概念进行限制、概括、定义、划分等的逻辑基础。

另外，在日常用语中，我们常用"包含""包括"等语词来进行表达。其实这些语词既可以用来表示概念间的属种关系，说明真包含、真包含于等关系，但是也可以用来表示概念之间的整体和部分的关系。所以不能以是否可以运用"包含""包括"等语词作为判断是否是属种关系或整体-部分关系的标准或标志，一定要认真地根据属种关系的定义，借助于欧拉图进行判别，避免出现逻辑错误。

## （三）交叉关系

在逻辑学中，概念之间的交叉关系是指两个概念的部分外延存在重合，其特点是两个概念的外延有一部分相同、重合，而另一部分却不相同、不重合。正因如此，有的逻辑书上又把交叉关系叫作部分重合关系。用概念变项的方式进行表示，即在两个概念中，如果我们设一个概念为 $S$，另一个概念为 $P$，则交叉关系可以表述为："有 $S$ 是 $P$，有 $S$ 不是 $P$；同时，有 $P$ 是 $S$，有 $P$ 不是 $S$"。其欧拉图如图 2-4 所示。

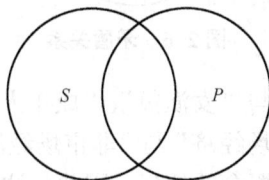

图 2-4　交叉关系

举例说明。"工人"与"党员"、"学生"与"共青团员"、"食物"与"植物"、"教师"与"妇女"、"军人"与"医生"，都是交叉关系。在"食物"与"植物"这两个概念中，有的食物是植物，有的食物不是植物；反过来说，有的植物是食物，而有的植物却不是食物。

## 二、全异关系

概念外延间的全异关系，是指所考察的两个概念的外延是相互排斥、完全不重合的，也称为"不相容关系"。如果我们设一个概念为 $S$，另一个概念为 $P$，则不相容关系可以表述为："所有 $S$ 都不是 $P$。"这意味着，"所有的 $P$ 也都不是 $S$"。例如，"牛"与"马"是全异关系，"红色"与"非红色"是全异关系，"桌子"与"土豆"、"计算机"与"经济"也是全异关系。全异关系的欧拉图如图 2-5 所示。

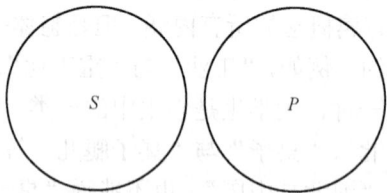

**图 2-5　全异关系**

就同一论域而言，概念外延间的全异关系又可以分为矛盾关系和反对关系两种类型。

### （一）矛盾关系

在逻辑学中，矛盾关系是指两个概念之间不能同时为真，也不能同时为假的关系。即它们的外延互相排斥，并且它们的外延之和穷尽了其属概念的全部外延。具体来说，矛盾关系可以定义为：如果两个概念 $S$ 和 $P$ 是矛盾的，那么 $S$ 和 $P$ 不能同时为真，也不能同时为假。"$S$"与"$P$"不仅具有不相容关系，而且它们外延之和等于其邻近的属概念。如果用 $M$ 表示其属概念，则 $S$ 的外延+$P$ 的外延=属概念 $M$ 的外延。矛盾关系可以用欧拉图进行表示，如图 2-6 所示。

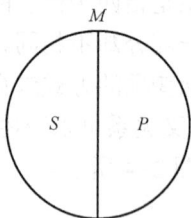

**图 2-6　矛盾关系**

矛盾关系举例。像"男演员"与"女演员"、"成年人"与"非成年人"、"生"与"死"、"正式代表"与"非正式代表"、"市场经济"与"非市场经济"等几组概念外延一点也不重合，并且它们的外延之和等于其共同属概念的外延，因此，这几组概念都具有矛盾关系。

在表达时，矛盾关系的概念常常用表示正概念的语词和表达对应负概念的语词来表达，如"师范生"与"非师范生"；有时用具有矛盾关系的反义词来表达，如"生"与"死"、"正确"与"错误"；有时还可以都用表示普遍概念的正概念来表达，如"男学生"和"女学生"等。

### （二）反对关系

反对关系，指处在同一属概念中的两个种概念，外延完全不同且外延之和小于其属概念的外延。反对关系可以定义为：如果两个概念 $S$ 和 $P$ 是反对关系，$M$ 表示其邻近的属概念，则 $S$ 的外延+$P$ 的外延＜属概念 $M$ 的外延。反对关系可以用欧拉图进行表示，如图 2-7 所示。

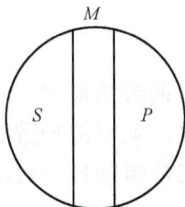

**图 2-7　反对关系**

反对关系举例。"红色"与"蓝色"、"中学生"与"大学生"、"桌子"与"椅子"，这几组概念分别有共同的属概念"颜色""学生""家具"，没有重合的外延，并且外延之和小于其共同属概念的外延，所以它们分别均为反对关系。以"桌子"与"椅子"为例进行说明，它们均属于"家具"这个属概念范畴里的概念，并且如果将它们两个加起来计算，其外延总和亦小于其共同的属概念，因为"家具"除了"桌子"和"椅子"之外，还有"床""沙发""衣柜"等。

需要注意的是，在同一论域下，两个概念在外延上究竟是矛盾关系还是反对关系，关键要看它们与相对于其邻近的属概念的外延之间的关系。如果两个概念的外延之和等于其邻近的属概念的外延，则这两个概念是矛盾关系；如果两个概念的外延之和小于其邻近的属概念的外延，则这两个概念是反对关系。由此可见，在判断两个概念是矛盾关系还是反对关系时，论域非常重要。

另外，上述无论是相容关系还是不相容关系，分析的都是两个概念之间的关系。但是在实际情况中，常常涉及 3 个或更多概念，请读者朋友们仍然按照上面所讲的方法，依次两个、两个地辨析清楚，在此基础上，再扩充理解及应用。

# 第五节　概念的定义与划分

在思考问题、进行学术表达或者人们之间进行交流沟通时，首要的问题是明确概念。明确概念就是明确概念的内涵和外延，也就是要明确这个概念所反映的对象的特性、本质、范围等。而要达到这一点，就要求我们对于概念所反映的对象具有清晰、具体、全面、客观的认知。给概念下定义是一种常见的明确概念内涵的逻辑方法；而划分，则是明确概念外延的逻辑方法。下面分两个方面分别述之。

## 一、定义

### （一）给概念下定义的原因

在日常交流和进行学术表达时，为什么要给概念下定义呢？

给概念下定义的主要目的是明确和规范我们对事物的认知与理解。定义可以帮助我们清晰地表达一个概念的本质特征，以及这个概念与其他概念之间的区别。具体来说，给概念下定义有以下几个重要的目的。

### 1. 明确概念范围

通过下定义，我们可以明确一个概念所涵盖的具体范围和内涵，从而在表达时避免产生歧义和混淆。

### 2. 提供沟通基础

在交流中，如果我们使用同一个语词表达概念，但对这个概念的定义却不同，或者是交流双方对这个概念的内涵的理解不一致，就可能导致误解和沟通障碍。通过下定义，可以确保在使用同一概念时，所有人的理解都是明确且一致的。

### 3. 指导实践应用

在许多领域，如科学、技术、工程、法律、管理等，准确的概念定义对于实践和应用至关重要。定义可以帮助我们明确如何应用一个概念，以及其在何时何地何种情况下适用。例如，在法律中，定义是不可或缺的，它有助于明确法律条文的含义和适用范围，从而避免法律纠纷和冲突。

### 4. 促进学术发展

在学术研究中，对概念进行明确定义是开展深入探讨和研究的基础。定义可以帮助我们理清理论框架，推动学术领域的发展和进步。

### 5. 辅助教育和学习

在教与学过程中，下定义有助于学生更好地理解和记忆概念。同时，教师也可以通过解释和定义概念来帮助学生掌握与应用知识。

### 6. 推动语言规范化

通过给概念下定义，可以推动语言的规范化和标准化，使语言的表达更加严谨和准确。

## （二）定义的结构、种类和方法

### 1. 定义的结构

简单地说，定义是一种用简明的形式来解释概念所反映的对象的特性或本质的逻辑方法。来看下面几个例子。

【例2-27】中位数是按顺序排列的一组数据中居于中间位置的数。

【例2-28】人就是能制造和使用生产工具的动物。

【例2-29】设计思维是以人为本的利用设计师的敏感性及设计方法在满足技术可实现性和商业可行性的前提下来满足人的需求的设计精神与方法。

上述例2-27与例2-28都是对概念的定义。其中例2-27定义揭示了"中位数"这个概念的内涵；例2-28定义揭示了"人"这个概念的内涵；例2-29定义则揭示了"设计思维"这个概念的内涵。

分析上述3个对概念的定义发现，虽然上述定义的具体内容因为需要明确其内涵的概念的不同而不同，但它们都是用精练的语句、简明的方式，从某个角度完整地揭示出概念所反映对象的本质属性，从而达到明确概念内涵的目的。这些定义的逻辑结构是相同的，都由3个部分构成，分别是被定义项、定义项和定义联项。

被定义项是需要明确其内涵的概念，如上面例子中的"中位数""人""设计思维"。被定义项，在语言方面的表现，常常是一个词或一个词组，有时也可以是一个语句。在逻辑学中，通常用"Ds"表示被定义项。

定义项则是用来明确被定义项内涵的概念，如"中位数"定义中的"按顺序排列的一组数据中居于中间位置的数"。定义项，在语言方面的表现，经常是一个词组，但有时也可以是一个语句或一组语句。在逻辑学中，通常用"Dp"表示定义项。

定义联项是联结定义项和被定义项的概念，表示它们二者之间的逻辑关系，一般用"是""是指""就是"等概念来表示。在现代汉语中，定义联项的常见语词形式还有"即""叫作"等。在逻辑学中，通常用"="表示定义联项。

综上，表示定义结构的逻辑公式可以表示为：Ds=Dp。其一般形式还可以用文字表述为："Ds"就是Dp。该形式表示了事物Ds与其特有属性Dp之间存在必然联系。

通过上面的介绍我们可以更加深刻地理解定义在人们思维过程中的重要作用。它是总结和巩固人们对某事物的认识成果的重要方式，也有助于人们掌握和传播知识。例如，当我们不了解"数字经济""创新思维""火龙果""漂流""摩天轮"等概念时，我们就做出一个定义："数字经济就是……""漂流是指……"等。通过这样对概念进行定义，其他人就可以了解其内涵，明确并掌握相关概念。

但是，需要指出的是，任何对象都是多种规定性的统一，针对某一对象的特有属性，不同主体、不同学科往往会因不同的主客观条件的限制或关注角度不同而形成不同的认识，从而形成不同的概念。即便是同一主体，也可能因对象本身的发展变化或者人们对主客观世界认识的深入而对同一个对象形成不同的概念，给予不同的定义。

例如，同样是对"水"的定义，化学着眼于从水的成分进行定义，物理学则侧重于从水的物理特性进行定义，这种差异是因为学科视角的不同。同样是对行星进行定义，但如何定义行星这一概念在天文学上一直是个备受争议的问题。国际天文学联合会大会2006年8月24日通过了"行星"的新定义，按照这个新定义，太阳系原来的第9颗行星"冥王星"被正式从行星类别中除名，从而成了一颗矮行星。国际天文学联合会下属的行星定义委员会称，不排除将来太阳系中会有更多符合标准的天体被列为行星。类似的定义变化，则反映出由于人们对客观世界认识的局限，相关的定义都是有条件的，具有相对的意义。

另外，在人文社科领域，由于所持有的价值观、政治立场、理论基础、历史环境等不尽相同，人们对于民主、自由、平等、正义等价值往往会形成不同的概念，给出不同的定义。正因如此，我们在谈论问题、发表见解或者写作时，更需要对概念的内涵进行清晰定义，以便大家在对一些重要问题的认知上达成共识，并在此基础上推动后续工作的开展。

## 2. 定义的种类与方法

在逻辑学中，定义可以分为实质定义和语词定义两种类型，其下定义的方法也有所不同。

### 1）实质定义

实质定义（也称为真实定义），是揭示对象的特有属性的定义。这种定义着重于揭示对象或概念的固有属性或本质属性，也就是说，它提供了关于对象或概念核心特征的信息。实质定义最常见的一种下定义方法是属加种差定义法，可以用下列公式表示：

被定义概念=种差+邻近的属

属加种差定义法早在亚里士多德时代就已经提出。从那时开始，古典逻辑都提出了属加种差的定义法。亚里士多德认为，一类事物的本质属性，就是该类事物的属加种差，而实质定义就是表示一类事物的本质属性的，所以，实质定义就是属加种差的定义。例如：

【例2-30】天文学是研究宇宙空间天体、宇宙的结构和演化发展的科学。

这是一个关于天文学的属加种差的定义。其中"天文学"是被定义项，其邻近的属概念是"科学"，定义项"研究宇宙空间天体、宇宙的结构和演化发展的科学"是由天文学的属概念（科学）与天文学的种差（研究宇宙空间天体、宇宙的结构和演化发展）组成的。

在用属加种差给概念下定义时，需要注意以下几点。

第一，确定好被定义项的邻近的属概念。

所谓"邻近的属"，就是指与被定义概念比较邻近的属概念。例如，要给"天文学"下定义，首先就要找出它邻近的属"科学"。给"中位数"下定义，也要找出其邻近的属"数"。正如列宁所指出的："定义是什么意思呢？这首先就是把某一个概念放在另一个更广泛的概念里。"[①]上面在给"天文学"下定义时，我们首先对其进行概括，将其归入"科学"这个外延更大的概念中。由此我们得到对"天文学"是"科学"的初步认识。但是，这样的认识没有揭示出"天文学"这一类对象的特有属性，还不能通过这一认识将天文学与数学、物理学等其他种类的科学区别开来。这就需要进一步的工作。

概念的属概念一般是多层次的。在给概念下定义时，一般是选择被定义概念最邻近的属概念作为其邻近的属，但有时也可以根据所要解决的实际问题，选择其他属概念。如"正方形是有一个角是直角且有一组邻边相等的平行四边形。"其属概念可以有"平行四边形""四边形""几何图形""图形"等，此处，我们在下定义时选择了"正方形"最邻近的属概念"平行四边形"；而在"人是能够制造和使用生产工具的动物"这一定义中，"人"的属概念有"灵长目动物""哺乳动物""脊椎动物""动物""生物"等多个不同的语词，但定义中却选择了"动物"作为邻近的属，其原因是根据该定义的要求，要把"人"同其他"动物"区别开来。

第二，找出被定义项的种差。

种差是实质定义中的一个重要概念，它表示被定义项与同属的其他种概念之间在内涵上的本质区别。在一个属下，可以有多个种。某个种 a 不同于其他种的那些属性，就叫作种 a 的种差。换句话说，种差是指被定义概念所独有的属性或特征，这些属性或特征使得被定义概念与其他同属概念有所区别。例如：

【例2-31】等边三角形是指三条边都相等的三角形。

这里，"三条边都相等"是等边三角形区别于其他三角形（如等腰三角形、不等边三角形）的种差。

再如：

【例2-32】哺乳动物指的是体温恒定，采取胎生繁殖，且幼仔由母体分泌的乳汁喂养长大的动物。

在该定义中，"体温恒定""胎生""哺乳"是哺乳动物区别于其他脊椎动物（如鱼类、鸟类）的种差。

第三，用定义联项把被定义项和定义项联结起来，即可形成一个完整的定义。

通过以上例子可以看出，种差是被定义概念与其他同属概念相区别的关键特征。在定义

① 中共中央马克思恩格斯列宁斯大林著作编译局. 列宁选集：第二卷 [M]. 3 版. 北京：人民出版社，1995：107.

一个概念时，指出这些种差是非常重要的，它们能够明确概念的界限，避免混淆和误解。但是，我们也应认识到，由于任何对象都是多种属性的统一体，从不同的认识需要和认识角度出发，对同一事物也可以形成不同的本质属性，因此，属加种差定义也具有多种表现形式。常见、常用的有性质定义、关系定义、发生定义和功用定义等4种类型。

① 性质定义：以被定义概念所反映的对象的特有性质为种差下的定义。例如，重力是物体由于地球的吸引而受到的力。

② 关系定义：以被定义概念所反映的对象与其他对象的特有关系为种差下的定义。例如，叔叔是对父亲弟弟的尊称，也可以表示对于和父亲年纪相仿的男性的礼貌称呼。

③ 发生定义：就是用事物发生或形成过程中的情况作为种差的定义。例如，化合物是由两种或两种以上不同元素组成的纯净物（区别于单质）。

④ 功用定义：是指以被定义概念所反映的事物的特殊功能、作用作为种差的定义。例如，催化剂是一种在化学反应里能提高化学反应速率而不改变化学平衡，且本身的质量和化学性质在化学反应前后都没有发生改变的物质。

2）语词定义

语词定义是规定或说明语词意义的定义。例如：

【例2-33】驹就是小马。

【例2-34】"四个中心"是指全国政治中心、文化中心、国际交往中心和科技创新中心。

这两个定义都是语词定义。其中例2-33定义，是说明汉语中"驹"这个词的意义；例2-34定义，则是规定"四个中心"这个词组的意义。

语词定义是对词义的解释，而不是对概念内涵的直接揭示。但语词的意义就是它所表达的概念，解释词义就是指出语词表达什么概念，这是进一步明确该概念的前提，因此语词定义是一种从语词意义方面来明确概念的逻辑方法，是一种特殊的定义。语词定义往往是用人们熟知的语词去解释被说明的语词，其重点在于说明语词表达的意思，而对概念的定义则要求揭示出被定义概念所反映对象的本质属性。

语词定义的一般形式结构为：

"Ds"意指Dp；

"Ds"表示Dp。

有时，语词定义的形式也可以是：

所谓"Ds"就是Dp；

所谓"Ds"就是说Dp；

"Ds"是Dp的意思。

语词定义主要有以下两种形式。一种是说明的语词定义，另一种是规定的语词定义。

（1）说明的语词定义

说明的语词定义就是对已有确定意义的语词加以说明，即用语词解释或指明某一词语的意义。当别人不了解某一种语言中的某一个语词的意义时，我们就常常会用一个语词定义来说明这个语词的意义。例如，当别人不了解"驹"这个词的意义时，我们就说："驹"就是小马。当别人不知道物理学中"第一宇宙速度"这个词组的意义时，我们就说："第一宇宙速度"是指物体在地面附近绕地球做匀速圆周运动的速度，7.9 km/s。

说明的语词定义在语文教学、编纂词典、理论宣传及日常思想交流中都有广泛的应用。

有时，它又被称为"词典定义"。说明的语词定义有对错之分。如果它正确地说明了语词原已确立的意义，则是对的、正确的；否则就是错误的。例如，我们说，第一宇宙速度每秒11.2千米，就是错误的。

（2）规定的语词定义

规定的语词定义就是对某个语词的特殊含义或特别用法做出规定性的解释。被定义的语词多为新出现的语词，或是赋予现有语词以新的含义，或是在现有语词的多种含义中确定所选用的含义。例如：

【例2-35】"双百方针"表示中国共产党提出的百花齐放、百家争鸣的方针。

其中的"双百方针"就是对这个词组规定了一个新的意义，并在后续的表达及交流中，可以用"双百方针"这个简短的词组去代替原来那个冗长的表达。又如：

【例2-36】本书所说的"逻辑"，除特别说明者外，指的都是普通逻辑。

这里对"逻辑"采用了规定的语词定义，表示在现有语词"逻辑"的多种含义中确定了所选用的含义。

规定的语词定义有重要的作用。它可以确定一个新语词的意义；可以给已有语词赋予新的意义；可以给有歧义的多义词确定单一的含义；还可以给含义模糊的语词规定精确的含义。这些对于总结和巩固认识成果、顺利交流思想都是非常必要的。规定的语词定义不同于说明的语词定义，它是语词的使用者对某个语词意义所给予的规定，因此，其存在是否妥当的问题，也会出现可接受性大小的问题，但是却没有真假的问题。

### （三）定义的规则

给概念下定义除了要具备相关事物的具体科学知识以外，还必须遵守定义的规则。这些定义的规则不是其他具体科学所能提供的，而是形式逻辑所提供并进行规范的。

定义的规则主要有以下几条。

**1. 定义项的外延与被定义项的外延必须是全同关系**

只有定义概念与被定义概念的外延相同，才能说明定义概念正确地揭示了被定义概念的内涵。违反这条规则，定义项的外延大于被定义项的外延，就会犯"定义过宽"的错误；定义项的外延小于被定义项的外延，就会犯"定义过窄"的错误。例如：

【例2-37】文学是通过形象反映客观现实的艺术。

这个定义就犯了定义过宽的错误。因为它把绘画、影视等艺术也包括进去了，使定义项概念的外延大于被定义项的外延了。再如：

【例2-38】我们把矩形定义为四边和四角皆相等的四边形。

这个定义则犯了定义过窄的错误。即定义项的外延小于被定义项的外延，定义项真包含于被定义项。结果造成把本来属于被定义词项外延的对象排除在该词项的外延之外了。其实，这个定义表明的应该是正方形，它只是矩形中的一种特殊形式而已。

**2. 定义项中不能直接或间接地包括被定义项**

给一个概念下定义，就是要用定义揭示被定义概念的内涵，达到明确概念的目的。如果定义项中直接或间接地包括了被定义项，就意味着定义项本身是不独立、不明确的，等于是用被定义概念自身去解释自己，这样就不能达到明确被定义概念内涵的目的。

违反这条规则就会犯"循环定义"的逻辑错误。在定义项中直接包含了被定义项的，又称为"同语反复"，这也是错误的。例如：

**【例2-39】** 主观主义者就是主观主义地观察和处理问题的人。

这个定义用"主观主义"来说明"主观主义"，实际上是同语反复，并没有解释清楚"主观主义"这个概念的内涵。再如：

**【例2-40】** 几年前有部热播电视剧叫《士兵突击》，王宝强饰演的许三多有句话流传甚广："好好活就是干有意义的事，有意义的事就是好好活！"。

这句话传递出一种积极的生活态度，有一种鼓舞人心的力量。但是从逻辑学的角度分析，却犯了循环论证的错误。

#### 3. 定义一般只能用肯定的语句形式

给一个概念下定义，目的是揭示被定义概念的内涵，因此必须以肯定形式，从正面揭示它所反映的对象究竟是什么样的对象，具有何种特性或本质。如果用否定的形式，只能揭示被定义概念所反映的对象不具有什么属性，而不能揭示其具有什么属性，这样就达不到下定义的目的。例如：

**【例2-41】** 商品不是为了满足自己需要的劳动产品。

这个定义的定义项中包含了"不是为了满足自己需要的劳动产品"这一否定的语句形式，因而该定义只表示了"商品不是什么"，但没有正面地表示商品到底是什么，具有哪些特有属性。

需要指出的是，如果被定义概念的内涵本身反映的就是对象不具有某种属性，这种情况下采用否定的语句形式下定义却是可以的。例如：

**【例2-42】** 未成年人就是年龄不满18周岁的人。

这是一种正确的定义方法。

#### 4. 定义项中不能包括含混的概念和语词，也不能用比喻形式表达

定义项中如果包括了含混的概念或语词，定义项就是不明确的。不明确的定义项就不能起到明确被定义项的作用，不能对概念做出明晰、准确的科学定义。因此，定义项中不能包括含混的概念或语词。例如，斯宾塞曾经给生命下过一个定义：

**【例2-43】** 生命就是内在关系对外在关系的不断适应。

这个定义项中包含了许多含混不清的概念或语词，使人不知所云。因为什么是"内在关系"？什么是"外在关系"？什么是"内在关系对外在关系的不断适应"？定义中没有说清楚，其他人也搞不明白。

定义项中也不能用比喻。因为比喻只能形象地描述事物的特征，并不能直接、准确地揭示事物的特有属性，不能直接、准确地揭示概念的内涵。例如：

**【例2-44】** 儿童是祖国的花朵。

这个定义中的定义项是对儿童的一种形象的比喻，但作为一种科学定义，由于没有揭示出"儿童"这一概念的内涵，就不够严谨准确了。同样地，我们看以下的定义：

**【例2-45】** 建筑是凝固的音乐。

这也是一种用比喻形式下的定义，因其没有明确解释被定义项"建筑"的内涵，因此，这样的定义是不恰当的。应当指出，比喻作为一种表达方式是大量存在的，而且是生动、形象的，但是，用比喻的形式进行科学的定义，则不符合逻辑学中下定义的规则。

## 二、划分

### （一）什么是划分

概念有内涵与外延两个方面。要明确一个概念，就必须明确概念的内涵，同时也必须明确概念的外延。前面介绍了明确概念内涵的逻辑方法——定义，下面介绍明确概念外延的逻辑方法——划分。

所谓划分，就是以对象的某种属性为标准，将反映该对象的概念分成若干个种概念，以明确其外延的逻辑方法。例如：

**【例 2-46】**"粮食作物"按照其植物学特征和用途可以分成谷类作物（小麦、水稻、玉米等）、薯类作物（包括甘薯、马铃薯等）及豆类作物（包括大豆、蚕豆、豌豆、绿豆等）。

**【例 2-47】**"天体"划分为恒星、行星、小行星、彗星、星云、星系、脉冲星、磁星、黑洞和中子星 10 大类。

**【例 2-48】**以学历为划分依据，"学生"可以分为小学生、中学生、高中生、大学生、硕士研究生、博士生。

当一个概念的外延有许多事物时，可以根据属性的不同，将其分成许多小类。例如，把三角形按照角的大小划分为直角三角形、锐角三角形、钝角三角形。这样，三角形这个概念就明确多了。从本质上说，划分就是通过在思想上把一个属概念所反映的对象分为若干个小类来明确这个属概念的外延。通过划分，从某一角度揭示了被划分概念的外延，从而有助于明确和使用概念。

划分只适用于普遍概念。单独概念无须划分，所以单独概念是划分的极限。如果一个普遍概念的外延中包含的对象不多，则通常采用一一列举的方法来揭示。例如，《共产党宣言》的作者是卡尔·马克思和弗里德里希·恩格斯；"五岳"包括泰山、嵩山、衡山、华山、恒山。但是对那些不可能或不需要一一列举的普遍概念的外延，就需要用上面所讲的划分的方法来加以揭示。

任何划分都包括 3 个部分：划分的母项、划分的子项、划分的根据。

划分的母项就是被划分的外延比较大的属概念，如前面例子中的"粮食作物""天体""学生""三角形"等。

划分的子项，是指划分以后所得的外延较小的种概念，也就是用来明确母项外延的那些概念，如对"粮食作物"划分后得到的谷类作物、薯类作物、豆类作物就是该划分的子项。

划分的根据，也称为划分的标准，是指把母项分为若干子项所依据的属性。由于一个事物往往具有多方面的属性，因此，划分的标准究竟采取哪些属性，是需要根据实践的要求来决定的。可以根据不同的角度进行划分，从而可以从不同的角度揭示概念的外延。例如，对于"植物"的划分，植物学家和农业与药物学家就由于实践要求不同与研究侧重不同，采取不同的属性作为划分的标准。再如，对"学生"这个概念，以学历为根据，可以分为小学生、中学生、高中生、大学生、硕士研究生、博士生；以性别为依据，可以分为"男学生"和"女学生"；还可以根据学习成绩的好坏进行划分。可见，不同的根据会导致不同的划分。

### （二）划分的方法

划分有不同的方法。一种是根据划分所包含的母项和子项的层次数量不同，划分可分为一次划分和连续划分；另一种是根据每次划分得到的子项数量不同，划分可分为二分法和多分法。下面分两类进行介绍。

#### 1．一次划分和连续划分

如前所述，根据划分所包含的母项和子项的层次数量的不同，划分可分为一次划分和连续划分。

一次划分，是对概念进行一次性的、直接的划分，即将母项划分为两个或多个子项，其中仅有母项和子项两个层次。例如：

**【例 2-49】** 地震按其成因，可分为构造地震、陷落地震和火山地震 3 种。

这是一次划分。

再如：

**【例 2-50】** 将"水果"这个概念划分为"苹果""香蕉""橙子"等子项，也是一次划分。

连续划分是将一个概念（母项）划分为若干个子项之后，再对这些子项进行进一步的划分。显然，此时进行了超过一次的划分，层次也并非只有母项和子项两个层次，而是把分得的子项的全部或部分再次作为母项划分为更小的子项。例如，首先将"水果"划分为"苹果""香蕉""橙子"等子项，然后将"苹果"这一子项继续划分为"红富士""国光""黄元帅"等更具体的苹果种类。这就是连续划分。

无论是一次划分还是连续划分，划分的依据都是根据对象的某种属性或特征来进行的。划分的子项必须符合母项的全部属性，不能遗漏或添加任何属性。

#### 2．二分法和多分法

根据每次划分得到的子项数量不同，划分可分为二分法和多分法。

二分法是一种特别的划分。简单地说，二分法就是以对象有无某种属性作为划分标准所进行的划分。如果把一个母项划分为两个在外延上互相否定的子项，其中一个子项具有某种属性，而另一个子项不具有这种属性，这样的划分就是二分法。一般来讲，这两个子项是一对正负概念。例如，考试成绩可分为合格和不合格；驾驶汽车可分为有人驾驶和无人驾驶；干部可划分为党员干部和非党员干部。这些都是在运用二分法对母项进行划分。

二分法的优点是简洁，突出了主要方面；缺点是划分出的负概念外延不明确，即不清楚它究竟反映哪些具体的对象，这些对象又具有哪些属性。例如，汽车品牌分为国有品牌和外国品牌。这个例子表述了"汽车"按二分法分为"国有品牌"和"外国品牌"，突出了国有品牌汽车这部分对象，但是对"外国品牌"汽车的外延却不是非常明确。还有一种情况。根据对象的某属性，将其划分出两个正概念，例如，将"线"按形状分为"直线"与"曲线"。这种划分的优点是简明，其缺点是应用范围比较窄，只适用于仅包含两个种概念的属概念的划分。

多分法是将母项划分出超过两个子项的划分方法。例如：

**【例 2-51】** 按用途可将"汽车"分为轿车、客车、载货汽车、越野汽车等。

**【例 2-52】** 绿叶蔬菜包括菠菜、茼蒿、芹菜、芫荽、茴香、苦菜、荠菜、苋菜等。

这种划分的优点是有助于弄清楚属概念的外延，应用范围比较广泛。但是也存在一些缺点，不适用于那些种概念太多以至无穷的属概念。

需要注意的是，划分可以根据不同的属性或特征来进行，不同的划分依据会导致不同的子项和分类结果。因此，在逻辑学中，正确的划分依据应当与概念的本质属性相符合，以确保划分的准确性和有效性。

### （三）划分的规则

对概念外延进行划分，必须遵守下列 4 条规则。

#### 1. 划分所得各子项的外延之和应与母项的外延完全重合

也就是说，划分得到的子项必须完全覆盖母项的外延，不能遗漏其中任何一部分，但也不能超出其母项的外延。违反这条规则，就会犯"划分不相称"的逻辑错误，常见的表现有"多出子项"和"遗漏子项"。例如：

**【例 2-53】** 直系亲属包括祖父母、外祖父母、父母、配偶、子女、同胞兄弟姊妹、孙辈。

这种划分如果是在刑事法律领域，就犯了"多出子项"的错误。因为在刑事法律领域，直系亲属通常只包括配偶、父母和子女。

又如：

**【例 2-54】** 文学包括戏剧、诗歌、散文、小说和美术。

这种划分也犯了"多出子项"的错误，因为美术不属于文学范畴。

再如：

**【例 2-55】** 将"水果"划分为"苹果""香蕉"两类，就忽略了"橙子""葡萄"等其他水果种类。

这就犯了"遗漏子项"的错误。

#### 2. 每次划分的标准必须同一

也就是说，在每次划分中，标准只能有一个，不能同时使用多个不同的标准进行划分。否则，就会导致划分结果的混乱，无法达到明确概念外延的目的。违反这条规则，就会犯"混淆标准"的逻辑错误。例如：

**【例 2-56】** 我们把三角形划分为不等边三角形、等腰三角形和三内角都为 60° 的三角形。

这就是混淆了划分的标准，导致各个子项之间的关系不明确。再如：

**【例 2-57】** 苹果有红颜色、黄颜色、绿颜色、甜的、酸的等。

这个例子也犯了"混淆标准"的逻辑错误，因为我们在进行一次划分时，首先按照苹果的颜色进行划分，接下来按照苹果的口感进行划分。这就导致划分标准的不一致，使得各子项之间界限模糊，无法明确区分。

#### 3. 每次划分得到的各子项外延之间必须互不相容

也就是说，划分的子项之间应该是互相独立的，没有重叠部分。如果划分出的子项之间产生属种关系或交叉关系，就会引起混乱。因此，划分出的子项应当具有不相容关系。违反这条规则，就会犯"子项相容"的逻辑错误。例如：

**【例 2-58】** 高校教师可划分为党员教师、非党员教师、教授、副教授、讲师和助教这六个子项。

这个例子犯了"子项相容"的逻辑错误。因为，有些教师既是党员又是教授，有些教师既是党员又是讲师，还有些党员不是党员但却是教授。这样的划分会让人非常困惑。再如：

**【例 2-59】** 大学的课程分为通识课、平台课、专业课、必修课、选修课。

这个划分也犯了"子项相容"的逻辑错误，因为这些子项之间具有交叉关系。

**4. 每次划分所得的各子项之间应是并列关系**

在对属概念进行划分时，一定要按照其属种关系的固有层次顺序逐级地进行，直到不能划分或满足需要为止。如果不逐级划分，而是由母项直接划分，可能会造成"划分越级"或每次划分所得的子项之间不是并列关系，也就是它们可能不是一个层次的，这样就会模糊母项外延与子项的层次关系，犯"混级划分"的逻辑错误。例如：

**【例 2-60】** 农作物包括粮食作物、经济作物、油料作物、蔬菜作物等。

这种划分就犯了"混级划分"的错误。因为在划分所得的子项中，油料作物、蔬菜作物属于经济作物的种概念，与经济作物和粮食作物并非属于同一层次。

再如：

**【例 2-61】** "文学"分为长篇小说、中篇小说、短篇小说、微型小说。

这种划分犯了"越级划分"的错误。因为这两个概念之间差了一个"小说"的概念。"小说"是文学的种概念，但是却是上面划分出的 4 个子项的属概念。因此，例子中的划分直接越过"小说"这一层次而到达下一层次，不能全面揭示出"文学"这一概念的外延。

总之，划分作为一种明确概念外延的逻辑方法，在人们的思维过程中具有重要作用，它不但有助于人们正确地理解和准确地运用概念，而且有助于人们严密和有条理地表达思想。在对概念的外延进行划分时，必须遵守上述规则，避免对概念的理解产生混淆和歧义。

# 本 章 小 结

本章从事物的属性出发，介绍了概念的形成过程，阐明了概念的定义即是反映事物本质属性的思维形式，并通过比较、抽象、反思等知性的逻辑活动加强对概念的深刻理解和洞察。概念是判断、推理与论证的基础，是思维的起点。概念必须借助语词才能形成、储存、传播及交流。语词是表达概念的基本单位，是人们用来传递思想和交流信息的工具。语词与概念既有联系又有区别，对二者的关系理解得越深入，在应用时将会越明确、准确。

在"概念的内涵与外延"一节，介绍了概念的内涵与外延的定义、内涵和外延的反变关系、概念的确定性与可变化性及概念的限制和概括等内容。从多个角度全方位地深刻剖析概念，可以帮助读者加强对概念的认知和理解；弄清楚概念的内涵和外延，有助于读者准确地理解和使用概念。概念的类型可分为空概念、单独概念和普遍概念、集合概念与非集合概念、正概念与负概念、相对概念与绝对概念等多种，辨明概念所属的种类，有助于我们把握概念的本质特征。在"概念间的关系"一节中，介绍了相容关系和全异关系。最后，通过多个例子详细地介绍了如何对概念进行定义和划分。

本章是整本教材的基础，亦是读者学习逻辑学知识的基础。了解、掌握概念的逻辑特征、概念的内涵与外延、概念的种类、概念间的关系、概念的定义与划分等知识，可以帮助读者训练在思维活动中准确地使用概念的能力，进一步明确概念在学术表达及沟通交流中的重要作用，为将来运用判断、推理等进行论文表达奠定基础。

# 本 章 习 题

1. 为什么在沟通与表达时要明确概念？
2. 试举例说明什么是概念的内涵，什么是概念的外延。
3. 对概念进行限制与概括的逻辑依据是什么？请举例说明。
4. 请解释以下名词：集合概念与非集合概念、单独概念与普遍概念。
5. 什么是概念间的同一关系、什么是概念间的交叉关系？
6. 简述概念和语词的区别与联系。
7. 如果想要在划分时不犯"子项相容"的错误，则应遵守什么规则？
8. 请举例说明划分的规则。
9. "普遍概念"和"集合概念"这两个概念是什么关系？
10. 给概念下定义需要遵循哪些规则？

# 参 考 文 献

[1] 康德. 逻辑学讲义 [M]. 许景行，译. 北京：商务印书馆，2010.
[2] 彭漪涟. 逻辑学基础教程 [M]. 3 版. 上海：华东师范大学出版社，2017.
[3] 陈波. 逻辑学导论 [M]. 5 版. 北京：中国人民大学出版社，2023.
[4] 陈波. 逻辑学十五讲 [M]. 2 版. 北京：北京大学出版社，2016.
[5] 金岳霖. 形式逻辑 [M]. 北京：人民出版社，2006.
[6] 严乐儿，黄弋生，徐长斌. 逻辑学导论 [M]. 上海：上海交通大学出版社，2007.
[7] 陈波. 中国逻辑学 70 年：历程与反思 [J]. 社会科学文摘，2019（12）：88-90.
[8] 何向东. 逻辑学教程 [M]. 3 版. 北京：高等教育出版社，2010.
[9] 行星定义. [EB/OL]（2006-08-24）[2025-05-23]. https://baike.baidu.com/item/%E8%A1%8C%E6%98%9F%E5%AE%9A%E4%B9%89/2935156?fr=ge_ala.
[10] 黄乔，刘利民. 语义最小论视阈下的语词意义再议[J]. 外语研究，2023，40（5）：13-18.
[11] 宋英俊. 编辑中概念与语词的逻辑辨析 [J]. 重庆理工大学学报（社会科学），2020，34（2）：26-31.
[12] 刘宏森. "青年"是谁?："青年"概念界定中的问题及原因探析 [J]. 青年学报，2021（3）：21-29.
[13] 李小克. 普通逻辑学教程 [M]. 7 版. 北京：首都经济贸易大学出版社，2021.
[14] 熊明辉. 逻辑学导论 [M]. 2 版. 上海：复旦大学出版社，2020.
[15] 刘文君，王玉梅. 逻辑学教程 [M]. 上海：学林出版社，2019.

# 第三章 命 题

概念是一种思维形式。通过前一章的学习，我们知道人们如何运用概念的内涵和外延来反映对象。但是，我们同时也要应用已形成的概念，去进一步断定客观的事物情况，是真是假、是对是错。这就需要判断和命题。在本章中，我们将介绍命题基础、命题类型、简单命题与复合命题、命题的真假判定等内容。通过学习这些内容，读者将会对命题有更深入的理解。

## 第一节 命 题 基 础

### 一、语句、命题与判断的定义

亚里士多德在《工具论·解释篇》中结合词语、语句讨论判断或命题。他将词语定义为"灵魂的情感"或心理体验的象征。亚里士多德认为：句子是一个表达式，其各部分均有意义。每个简单的命题都包含一个动词。一个简单的命题表明一个单一的事实，其各部分的结合给出了一个统一体。一个复杂的命题是几个命题复合在一起的。肯定是对某事的断言，否定是对某事的否定。例如，"人是动物"断言了"人"是"动物"。"石头不是动物"否认了石头是"动物"。

据此，我们可以给出语句、命题与判断的逻辑学定义。

所谓语句，是指具有明确意义，能被陈述或描述的语言单位。例如：

【例3-1】今天是星期四。

【例3-2】2024年2月10日是甲辰龙年春节。

所谓命题，是指用语言、符号或式子表达的、具有明确真假意义的陈述句。其中判断为真的语句称为真命题，判断为假的命题称为假命题。例如：

【例3-3】三角形的内角之和等于180°。

【例3-4】15是素数。

其中，例3-3是一个真命题，而例3-4则是一个假命题。

所谓判断，是对某个事物或情境的认知、评估或断定，也就是对陈述事物情况的命题的断定。例如：

【例3-5】他是一个诚实的人。

【例3-6】真理不是一成不变的。

这两个例子就是判断。前者所表达的是断定了"他"这个思维对象具有"一个人"这种属性；后者断定的是"真理"这一思维对象不具有"一成不变的"这一属性。

对思维对象总是有所断定（无论是肯定或否定），是判断的一个基本的逻辑特征；断定是否真实（或者为真或者为假）则是判断的另一个基本的逻辑特征。如果断定符合客观实际，那么判断就是真的；反之，则是假的。注意，这里所说的"思维对象"，是指思维主体所思考的一切现象。它既包括客观存在的一切事物、现象，也包括思维领域的所有现象，还包括表达各种思想的语词、语句等。

## 二、语句、命题与判断的关系

语句、命题与判断之间既存在相互联系，又具有一定的区别。

### 1. 联系

通常，语句是一组表示事物情况的语言单位，是命题的物质载体。任何命题都是通过语句来表达的，没有语句，也就没有命题；而命题是语句的思想内容，是表达判断的语句，命题的内容就是判断所断定的对象情况；判断则是对某个命题的真假给予肯定或否定的行为。一个命题能否成为判断因人而异，因为它受认识能力和知识水平等主观条件的制约。

表达判断的自然语言语句，不仅具有逻辑的内容，即表达了对某个思想对象的断定，而且具有各种不同的句法、修辞等方面的非逻辑的特征。正因如此，同一判断有时可以用不同的语句来表达，例如：

【例 3-7】她露出了慈祥的笑容。

【例 3-8】她笑逐颜开。

这是两个不同的语句，但是表达的判断却是相同的，都表示"她笑了"。

【例 3-9】一切事物都是发展变化的。

【例 3-10】不发展变化的事物是没有的。

【例 3-11】哪有不发展变化的事物呢？

这几个语句的表达风格不同，但同样地表达的是同一个判断。

同一语句也可以表达不同的判断，例如：

【例 3-12】一见交警追来，司机扔下车和老婆逃走了。

这个语句因为表达得不清晰，容易让人产生歧义，从而做出不同的判断。其中一种判断是，"一见交警追来，司机扔下车和老婆，他自己逃走了。"另一种判断则是，"一见交警追来，司机扔下车，和老婆一起逃走了。"可见，在语境不明确的情况下，同样的一句话，却可以有不同的判断结果。

### 2. 区别

判断、语句和命题之间不存在一一对应的关系，它们之间的区别表现在以下几个方面。

第一，虽然命题都通过语句来表达，但语句不一定是命题，因为它可能没有明确的真假意义（如疑问句、祈使句、感叹句等）。在各种语句类型中，通常只有陈述句直接表达判断，因而是命题。例如：

【例 3-13】经过直线外一点有且只有一条直线与这条直线平行。

【例 3-14】数字经济的内容是什么？

这是两个语句。其中例 3-13 是陈述句，有真假，表达命题；例 3-14 则是疑问句，并未对事物有所陈述，无真假，因而不是命题。一般来说，我们用陈述句、疑问句中的反问句和某些感叹句来表达命题。例如：

【例 3-15】难道长江不是中国最长的河流吗？

这是疑问句中的反问句，表达了"长江是中国最长的河流"这一判断，因而是一个命题。再如：

【例 3-16】长城是多么伟大啊！

这个语句是感叹句，此时也表达一个命题。

第二，命题是对事物情况的陈述，判断是对事物情况的断定，也就是对陈述事物情况的命题的断定。一个命题可以被断定，也可以未被断定，而断定了的命题就是判断。任何一个判断都是命题，但并非任何一个命题都是判断。命题比判断的范围要广，它既包括已被断定的命题——判断，也包括未被判断的命题——非判断。例如：

【例 3-17】某网民张三对一网红雇佣水军进行虚假宣传一事予以披露，导致该网红的账号被封。该网红到法院控告"某网民张三严重侵犯了我的名誉权"。

分析发现，这一命题对该网红来说是真的，这是他的主观认定，是一个判断；但对法官来说，却未必是真的，因为这是一个未被断定的命题，需要后续根据证据进行断定。

第三，语句、命题与判断分属不同的科学范畴。语句和判断分别是语言学和认识论的研究对象，而命题则是逻辑学研究的对象。逻辑学对命题的研究，不在于它是一个语句，而在于它表达了判断，是对表达判断的语句的逻辑抽象。

从以上分析可以看出，判断是主观的认定，是一个主观行为；而命题则是客观存在的陈述句，不一定是主观的认定。逻辑学主要研究未断定的命题，同时也要研究已断定的命题。因此，从逻辑学的发展来看，用"命题"的提法代替"判断"要更科学些，更能体现逻辑学的独立地位。

# 第二节　命题类型概述

## 一、命题类型

在实际情况中，每个命题的复杂程度都是不同的，我们可以根据不同的标准和需要对命题进行分类。

① 可以按照是否含有模态词（如"必然""可能""偶然""必须""相信""知道"等），将命题分为模态命题与非模态命题两大类。

② 可以根据一个命题是否包含有除它自身以外的其他命题，将非模态命题分为简单命题与复合命题；根据所包含的模态词的不同，将模态命题分为必然命题与可能命题。

③ 按照简单命题所断定的是对象的性质还是关系，还可以将简单命题分为性质命题与关系命题；根据复合命题所包含的各个命题之间的联结方式的不同，可以将复合命题分为联言命题、选言命题、假言命题和负命题等。

为了方便读者学习和记忆，我们将命题的类型进行归纳，如图 3-1 所示。

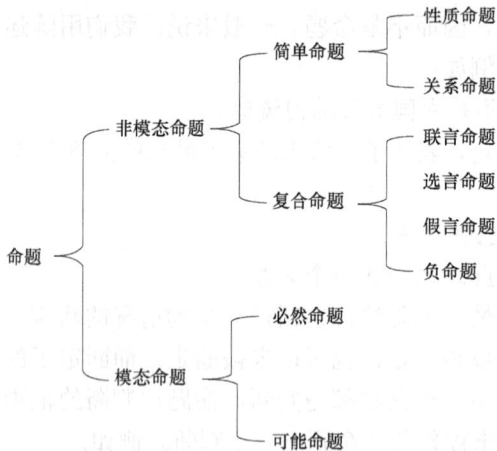

图 3-1 命题的类型

需要注意的是，这些分类方式并不是互斥的，而是可以相互交叉和重叠的。例如，一个涉及多个项的命题可以是复合命题，又是模态命题。因此，在分析和理解一个具体的命题时，需要根据具体情况来综合运用这些分类方式。

## 二、模态命题

所谓模态命题，就是陈述事物情况的必然性或可能性的命题。

模态命题都含有模态词，如"必然""可能""偶然""必须""相信""知道"等。其中，"必然"和"可能"是两个最基本的模态词。模态词可以加在命题的中间，也可以加在命题的前面或后面。例如：

【例 3-18】火星上可能有生命。

【例 3-19】有些国家违背经济规律去重新布局生产链，可能会带来新一轮经济危机。

【例 3-20】可能辩护人的意见是对的。

【例 3-21】违背客观规律必然遭到规律的惩罚。

【例 3-22】在经济决策中，理性分析一定能够降低风险并提高预期收益。

上述例子都是模态命题。其中，例 3-18～例 3-20 这 3 个例子是模态命题，断定了事物情况的可能性；而例 3-21 和例 3-22 这两个例子也是模态命题，它们断定了事物情况的必然性。我们把"断定了事物情况的必然性"的模态命题，叫作必然命题；而把"断定了事物情况的可能性"的模态命题，叫作可能命题。

模态命题，还可以分为客观的模态命题与主观的模态命题。前者反映客观事物的必然性或可能性，后者则反映出人们认识的不同确实程度。例如，我们还不清楚刘老师的职称时，我们说："刘老师可能是教授"，这就是一个主观的模态命题，表明我们对刘老师是教授这个主观方面的认识，还不是十分清楚，尚未达到十分确定的程度。

人们使用模态命题一般是出于两种情况：

第一，用模态命题来反映事物本身确实存在的某种可能性或必然性。

第二，我们有时对事物是否确实存在某种情况，一时还不十分清楚、确定，因而只好用模态命题来表示自己对事物情况断定的不确定的性质。

### 三、非模态命题

所谓非模态命题，就是指不含有模态词的命题。

与"模态命题"相对，非模态命题只是断定了事物情况的存在或不存在，而不断定事物情况存在的模态。诸如简单命题中的性质命题、关系命题，以及复合命题中的联言命题、选言命题、假言命题、负命题等都属于非模态命题。模态命题是在非模态命题的基础上加上模态词而构成的，反映了人们对客观事物认识的程度。本书重点介绍非模态命题，包括简单命题和复合命题两大类，下面分别详细叙述。

# 第三节　简　单　命　题

简单命题是逻辑学中的基本概念，指的是那些不包含其他命题作为其组成部分的命题。从结构上看，简单命题不能再分解出其他命题，其一般又分为两类：性质命题和关系命题。

## 一、性质命题

### （一）性质命题概述

所谓性质命题，就是断定思维对象具有或不具有某种性质的简单命题。例如：

【例3-23】小明是一个学生。

【例3-24】所有的汽车都是四轮的。

【例3-25】今天天气真好。

【例3-26】珠穆朗玛峰是世界第一高峰。

【例3-27】张桂梅是"时代楷模"。

上述几个例子都是性质命题。性质命题通常由主项和谓项组成，一般也含有联项和量项。这些词项都是构成性质命题的基本成分，主要由概念来充当。

主项是指被断定的对象，一般位于主语位置。如上面例句中的"小明""所有的汽车""今天天气""珠穆朗玛峰""张桂梅"都是主项。在逻辑学中，主项一般用符号"S"来表示。

谓项表示对象的性质，一般位于性质命题中的谓语位置。如上面例句中的"学生""四轮的""真好""世界第一高峰""时代楷模"都是谓项。在逻辑学中，谓项一般用符号"P"来表示。

联项是性质命题中用以联结主项与谓项的词项。联项有两种：一种是肯定的联项，通常用"是""即"等表示；另一种是否定的联项，通常用"不是""没有"等表示。肯定的联项在命题中有时可以省略，如"花谢了""小鸟飞了"等，但否定的联项不可以省略。联项表示主项与谓项之间肯定或否定的联系，通常称为命题的"质"。

量项是表示主项被断定的数量或范围的词项，通常称为命题的"量"。量项在语词中的表现是多种多样的，如"有的""少数""许多""大多数""所有的""这个""那些"等。

量项可分为全称量项、特称量项、单称量项3种。其中，全称量项是指对命题主项的全部外延做出了断定的量项，如"所有""凡是""一切"等；特称量项是指对命题的主项的部分外延做出了断定的量项，如"有的""有些""多数"等，注意特称量项的范围是至少一个，至多全部；单称量项是指对命题的主项的某一特定对象做出了断定的量项，常用"这个""那个""某个"来表示。

### （二）性质命题的类型

根据联项"肯定""否定"两种状态，以及量项"全称""特称""单称"3 种类型，可以将性质命题分为以下 6 种，见表 3-1。

表 3-1　性质命题的六种类型

| 联项 | 量项 | | |
|---|---|---|---|
| | 单称 | 特称 | 全称 |
| 肯定 | 单称肯定命题 | 特称肯定命题 | 全称肯定命题 |
| 否定 | 单称否定命题 | 特称否定命题 | 全称否定命题 |

#### 1. 单称肯定命题

单称肯定命题，是断定某个特定个体具有某性质的命题。其中，某个特定个体是指主项所代表的事物；某性质是指谓项所表达的性质。这种命题的形式通常为"某个 $S$ 是 $P$"，其中"$S$"代表主项，"$P$"代表谓项。例如：

【例 3-28】A 公司今年的利润创历史新高。

【例 3-29】黄同学在项目中的表现得到了上级的肯定。

【例 3-30】屠呦呦是诺贝尔奖获得者。

#### 2. 单称否定命题

单称否定命题，是断定某个特定个体不具有某性质的命题。这种命题的形式通常为"某个 $S$ 不是 $P$"。例如：

【例 3-31】今天不是星期三。

【例 3-32】张晓华不是河北人。

【例 3-33】A 公司的股票价格没有上涨。

单称命题的意义在于识别和描述某个独一无二的事物具有或不具有某种性质，它在人们的认识与实践中是十分重要的。因为普遍与个别是互相联系的，普遍寓于个别，个别表现普遍。科学研究的任务，是要从个别事物中抽象出普遍的规律，而又把普遍的规律应用于个别事物。单称命题是表示个别事物情况的命题，因而其是科学认识的基础。

#### 3. 特称肯定命题

特称肯定命题，是断定某类对象中的部分对象具有某种性质的命题。这种命题的形式通常为"有的 $S$ 是 $P$"，或者"至少有一个 $S$ 是 $P$"。特称肯定命题可简记为 SIP，又称为 I 命题（I 是拉丁文 affirmo（我肯定）的第二个元音字母）。例如：

【例 3-34】有的动物是食肉的。

【例 3-35】有些国家是发展中国家。

【例 3-36】有些行星的轨道是椭圆形的。

#### 4. 特称否定命题

特称否定命题，是断定某类对象中的部分对象不具有某种性质的命题。这种命题的形式通常为"有些 *S* 不是 *P*"，或者"至少有一个 *S* 不是 *P*"。特称否定命题可简记为 SOP，又称为 O 命题（O 是拉丁文 nego（我否定）的第二个元音字母）。例如：

【例 3-37】有些动物不是哺乳动物。

【例 3-38】有的文学作品的内容不是健康的。

【例 3-39】有的学生没有通过期末考试。

特称命题的特点是它在数量方面具有不确定性。它断定的重点，在于"有"，在于"*S* 是（或不是）*P*"这个事物情况的存在。特称命题只表达了某类对象中被断定了的那些对象的情况，至于该类对象中未被断定的对象情况如何，它并未做出表述。因此，从逻辑上讲，断定"有的 *S* 是 *P*"，并不意味着就断定了"有的 *S* 不是 *P*"；断定"有的 *S* 不是 *P*"，并不意味着就断定了"有的 *S* 是 *P*"。即特称量项"有的"的逻辑含义仅仅是"至少有一个"，这与我们日常生活中的某些表述是有所区别的，希望引起大家的注意。

#### 5. 全称肯定命题

全称肯定命题，是断定某类对象中的每一个对象都具有某种性质的命题。这种命题的形式通常为"所有的 *S* 都是 *P*"。全称肯定命题可简记为 SAP，又称为 A 命题（A 是拉丁文 affirmo 的第一个元音字母）。例如：

【例 3-40】所有的猫都是肉食动物。

【例 3-41】所有金属都导电。

【例 3-42】所有植物都进行光合作用。

#### 6. 全称否定命题

全称否定命题，是断定某类对象中的每一个对象都不具有某种性质的命题。这种命题的形式通常为"所有的 *S* 都不是 *P*"。全称否定命题可简记为 SEP，又称为 E 命题（E 是拉丁文 nego 的第一个元音字母）。例如：

【例 3-43】所有哺乳动物都不是卵生的。

【例 3-44】凡是正确的政策都不是凭空想象出来的。

【例 3-45】任何事物都不是静止不动的。

全称命题可以有两种。一种是：当我们对某类事物的全部一一观察过并且发现它们都具有（或不具有）某种性质以后，我们就得到了一个全称命题。例如：

【例 3-46】所有今天到学校上舞蹈课的同学都是女同学。

这就是这样一个全称命题。我们一个一个地进行了观察之后给出了这个全称命题。这种全称命题，是许多单称命题的有穷组合。

还有另一种全称命题。当我们观察到某类事物中的某些事物具有（或不具有）某个性质，我们应用了简单的或科学的归纳方法，得到一个关于这类事物的全称命题。例如：

【例 3-47】所有的花都是会谢的。

就是这样的全称命题。由于花的品种繁多，分布范围广泛，我们并未观察到也不太可能观察到其全部，但是我们根据观察到的一部分现象，并应用归纳方法给出了上面的全称命题。这种全称命题，反映了事物的规律性。

综上所述，全称命题超出了狭隘经验的范围，反映了事物的规律性，对于人们认识世界、预见未来、决定行动策略、遴选行动方案及改造世界是非常重要的。

以上 6 种性质命题，都是用来断定思维对象具有或不具有某种性质的简单命题。这种断定是直接的、不附加任何条件的，所以性质命题又称为"直言命题"。对直言命题而言，其一般逻辑结构可以用下面的公式来表示：

$$直言命题=量项+主项+联项+谓项$$

### （三）性质命题主、谓项的周延性

在性质命题中，主项与谓项的周延性问题是一个十分重要的问题，其直接关系到对性质命题及相应推理规则的理解，也关乎对推理有效性的判定。我们先看下面两个例子。

**【例 3-48】** 农业大学是高等学校。

**【例 3-49】** 学校是教育机构。

如果我们把上面两句话倒过来说，则变成：

**【例 3-50】** 高等学校是农业大学。

**【例 3-51】** 教育机构是学校。

显然，例 3-48 与例 3-49 两句话是正确的，而将其反转过来就不正确了。因为，高等学校不仅包含农业大学，还包括综合大学、师范大学、地质大学、政法大学等；教育机构除了学校之外，也包括语言类培训、艺术类培训、技能类培训等为学习者提供各种形式的教育和培训的机构。之所以会出现上面的问题，是因为没有很好地把握性质命题主、谓项的周延性。

那么，什么是性质命题主、谓项的周延性呢？

所谓性质命题主、谓项的周延性，是指对于传统形式逻辑中的 A、E、I、O 4 种性质命题的主项和谓项的全部外延是否都被命题的断定涉及了。如果其全部外延都被涉及了，那么，我们称这个命题中的主、谓项是周延的；如果它只有部分外延而不是全部外延被命题的断定所涉及，那么，这个命题中的主、谓项就是不周延的。

这是一个关于周延的定义。从这个定义中，我们可以看出：

第一，周延问题是关于一个性质命题的主项或谓项的外延在命题中被断定的情况，离开了一个确切的性质命题，我们不能孤立地说一个概念是否周延。

第二，在一个命题中，我们断定或没有断定主项（或谓项）的全部外延，这是我们对主、谓项外延之间关系的一种认识内容；而在客观世界中主、谓项外延之间的关系，却是我们的认识对象。认识内容与认识对象之间有密切关系，但仍然是有差别的。由于客观世界的复杂性，以及我们对客观世界认识的局限性，人们对对象的认识是逐步深入的，并且随着认识的深入，原有的认识也在不断修正。例如，在客观世界中，人们原来认为冥王星是太阳系的大行星，但是随着观测和研究的深入，国际天文学联合会认为冥王星不满足行星的定义，于是在 2006 年将冥王星从九大行星中除名，重新定义其为"矮行星"。再如，在客观世界中，人们原本只观察到天鹅是白色的，就认为所有的天鹅都是白的。殊不知，1697 年荷兰探险家威廉·德·弗拉明（Willem de Vlamingh）在澳大利亚西海岸发现了黑天鹅，彻底改变了人们对天鹅颜色的普遍认知。

上述内容表明，在命题中对主项外延与谓项外延之间关系的断定，并不等同于客观世界中主项外延与谓项外延之间的关系。所以，我们不能根据客观世界中主、谓项外延之间的关系，来确定主项与谓项的周延。

第三，形式逻辑本身是研究命题形式的，它要掌握命题形式的普遍必然性的规律。因此，命题中主项与谓项是否周延，必须从命题形式方面进行规定。唯其如此，我们才可以由真的前提普遍地、必然地推出真的结论。

根据上面的周延性定义及所做的说明，我们可以将 A、E、I、O 4 种性质命题的周延情况分析如下。

### 1. 全称肯定性质命题主、谓项的周延情况

全称肯定命题，即 SAP。它断定主项 S 的外延中所有个体都具有性质 P，因此这个主项的全部外延都被断定涉及了，因而这个 S 是周延的。但是，它没有断定谓项 P 的外延中所有个体，因此它的谓项是不周延的。换句话说，在全称肯定命题中，如果一个命题的主项和谓项都涵盖了全部的对象，没有遗漏，那么这个命题就是周延的，否则就是不周延的。例如：

**【例 3-52】** 所有的人都是有思想的。

**【例 3-53】** 所有学校都是教育机构。

在例 3-52 命题中，"人"和"有思想的"都涵盖了全部的对象，因此这个命题的主项和谓项都是周延的。

但在例 3-53 命题中，主项受全称量项"所有"限定，这就表示对主项的全部外延都作出了断定，因而主项是周延的。但是"教育机构"还包括除了"学校"之外的其他类型。因此，此例中"谓项不周延"。

### 2. 全称否定性质命题主、谓项的周延情况

全称否定命题，即 SEP。它断定主项 S 的外延中所有个体都不具有性质 P，因此该主项的全部外延都被断定涉及了，因而这个 S 是周延的。同时，它也断定谓项 P 的外延中所有个体都在主项 S 的外延之外，因此它的谓项也是周延的。例如：

**【例 3-54】** 所有的汽车都不是飞机。

**【例 3-55】** 小马不是老虎。

第一个命题例 3-54 中，"汽车"和"飞机"都涵盖了全部的对象，因此这个命题的主项和谓项都是周延的。

第二个命题例 3-55 中，主项"小马"是指所有的小马，因而其是周延的；谓项"老虎"也包括各种各样的老虎，是老虎的全部，所以也是周延的。

### 3. 特称肯定性质命题主、谓项的周延情况

特称肯定命题，即 SIP。它断定有些 S 是 P，其主项带有量项"有些（或有的）"，表明其主项仅被断定了部分外延；同样地，特称肯定命题中也没有断定谓项 P 的外延中所有个体如何，因此，它的谓项也是不周延的。例如：

**【例 3-56】** 有些北京籍教授是中国科学院院士。

**【例 3-57】** 有的鸟会飞。

在例 3-56 命题中，"北京籍教授"前面的量项是"有些"，这表明没有断定所有的北京籍教授都如何，因此其主项是不周延的。同时，该命题也只断定了某个数量的 S "是 P"，但并未对 P 的全部外延做出明确断定，因而其谓项也是不周延的。

在例 3-57 命题中，主项"有的鸟"仅是"所有鸟"论域中的一部分，因而该命题中主项不周延；当"所有鸟"中不属于"会飞的"鸟被排除之后，剩下的鸟应该就是"不会飞的"。根据我们现有的知识，世界上现存约 40 种不会飞的鸟类，包括企鹅、鸵鸟等广为人知的物

种。因此，该命题的谓项也不周延。

**4. 特称否定性质命题主、谓项的周延情况**

特称否定命题，即 SOP。它断定"有些 S"不是"P"，这表明它没有断定主项 S 的外延中所有个体如何，因此它的主项是不周延的。但是，它断定主项 S 的外延中至少有一个个体处于谓项的外延之外，亦即，该命题中断定属于"有些 S"的那些对象不是"任何一个 P"，涉及 P 这个谓项的全部外延，因此它的谓项是周延的。例如：

【例 3-58】有些金属常温下不是固体。

【例 3-59】有的学校不是私人经营的。

其中，例 3-58 命题中，主项前面有量项"有些"进行限制，所以主项不周延；该命题同时断定了金属中至少有一种处于所有固体事物之外，所以该命题的谓项是周延的。实际上，汞是金属，但它不是固态的。

而例 3-59 命题中，同样的道理，主项不周延；另外，该命题断定了有的学校是排除于全部私人经营之外的，如公立学校，因而，该命题的谓项是周延的。

根据上面的讨论我们可以得出以下结论：

全称命题的主项都是周延的。

否定命题的谓项都是周延的。

另外，为了方便读者记忆，我们列出表格，展现 SAP、SEP、SIP、SOP 的主项与谓项的周延情况，见表 3-2。

表 3-2  SAP、SEP、SIP、SOP 的主项与谓项的周延情况

| 类型 | 词项 | |
|---|---|---|
| | 主项 S | 谓项 P |
| SAP | 周延 | 不周延 |
| SEP | 周延 | 周延 |
| SIP | 不周延 | 不周延 |
| SOP | 不周延 | 周延 |

周延性是性质命题的主项和谓项在量的方面的逻辑特性。逻辑学研究主项、谓项的周延性问题，主要目的是为建立性质命题推理规则提供逻辑依据，以保证性质命题推理的普遍有效性。掌握好它，不仅能帮助我们正确地运用性质命题，确切地领会性质命题所表达的思想，同时，也是我们进行推理不可或缺的知识。

**（四）性质命题的对当关系**

具有相同的主谓项、不同的联项与量项（也称为素材相同）的 A、E、I、O 4 种性质命题之间在真假上存在相互制约的关系。如果一个命题的真假已经确定，则其他 3 个素材相同的命题的真假情况即可据此推出。正因如此，掌握这种关系对我们做到正确地进行逻辑判断和推理是非常有帮助的。

### 1. 性质命题真假情况判断

性质命题是断定某类对象是否具有某种性质的，即断定某类对象和另一类说明某种性质的对象之间的关系。进一步地说，也就是断定"S"类和"P"类之间的关系。根据前面所讲述的两个概念在外延之间的关系，可知类与类的关系也有 5 种，即：全同关系、真包含于关系、真包含关系、交叉关系和全异关系。相应地，性质命题的主、谓项在外延间的关系也可区分为上述 5 种关系。我们用表 3-3 显示具有相同素材的性质命题的主、谓项外延上的关系及 A、E、I、O 4 种性质命题的真假情况。

表 3-3 性质命题真假情况判定

| 命题类型 | 主、谓项外延关系 | | | | |
|---|---|---|---|---|---|
| | 全同关系 | 真包含于关系 | 真包含关系 | 交叉关系 | 全异关系 |
| | 命题的真假 | | | | |
| SAP | 真 | 真 | 假 | 假 | 假 |
| SEP | 假 | 假 | 假 | 假 | 真 |
| SIP | 真 | 真 | 真 | 真 | 假 |
| SOP | 假 | 假 | 真 | 真 | 真 |

我们对表 3-3 进一步解释如下。

1）SAP 的真假情况

SAP 命题，断定了 S 类的所有分子都是 P 类的分子。因此，当 S 与 P 具有表 3-3 中的"全同关系"或"真包含于关系"时，SAP 为真；其他 3 种情况，即 S 与 P 之间是"真包含关系""交叉关系""全异关系"时，SAP 为假。

2）SEP 的真假情况

SEP 命题，断定了 S 类的任何分子都不是 P 类的分子。这就意味着，该命题断定了 S 与 P 两类之间没有任何一个共同的分子。因此，只有具有表 3-3 中的"全异关系"时，SEP 为真；其他 4 种情况，即 S 与 P 之间是"全同关系""真包含于关系""真包含关系""交叉关系"时，SEP 均为假。

3）SIP 的真假情况

SIP 命题，断定了 S 类中有的分子同时是 P 类的分子，但究竟有多少属于这种情况，SIP 并未明确断定。这就表明，S 类中最少一个、最多全部的分子同时是 P 类的分子。因此，当具有表 3-3 中的"全同关系""真包含于关系""真包含关系""交叉关系"时，SIP 均为真；当二者之间是"全异关系"时，SIP 为假。

4）SOP 的真假情况

SOP 命题，断定了 S 类中有的分子不是 P 类的分子，但究竟有多少属于这种情况，SOP

并未明确断定。这也就意味着，$S$ 类中最少一个、最多全部分子不是 $P$ 类的分子。因此，当满足表 3-3 中的"真包含关系""交叉关系""全异关系"时，SOP 为真；其他两种情况，即 $S$ 与 $P$ 之间是"全同关系"和"真包含于关系"时，SOP 均为真。

上面所述 SAP、SEP、SIP、SOP 4 种命题的真假，是指命题本身的真假。在此基础上，可以确定素材相同的 4 种命题之间的真假制约关系，我们也将其称为"对当关系"。

### 2. 性质命题间的对当方阵

需要特别指出的是，此处的性质命题均指同素材性质命题，亦即命题的主项、谓项均相同。在这种情况下，A、E、I、O 中的任一命题的真假，总是要制约其他 3 个命题的真假，这就是我们上面所说的性质命题的对当关系。对当关系可分为反对关系、下反对关系、矛盾关系和差等关系 4 种。下面分别予以说明。

#### 1）反对关系

反对关系作为性质判断的对当关系之一，亦称"上反对关系"或"对立关系"，其反映全称肯定命题 A 和全称否定命题 E 之间的真假关系。特点是 A 与 E 两者不能同真，但可同假。由一个命题的真，可以必然地推出另一命题的假；但不能由一个命题的假，必然推出另一个命题的真（或假）。因此，利用反对关系，可以由真推假，但是不能由假推真。

例如：

【例 3-60】我们可以由"所有正方形都是四边形"为真，推出"所有正方形都不是四边形"为假；但是由"所有四边形都是正方形"为假，却推不出"所有四边形都不是正方形"为真。

#### 2）下反对关系

下反对关系反映特称肯定命题 I 与特称否定命题 O 之间的真假关系。两者不能同假，但可以同真。这表示两个命题必有一真，也可以同真。由其中一个命题的假，可以必然地推出另一个命题的真。例如：

【例 3-61】由"有的金属不能导电"的假，可以必然地推出"有的金属能导电"的真。但由其中一个命题的真，却不能必然推出另一个命题的假。

再如：

【例 3-62】由"有的植物是有毒的"的真，就不能必然推出"有的植物不是有毒的"的假。

因为当其中一个命题为真时，另一个命题可真可假。

#### 3）矛盾关系

矛盾关系反映全称肯定命题 A 与特称否定命题 O、全称否定命题 E 与特称肯定命题 I 之间的真假关系。其特点是二者不能同真，也不可同假。由其中一个命题的真，必然推出另一个命题的假；反之亦然。例如：

【例 3-63】由"所有鲸都是哺乳动物"（A）为真，必然推出"有的鲸不是哺乳动物"（O）为假。

【例 3-64】由"所有三角形都不是四边形"（E）为真，必然推出"有的三角形是四边形"（I）为假。

同样地，我们可以由其中一个命题的假，必然地推出另一个命题的真。因此，利用矛盾关系可以由假推真，也可以由真推假。

**4）差等关系**

差等关系反映全称肯定命题 A 与特称肯定命题 I、全称否定命题 E 与特称否定命题 O 之间的关系。这种关系存在于同质的全称命题和特称命题之间，其特点如下：如果全称命题（A 或者 E）为真，则特称命题（I 或者 O）必为真；如果全称命题（A 或者 E）为假，则特称命题（I 或者 O）可真可假；如果特称命题（I 或者 O）为假，则全称命题（A 或者 E）必为假；如果特称命题（I 或者 O）为真，则全称命题（A 或者 E）可真可假。例如：

**【例 3-65】** A 命题：这批产品都是合格的。

**【例 3-66】** I 命题：这批产品有的是合格的。

**【例 3-67】** E 命题：这批产品都不是合格的。

**【例 3-68】** O 命题：这批产品有的不是合格的。

从上面例子我们可以看出，A 或者 E 为真，则 I 或者 O 必为真；I 或者 O 为假，也就是"这批产品有的是合格的"若为假，或者"这批产品有的不是合格的"为假，则"这批产品都是合格的"与"这批产品都不是合格的"必为假，即 A 或者 E 必为假。其他两种情况读者可以自行举例。

上述 4 种关系，可以用下面的图 3-2 来表示，传统逻辑把这种图形称为"逻辑方阵"或"对当方阵"。

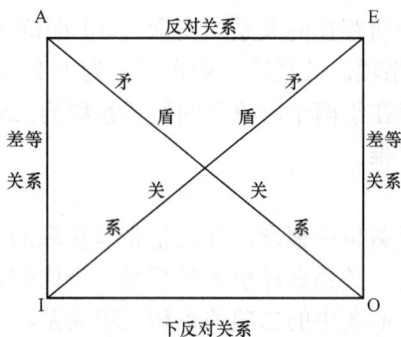

**图 3-2　性质命题对当方阵图**

在这个方阵中，上面两个角是全称命题，下面两个角是特称命题。左面两个角是肯定命题，右面两个角是否定命题。这个方阵中一共有 6 条边，分别代表了 A、E、I、O 4 个命题中的 6 组关系。读者可以通过对当方阵图来形象、直观地理解性质命题之间的真假制约关系。

## 二、关系命题

简单命题中的另一类是关系命题，它不限于一个主项，谓项反映的是主项之间存在的关系。人们在认识客观事物的过程中，既要认识客观事物的性质，也要认识客观事物之间的关系。

### （一）关系命题的含义及结构

所谓关系命题，是指断定事物与事物之间的关系的命题。关系命题是一种简单命题。例如：

【例 3-69】小张和小马是同事。

【例 3-70】所有正数都大于 0。

【例 3-71】湖北省位于河南省与湖南省之间。

【例 3-72】春节在元宵节前面。

上面 4 个例子都是关系命题。例 3-69 断定了小张和小马之间的同事关系；例 3-70 断定了正数和 0 之间的大小关系；例 3-71 断定了 3 个对象之间的地理位置关系；例 3-72 则断定了春节和元宵节之间的时间关系。

任何一个关系命题均由下述 3 个部分组成。

（1）关系者项

表示某种关系承担者的项叫作关系者项。如上面例子中的"小张"和"小马"、"所有正数"和"0"、"湖北省"、"河南省"和"湖南省"；"春节"和"元宵节"都是关系者项。在关系命题中，关系者项至少有两个，也可以有 3 个或更多。如果关系者项有两个，则先出现的被称为关系者前项，在后面出现的被称为关系者后项。如果关系者项超过两个，则可以按照关系者出现的先后顺序分别称为第一关系者项、第二关系者项、第三关系者项……关系者项通常用小写英文字母 a，b，c……表示。注意：对于不同的关系者项来说，谁在前，谁在后，是会影响关系命题的性质的。因而，关系者项的顺序不能随意调换。

（2）关系项

关系项是表示关系者之间所存在的关系的概念。如上面例子中的"同事""大于""与……之间""在……前面"均为关系项。关系项一般也可称为"谓项"，通常用大写英文字母"R"表示。关系有不同的类型：存在于两个对象之间的关系称为二元关系，存在于 3 个对象之间的关系称为三元关系。依次类推。

（3）量项

量项是表示关系者项外延数量的概念。我们把带有量项的关系命题称为附量关系命题；反之，则称为不附量关系命题。关系命题引入量项是一个比较复杂的问题，本书中将忽略这部分内容，仅研究不附量关系命题中的二项关系和三项关系。

我们可以用符号来表示关系命题的逻辑形式：

$aRb$（读作 $a$ 和 $b$ 有 $R$ 关系）

也可以用另一种形式：

$R(a，b)$（读法同上）

其中第一种表示方法叫作"中置式"；第二种表示方法叫作"前置式"。这两种表示方式各有优势。中置式比较直观，前置式适应面更广泛。如果涉及三元关系，使用中置式来表示就比较困难，而使用前置式则可以很方便地进行扩展，如 $R(a，b，c……)$。但是，由于普通逻辑一般只研究比较简单的关系命题，所以一般采用中置式的表达方式。

**（二）关系的性质**

客观事物之间的关系是复杂多样的，我们不可能将客观存在的各种关系一一加以考察，仅研究这些关系中存在的共同的逻辑性质。本书只介绍关系的对称性和关系的传递性。

**1. 关系的对称性**

关系的对称性，是指在关系命题中，关系者项之间所存在的关系。也就是说，当我们研

究一个事物 $a$ 与另一个事物 $b$ 之间具有 $R$ 关系时，是否 $b$ 与 $a$ 之间也具有 $R$ 关系。换句话说，如果关系命题 $aRb$ 是真的，那么 $bRa$ 是否为真呢？有以下 3 种可能的情况。

（1）对称关系

当 $aRb$ 为真时，$bRa$ 就一定为真。在这种情形下，我们说：关系 $R$ 是对称的。这也就是说，如果 $a$ 和 $b$ 之间存在 $R$ 关系，那么 $b$ 与 $a$ 之间同样存在 $R$ 关系。例如，"甲和乙是同学""$a$ 与 $b$ 相等"等都是具有对称关系的关系命题。常见的表示对称关系的语词包括"家人""亲戚""老乡""同事""朋友""邻居""相等"等。

（2）反对称关系

当 $aRb$ 为真时，则 $bRa$ 一定为假。在这种情形下，我们说：关系 $R$ 是反对称的。换言之，当 $a$ 和 $b$ 之间存在 $R$ 关系时，$b$ 与 $a$ 之间一定不存在 $R$ 关系。例如：

【例 3-73】张晓华是小明的英语老师。

【例 3-74】王芳比李丽大 5 岁。

这两个例子都是具有反对称关系的关系命题。如果我们把前后两个关系者项对调，就会发现：如果前面的命题为真，那么反过来的命题一定为假，即"小明是张晓华的英语老师""李丽比王芳大 5 岁"这两个命题一定为假。其他常见的表示反对称关系的语词还有"低于""在……里面""属于""高于""多于"等。

（3）非对称关系

当 $aRb$ 为真时，$bRa$ 可能为真，也可能为假。在这种情形下，我们说：关系 $R$ 是非对称的。也就是说，当 $a$ 和 $b$ 之间存在 $R$ 关系时，$b$ 与 $a$ 之间可能存在 $R$ 关系也可能不存在。例如：

【例 3-75】他认识这家公司的董事长。

【例 3-76】张三爱上了李四。

上述两个例子是具有非对称关系的关系命题。如果例子中的两个命题为真，那么我们把关系者项对调后变成"这家公司的董事长认识他""李四爱上了张三"，这两个命题可真可假，这就是非对称关系。其他常见的非对称关系还有"敬佩""鄙视""看见""喜欢""帮助"等。

总结上面的内容，可以将关系的对称性概括为表 3-4。

表 3-4 关系对称性的 3 种情形

| 对称性 | 逻辑形式 | 典型例子 | 常用关系词 |
| --- | --- | --- | --- |
| 对称关系 | 当 $aRb$ 真时，$bRa$ 为真 | 甲和乙是同事 | 朋友、老乡、相等…… |
| 反对称关系 | 当 $aRb$ 真时，$bRa$ 为假 | 甲是乙的哥哥 | 哥哥、大于、高于…… |
| 非对称关系 | 当 $aRb$ 真时，$bRa$ 可真可假 | 甲喜欢乙 | 喜欢、讨厌、佩服…… |

**2. 关系的传递性**

关系的传递性，是指一个关系命题的关系词能否传递。关系的传递性涉及 3 个或 3 个以上不同的关系者项。在特定的论域范围内，当一个关系者项 $a$ 与另一个关系者项 $b$ 有 $R$ 关系，并且 $b$ 又与第三个关系者项 $c$ 有 $R$ 关系时，我们研究 $a$ 与 $c$ 之间是否也有 $R$ 关系。换句话说，

就是研究当 $aRb$ 为真，而且 $bRc$ 也为真时，$aRc$ 是否为真。

注意，此处前两个命题 $aRb$ 和 $bRc$ 具有相同的关系项 $R$，并且其中有一个关系者项 $b$ 是共同的。在第一个命题中 $b$ 居于关系者后项的位置，在第二个命题中 $b$ 居于关系者前项的位置。这时，$a$ 与 $c$ 之间的关系即 $aRc$ 是否为真，将决定关系词 $R$ 具有何种性质。

这里也有 3 种情形。

（1）传递关系

当 $aRb$ 为真，且 $bRc$ 也为真时，$aRc$ 一定为真。在这种情形下，我们说关系 $R$ 是传递关系。即当 $a$ 和 $b$ 之间有 $R$ 关系，并且 $b$ 和 $c$ 之间也有 $R$ 关系时，$a$ 与 $c$ 之间必有 $R$ 关系。

例如：

【例 3-77】甲的年龄比乙大，乙的年龄比丙大，则"甲的年龄比丙大"必为真。

【例 3-78】太阳的质量大于地球，地球的质量大于月球，则"太阳的质量大于月球"必为真。

上面两个例子都是传递关系。"比……大""大于"表示一种传递关系。

（2）反传递关系

当 $aRb$ 为真，且 $bRc$ 也为真时，则 $aRc$ 一定是假的。在这种情形下，我们说关系 $R$ 是反传递关系。即当 $a$ 和 $b$ 之间有 $R$ 关系，并且 $b$ 和 $c$ 之间也有 $R$ 关系时，$a$ 与 $c$ 之间一定没有 $R$ 关系。

例如：

【例 3-79】甲是乙的父亲，乙是丙的父亲，则"甲是丙的父亲"必为假。

【例 3-80】甲比乙高一个年级，乙比丙高一个年级，则"甲比丙高一个年级"必为假。

上面两个例子都是反传递关系。"是……父亲""高一个年级"表示一种反传递关系。

（3）非传递关系

当 $aRb$ 为真，且 $bRc$ 也为真时，则 $aRc$ 可能是真的，也可能是假的。在这种情形下，我们说关系 $R$ 是非传递关系。即当 $a$ 和 $b$ 之间有 $R$ 关系，并且 $b$ 和 $c$ 之间也有 $R$ 关系时，$a$ 与 $c$ 之间可能有 $R$ 关系也可能没有 $R$ 关系。

例如：

【例 3-81】甲喜欢乙，乙喜欢丙，则"甲喜欢丙"可真可假。

【例 3-82】甲队赢了乙队，乙队赢了丙队，则"甲队赢了丙队"可真可假。

上面两个例子都是非传递关系。"喜欢""赢了"都表示一种非传递关系。

总结上面的内容，可以将关系的传递性概括为表 3-5。

表 3-5　关系传递性的 3 种情形

| 对称性 | 逻辑形式 | 典型例子 | 常用关系词 |
|---|---|---|---|
| 传递关系 | 当 $aRb$ 和 $bRc$ 为真时，$aRc$ 必为真 | 甲比乙大，乙比丙大，则"甲比丙大"必为真 | 大于、小于…… |
| 反传递关系 | 当 $aRb$ 和 $bRc$ 为真时，$aRc$ 必为假 | 甲是乙的母亲，乙是丙的母亲，则"甲是丙的母亲"必假 | 母亲、大两岁…… |
| 非传递关系 | 当 $aRb$ 和 $bRc$ 为真时，$aRc$ 可真可假 | 甲敬佩乙，乙敬佩丙，则"甲敬佩丙"可真可假 | 喜欢、敬佩…… |

关系的对称性与传递性，在思维中是非常重要的。理解并区分各种逻辑性质，有助于我们正确地运用关系命题，并能帮助我们进行有效的关系推理。

# 第四节 复 合 命 题

与简单命题不同，复合命题是包含除它自身以外的其他命题的命题。复合命题主要包括联言命题、选言命题、假言命题和负命题。下面分别介绍。

## 一、复合命题的构成及特点

### 1. 复合命题的构成

根据复合命题的定义，复合命题是包含除它自身以外的其他命题的命题。这就是说，复合命题是由简单命题构成的。但并不是把任意命题组合在一起就可构成复合命题，它必须使用联结词联结而成。所谓联结词，是指联结并说明命题之间关系的概念。如果仅仅把两个命题摆在一起而没有使用联结词，例如，"张三是犯罪嫌疑人"和"张三有犯罪动机"仍然只是两个简单命题。如果我们使用了"如果……那么……"这样的联结词，则可以将上述两个命题组合在一起构成复合命题，即"如果张三是犯罪嫌疑人，那么张三有犯罪动机"。我们称构成复合命题的命题为支命题。显然，支命题必须通过联结词的组合作用才能构成复合命题。

归纳一下，复合命题包含两个组成部分：其一是支命题，即构成复合命题的其他命题；其二是命题联结词，我们也称它为逻辑联结词，就是将支命题联结成为复合命题的那个词项。构成复合命题的支命题，既可以是简单命题，也可以是复合命题。例如：

【例 3-83】生也有涯，知也无涯。

【例 3-84】虽然前途是光明的，但是道路是曲折的。

【例 3-85】如果这款计算机配置合理而且价格适中，那么张晓华会购买。

这几个例子都是复合命题。

例 3-83 的复合命题是由"生也有涯"与"知也无涯"两个支命题构成的，其联结词虽然被省略了，但是我们可以从两个支命题反映事物的性质同时存在的特点上，发现其隐含的联结词是"并且"。

例 3-84 的两个支命题"前途是光明的""道路是曲折的"是由联结词"虽然……但是……"联结在一起的，由此构成复合命题。

例 3-85 是由"这款计算机配置合理而且价格适中""张晓华会购买"两个支命题通过"如果……那么……"这个联结词构成的，其中第一个支命题本身也是一个复合命题，由"这款计算机配置合理"与"这款计算机价格适中"两个支命题通过联结词"而且"联结而成。

### 2. 复合命题的特点

复合命题的特点包括以下几点。

① 由两个或两个以上支命题构成。

② 联结词联结支命题构成复合命题。

③ 联结词显示不同的逻辑含义。

④ 复合命题的真假由支命题的真假决定。

复合命题的逻辑性质是由联结词和支命题决定的。根据联结词的不同，可以将复合命题区分为各种类型，表明复合命题所表示的不同断定。复合命题的具体内容是由不同的支命题决定的，不同的支命题表达了该复合命题不同的内容。联结词和支命题分别关系着复合命题的类型及其逻辑值。

## 二、复合命题的类型

根据命题联结词的不同，复合命题可以区分为联言命题、选言命题、假言命题和负命题4种不同的类型。

### （一）联言命题

#### 1. 什么是联言命题

联言命题又称为合取命题，是反映事物的若干种情况或者性质同时存在的命题。例如：

【例3-86】谦虚使人进步，骄傲使人落后。

【例3-87】经济要振兴，国家要发展，人民要富裕。

【例3-88】2是偶数而且也是质数。

上述3个例子中，例3-86断定了两种情况同时存在；例3-87则断定了"经济要振兴""国家要发展""人民要富裕"3种情况同时存在；例3-88断定了"2是偶数"，同时也断定了"2也是质数"，这两种情况是同时存在的。正因如此，上述3个例子均为联言命题。

联言命题的支命题称为联言支，其联言支至少有两个。常见的联结联言支的联结词有"而且""并且""和""既……又……""不但……而且……""虽然……但是……""一方面……另一方面……"等。

联言支通常用 $p$、$q$ 等小写字母表示。一个二支的联言命题的逻辑形式可以写成：

$p$ 并且 $q$

上述公式中的"$p$""$q$"表示联言支，"并且"表示联结项。联言命题的联结词也可用数理逻辑的符号"$\wedge$"（读作：合取）来表示。因此，二支联言命题又可用公式表示为：

$p \wedge q$（读作：$p$ 合取 $q$）

上述联言命题形式在现代逻辑中被称为"合取式"。

从合取公式我们可以看出："$p \wedge q$"是真的当且仅当 $p$ 和 $q$ 都是真的。只要 $p$ 和 $q$ 中有一个是假的，那么它们的合取命题"$p$ 并且 $q$"就是假的。

三支联言命题的合取式可表示为：

$p \wedge q \wedge r$

其余以此类推。

由于多支的联言命题的逻辑性质与两支的联言命题的逻辑性质相同，所以本书下文中除非特殊说明，对联言命题的分析以两支的联言命题为例。另外，在日常语言表达中，当联言支的主项或谓项相同时，有时会将主项或谓项省略或合并，以达到精练简便的目的，例如：

【例3-89】张同学不但聪明，而且勤奋。

该例子中第二个联言支就省略了主项，因为它与第一个联言支的主项"张同学"相同。还有一些联言命题在表述中会将联结词省略，例如：

【例 3-90】虚心使人进步，骄傲使人落后。

【例 3-91】人们要尊重自然，尊重规律，尊重生命。

这两个例子虽然其联结词被省略了，但是其隐含的联结词都是"并且""而且"之类的。

### 2. 联言命题的逻辑值

在现代逻辑中，通常用真值表来定义命题联结词的逻辑含义。所谓真值表，就是用来显示复合命题的真假与其支命题真假之间关系的图表。真值表列出了在支命题的每一种真值组合的情况下复合命题的真值，直观、准确、简便。表 3-6 显示了联言命题 $p \wedge q$ 的逻辑值与其联言支 $p$ 和 $q$ 的逻辑值之间的关系。

表 3-6　含有两个支命题的联言命题真值表

| $p$ | $q$ | $p \wedge q$ |
| --- | --- | --- |
| 真 | 真 | 真 |
| 真 | 假 | 假 |
| 假 | 真 | 假 |
| 假 | 假 | 假 |

注意：真值表行数的多少取决于复合命题支命题的多少。假设在真值表中，有 $n$ 个不同的支命题，就会有 $2^n$ 组真假搭配的组合，因此就需要列出 $2^n$ 行真假组合。即，真值表的行数可以通过下面的公式得出：

$$真值表的行数 = 2^n$$

其中，"2"表示支命题有"真"和"假"两种可能，"$n$"表示支命题的个数。如果一个联言命题有 3 个支命题，则用于定义这个联言命题的真值表就应该有 8 行，见表 3-7。

表 3-7　含有 3 个支命题的联言命题真值表

| $p$ | $q$ | $r$ | $p \wedge q \wedge r$ |
| --- | --- | --- | --- |
| 真 | 真 | 真 | 真 |
| 真 | 真 | 假 | 假 |
| 真 | 假 | 真 | 假 |
| 真 | 假 | 假 | 假 |
| 假 | 真 | 真 | 假 |
| 假 | 真 | 假 | 假 |
| 假 | 假 | 真 | 假 |
| 假 | 假 | 假 | 假 |

### （二）选言命题

#### 1. 什么是选言命题

选言命题又称为析取命题，是反映事物的若干种情况或性质至少有一种存在的命题。例如：

**【例 3-92】** 小明学习成绩不好，或者是他不够勤奋，或者是他学习方法不对。

**【例 3-93】** 一个三角形，要么是钝角三角形，要么是锐角三角形，要么是直角三角形。

上述两个例子中，例 3-92 断定了"小明学习成绩不好"的两种情况中至少有一种存在，也可能两种情况同时存在；例 3-93 断定了"一个三角形"，只能是"钝角三角形""锐角三角形""直角三角形"中的一个，这 3 种情况是不能并存的。但不管怎样，上述两个例子都表明在几个事物情况中至少有一个事物情况存在，因此，两个例子都是选言命题。

选言命题中至少包括两个其他的命题。我们把选言命题所包括的命题，叫作选言支。选言支可以有两个以上。由于包括两个以上选言支的选言命题的规律与只包括两个选言支的选言命题的规律是相似的，所以，本书后面的叙述中，除非特殊说明，否则均认为是包含两个选言支的选言命题。

与联言命题类似，选言命题也由两部分组成：一是选言支；二是联结项。选言支是逻辑变项，联结项是逻辑常项，是说明并联结选言支之间的关系的概念。常用的选言命题联结项包括"或者……或者……""要么……要么……""可能……可能……""也许……也许……"等等。

#### 2. 选言命题的种类及其逻辑值

根据选言支之间是否具有并存关系，选言命题可分为相容选言命题和不相容选言命题两种不同的类型。选言命题的类型不同，其逻辑性质也不相同。

1）相容选言命题及其逻辑值

相容选言命题又称为弱析取命题，是反映事物的若干种情况或性质中至少有一种情况存在的命题。例如：

**【例 3-94】** 这篇论文没有被 A 期刊录用，或者是由于选题不符合期刊要求，或者是由于论文结构不清晰。

**【例 3-95】** 王小明喜欢踢足球或者喜欢打篮球。

上述两个例子都是相容的选言命题。因为在这两个选言命题中，各个选言支所断定的事物情况是可以并存的。

需要指出的是，一个选言命题的选言支，存在是否穷尽的问题。如果一个选言命题的所有选言支，分别地断定了事物所有的可能情况，那么，这个选言命题的选言支就是穷尽的；否则，就是不穷尽的，该选言命题没有断定事物的全部可能情况。若一个选言命题的选言支是穷尽的，也就是说，这个选言命题的支命题只有这几种情况，则这个选言命题就是真的。反之，如果选言支不穷尽，那就不能确保至少有一个选言支是真的，因为该选言命题就有可能是假的。

但是，如果一个选言命题是真的，它的选言支却不一定是穷尽的。以上面的两个例子进行说明。例 3-94 中，"这篇论文没有被 A 期刊录用"除了命题中提出的两种可能（也就是两个选言支）之外，也可能同时存在其他的可能，如"论文的数据分析结果存在问题""论文的创新性不够"等。例 3-95 中，王小明除了"喜欢踢足球"或者"喜欢打篮球"之外，还可能同时也"喜欢游泳""喜欢跑步"。我们注意到，虽然上面两个例子中的选言支并未穷尽，但例子中所列的可能性至少被包含了一个，所以并不妨碍该选言命题为真的结果。这些关于选言支的穷尽及选言命题是否为真的问题，希望读者能多加注意。

相容选言命题的一般形式是：

$p \lor q$（读作：$p$ 析取 $q$）

其中，$p$ 和 $q$ 代表选言支，"$\lor$"是联结项，名称是"析取"。这个命题形式在现代逻辑中被称作析取式。$p \lor q$ 的意义是：$p \lor q$ 是真的当且仅当 $p$ 是真的，或者 $q$ 是真的。只要 $p$ 和 $q$ 中有一个是真的，那么它们的析取命题"$p \lor q$"就是真的。只有选言支 $p$ 和 $q$ 都是假的，那么，由它们所组成的选言命题才是假的。这说明了相容选言命题的一个重要特点是：各个选言支可以并存。

相容选言命题与选言支之间的真假关系可以用下面的真值表 3-8 来表示。

表 3-8　含有两个支命题的相容选言命题真值表

| $p$ | $q$ | $p \lor q$ |
| --- | --- | --- |
| 真 | 真 | 真 |
| 真 | 假 | 真 |
| 假 | 真 | 真 |
| 假 | 假 | 假 |

2）不相容选言命题及其逻辑值

不相容选言命题又称为强析取命题，是反映事物的若干种情况或性质中有且只有一种情况存在的命题。这就意味着，这若干种情况不能同时并存。不相容选言命题常见的逻辑联结词有"要么……要么……""不是……就是……""二者不可兼得"等，有时也会用"或者……或者……"，但是其含义与相容选言命题中的含义及日常语言中的联结词"或者"不同。例如：

【例 3-96】张老师或者是教授，或者是副教授。

该例中的"或者"只表示说话人的一种猜测，他对张老师的职称情况并不是非常确定，只是知道其职称是"教授"或者"副教授"二者中的一个。显然，张老师不可能既是"教授"，又是"副教授"，因此，这个例子是一个不相容的选言命题。我们再看下面 3 个例子：

【例 3-97】一个三角形，要么是钝角三角形，要么是锐角三角形，要么是直角三角形。

【例 3-98】今年春节我们外出旅游要么去广州，要么去上海，二者必居其一。

【例 3-99】面对人工智能带来的变革浪潮，我们要么视之为重大议题，积极合作以应对挑战，抓住机遇，并引导人工智能为人类谋福祉；要么缓慢被动，被卷入一个无法掌控和利的境况。

以上 3 个例子都断定了几个选言支中"有且仅有一个选言支为真"，因而都是不相容选言命题。

不相容选言命题的逻辑形式可表示为：

要么 $p$，要么 $q$

其中 $p$ 和 $q$ 表示其选言支，"要么……要么……"作为联结词。

不相容选言命题的联结词还可以用符号"$\veebar$"（读作：不相容析取）来表示。于是，不相容选言命题的逻辑形式用符号可表示为：

$p \veebar q$（注意：$\vee$ 号上要加上 $\cdot$）（读作：$p$ 不相容析取 $q$）。

不相容选言命题的一个重要特点是选言支不能并存。即选言支有且只有一个是真的，则由它们所组成的不相容选言命题是真的；如果选言支都是真的或者都是假的，则由它们所组成的不相容选言命题是假的。

不相容选言命题与选言支之间的真假关系可以用下面的真值表 3-9 来表示。

表 3-9　含有两个支命题的不相容选言命题真值表

| $p$ | $q$ | $p \veebar q$ |
| --- | --- | --- |
| 真 | 真 | 假 |
| 真 | 假 | 真 |
| 假 | 真 | 真 |
| 假 | 假 | 假 |

最后需要注意的是，选言命题不同于联言命题。联言命题是断定几种事物情况同时存在的命题，而选言命题则是断定事物情况有几种可能性的命题。对联言命题来说，只有每一个联言支都是真的，则该联言命题才是真的；而选言命题只要一个选言支是真的，则该选言命题就是真的。因此，不能把两者混淆起来。例如：

【例 3-100】张晓华被评为了三好学生，因为她思想品德好，学习好，身体好。

【例 3-101】李晓莉获得了表现单项奖，要么是因为她思想品德好，要么是因为她学习成绩好，要么是因为她体育成绩突出。

上面例 3-100 是联言命题，张晓华"思想品德好"而且"学习好"而且"身体好"，三个条件均满足，也就是每一个联言支都是真的，所以该命题是真的。

而例 3-101 是选言命题，李晓莉获得单项奖，是因为反映她表现的 3 种情况或性质中至少有一种是存在的。

再如：

【例 3-102】张老师不是副教授，而是教授。

【例 3-103】张老师不是副教授就是教授。

上面这两个例子中，例 3-102 表示的是联言命题，其联结词用的是"不是……而是……"，表示的是："张老师不是副教授""张老师是教授"，这两个联言支均为真时，命题为真。例 3-103 则表示选言命题，其联结词"不是……就是……"表示的是两种情况中有且仅有一种是存在的，"二者不可兼得"。

### （三）假言命题

假言命题也是复合命题。所谓假言命题，就是陈述某一事物情况是另一事物情况的条件的命题，假言命题亦称条件命题。其中，表示条件的支命题叫作前件，表示结果的支命题叫作后件。

从假言命题的定义可以看出，假言命题断定的是其支命题之间的条件关系。这就意味着，某一事物情况的发生与存在，会促使另一事物情况的发生与存在。反过来，某一事物情况的不发生与不存在，也会促使另一事物情况的不发生与不存在。事物情况之间的这种联系，就是条件联系。人们认识了两个事物情况之间的条件联系，就形成了假言命题。例如：

**【例 3-104】** 如果明天下雨，那么体育课会取消或调至室内。

**【例 3-105】** 只有买了这份保险，你才能获得全额赔偿。

**【例 3-106】** 除非你学完了专业培养方案中规定的课程且平均学分绩点大于等于 2.0，否则你不能获得学士学位。

这 3 个命题都是假言命题，即它们都包含一个条件（前件）和一个结论（后件），并且条件均是结论成立的某种条件。当然，假言命题的前件和后件本身也可能是复合命题，例如，例 3-106 中前件本身是一个包含两个联言支"学完了专业培养方案中规定的课程""平均学分绩点大于等于 2.0"的联言命题。由此可以看出，假言命题的逻辑特征，是对事物情况有条件性的断定。

假言命题的联结项是联结并说明假言命题的前件和后件的关系的语词。一般包括"如果……那么……""倘若……则……""只要……就……""只有……才……""当且仅当……才……"等。

根据命题联结词的不同，假言命题可以分为 3 种：充分条件假言命题、必要条件假言命题及充分必要条件假言命题，它们具有不同的逻辑形式和逻辑性质。下面分别述之。

### 1. 充分条件假言命题

充分条件是指如果一个条件 $p$ 存在，那么由这个条件 $p$ 引发的结果 $q$ 也必然存在；如果没有条件 $p$，是否有 $q$ 不能确定。

例如：

**【例 3-107】** 如果张晓华通过了这次考试，那么她就能进入 A 中学。

这个例子中，"张晓华通过考试"是其"进入 A 中学"的一个充分条件，因为，她通过了考试，就必然能进入 A 中学；但是她没有"通过考试"，是否"进入 A 中学"则不确定，也可能她因为拥有学科竞赛奖项或者是特长生身份而进入 A 中学。

充分条件假言命题，就是断定一个事物情况是另一个事物情况的充分条件的命题。例如：

**【例 3-108】** 如果张同学患肺炎，那么，他就会发烧。

**【例 3-109】** 如果物体不受外力作用，那么它将保持静止或匀速直线运动。

**【例 3-110】** 只要烧柴，就会产生二氧化碳。

上面例子表明，凡是断定了前件 $p$ 是后件 $q$ 的充分条件的假言命题即为充分条件假言命题。其逻辑特征为：如果若干个条件都能分别独立地产生同一结果，那么，其中的任何一个条件都是该结果的充分条件。我们可以通过"有前件必有后件，无前件未必无后件"来判断一个命题是否为充分条件假言命题。

充分条件假言命题的逻辑形式如下：

如果 $p$，那么 $q$

其中，$p$ 和 $q$ 分别表示充分条件假言命题的前件和后件，"如果……那么……"表示联结项。因此，我们也可以用公式表示如下：

$p \rightarrow q$（读作：$p$ 蕴涵 $q$）

其意义是："$p$ 蕴涵 $q$"是真的当且仅当 $p$ 是假的或 $q$ 是真的。该命题只排除了一种情况，即 $p$ 是真的但 $q$ 是假的。

在日常语言中，表示充分条件假言命题的逻辑联结词有"如果……那么……""只要……就……""假如……则……""倘若……那么……"等等。

充分条件假言命题的逻辑值与前、后件的逻辑值之间的关系，可用真值表 3-10 来表示。

表 3-10　含有两个支命题的充分条件假言命题真值表

| $p$ | $q$ | $p \rightarrow q$ |
| --- | --- | --- |
| 真 | 真 | 真 |
| 真 | 假 | 假 |
| 假 | 真 | 真 |
| 假 | 假 | 真 |

从表 3-10 中可以清楚地看出，逻辑学中的充分条件假言命题只要其前件所断定的事物情况是后件所断定的事物情况的充分条件，它就是一个真的充分条件假言命题。我们来看下面两个例子：

【例 3-111】如果地球由东向西自转，那么太阳就会从西边升起东边落下。

【例 3-112】山无陵，江水为竭，冬雷震震，夏雨雪，天地合，乃敢与君绝！

这两个例子均为"真"的充分条件假言命题。但是它并不要求对应的前件和后件都是真的。实际上，尽管两个命题中的前件和后件所断定的情况均与事实不符，即均为假命题，但是它通过联结词联结在一起的整体命题却是真的。这就表明，如果前件是真的，那么后件一定是真的；如果前件是假的，那么后件可以是真的，也可以是假的。

**2. 必要条件假言命题**

必要条件是指如果没有事物情况 $p$（前件），则必然没有事物情况 $q$（后件）；而事物情况 $p$ 存在，却未必有事物情况 $q$（可能有，也可能没有）。一般来说，如果几个条件结合在一起共同起作用，才能导致某种结果，那么，其中的任何一个条件都是该结果的必要条件。

例如：

【例 3-113】只有勤奋努力地学习，才能取得优异成绩。

这个例子中，"勤奋努力学习"是"取得优异成绩"的必要条件，因为，缺少了"勤奋努力学习"这个前件，则必然不存在"取得优异成绩"这个后件；但是如果仅拥有"勤奋努力学习"这个前件，也未必能够"取得优异成绩"。我们都知道，"取得优异成绩"是由若干个条件结合在一起共同发挥作用的，所以，除了勤奋努力学习以外，还有"智力水平""学习方法""学习基础"等多个条件，这些条件都会对是否"取得优异成绩"产生影响。

必要条件假言命题，就是断定一个事物情况是另一个事物情况的必要条件的命题。例如：

【例 3-114】只有具备创新思维的管理者，才能应对复杂多变的市场环境。

【例 3-115】只有建立有效的沟通机制，才能实现团队的高效协作。

上面两个例子都是必要条件假言命题。它们表明，凡是断定了前件 $p$ 是后件 $q$ 的必要条件的假言命题即为必要条件假言命题。其逻辑特征为：如果若干个条件需要结合到一起才能产生某一结果，那么，其中的任何一个条件都是该结果的必要条件。我们可以通过"无前件必无后件，有前件未必有后件"来判断一个命题是否为必要条件假言命题。例如，例 3-115 意味着："如果没有建立有效的沟通机制，就不可能实现团队的高效协作"，这完全符合"无前件必无后件，有前件未必有后件"的逻辑特征。

必要条件假言命题的逻辑形式如下：

只有 $p$，才 $q$

其中，$p$ 和 $q$ 分别表示必要条件假言命题的前件和后件，"只有……才……"表示联结项。因此，我们也可以用公式表示如下：

$p \leftarrow q$（读作：$p$ 逆蕴涵 $q$）

其意义是："$p$ 逆蕴涵 $q$"是假的当且仅当 $p$ 是假的且 $q$ 是真的。该命题也只排除了一种情况，即 $p$ 是假的且 $q$ 是真的；其他情况下都是真的。

在日常语言中，表示必要条件假言命题的逻辑联结词有"只有……才……""如果不……那么就不……""必须……才……""除非……才……"等。

必要条件假言命题的逻辑值与前、后件的逻辑值之间的关系，可用真值表 3-11 来表示。

表 3-11　含有两个支命题的必要条件假言命题真值表

| $p$ | $q$ | $p \leftarrow q$ |
|---|---|---|
| 真 | 真 | 真 |
| 真 | 假 | 真 |
| 假 | 真 | 假 |
| 假 | 假 | 真 |

需要注意的是，逆蕴涵虽然也用"只有……才……"这样的联结词来表示必要条件假言命题，但是该联结词与自然语言连词的含义不完全一致，它是自然语言连词的逻辑抽象。作为在逻辑学中使用的联结词，它保留了在真值方面的特点，而舍弃了它所具有的语义关联等非逻辑的特点。

例如：

【例 3-116】只有一个人触犯了刑律，才可以依照刑法的规定处以刑罚。

该例子从客观上看，"触犯了刑律"是"可以依照刑法的规定处以刑罚"的充分必要条件。但是在实际情况中，说话的人在说这句话时，也许他只想表达不满足"触犯了刑律"时就不能"依照刑法的规定处以刑罚"的意思。至于"触犯了刑律要依照刑法的规定处以刑罚"的情况虽然大家都知道，但不是此时说话人要表达的意思。因此，在某些情况下，生活中"只有……才……"只是表达这个条件是必需的、必要的这个意思，而没有考虑其充分性，这和逻辑学的严格定义是不同的。

充分条件假言命题和必要条件假言命题的联系主要在于它们在逻辑上具有相互依存的关

系，二者可以相互转化。即"如果 $p$ 那么 $q$"可以转化为"只有 $q$ 才 $p$"；反过来，"只有 $p$ 才 $q$"也可以转化为"如果 $q$ 那么 $p$"。

我们看下面的例子：

【例 3-117】如果你想在一家公司中晋升为高级管理者，一般来说，你需要具备本科学历。

【例 3-118】只有年满十八岁，才有选举权。

其中，例 3-117 为充分条件假言命题，我们可以将其转化为"只有具备本科学历，才能在一家公司中晋升为高级管理者"，这是一个必要条件假言命题；例 3-118 是一个必要条件假言命题，其可以转化为"如果有选举权，那么一定年满十八岁"，这就转化为一个充分条件假言命题了。

在管理决策中，充分条件和必要条件的联系可以帮助我们更好地理解问题，并找出解决问题的最佳方案。例如，如果我们知道某个条件是实现目标的充分条件，那么我们可以通过满足这个条件来达成目标；反之，如果我们知道某个条件是实现目标的必要条件，那么我们可以将这个条件作为实现目标的前提或门槛条件，一定要加倍努力确保它得到满足。

### 3. 充分必要条件假言命题

充分必要条件是指如果有事物情况 $p$，则必然有事物情况 $q$；如果没有事物情况 $p$，则必然没有事物情况 $q$。换句话说，$p$ 既是 $q$ 的充分条件，$p$ 又是 $q$ 的必要条件。充分必要条件也常常被简称为充要条件。例如：

【例 3-119】$a$ 是偶数，当且仅当 $a$ 能被 2 整除。

其中，"$a$ 是偶数"，就是"$a$ 能被 2 整除"的充要条件。因为，"$a$ 是偶数"，意味着"$a$ 能被 2 整除"；反过来，如果"$a$ 不是偶数"，则 $a$ 必然"不能被 2 整除"。

陈述某一事物情况 $p$ 是另一件事物情况 $q$ 的充分必要条件的假言命题叫作充分必要条件假言命题。其逻辑特征是：有前件必有后件，无前件必无后件。我们再看几个例子：

【例 3-120】三角形等边当且仅当三角形等角。

【例 3-121】当且仅当一个大学生修完专业培养方案所规定的所有课程、学分绩点大于等于 2.0，且没有任何违纪等行为时，才能获得学士学位。

【例 3-122】在经济学中，当且仅当市场上的供应量等于需求量时，市场达到均衡。

这 3 个例子都是充要条件假言命题。因为它们都符合充要条件的逻辑特征。

充要条件假言命题的逻辑形式是：

如果而且仅仅如果 $p$，那么 $q$

$p$ 当且仅当 $q$

当且仅当 $p$，才 $q$

其中，$p$ 和 $q$ 分别表示充要条件假言命题的前件和后件，"……当且仅当……"等词表示联结项。我们可以用公式表示如下：

$p \leftrightarrow q$（读作：$p$ 等值于 $q$）

其意义是："$p$ 等值于 $q$"是真的当且仅当 $p$ 是真的且 $q$ 是真的，或者 $p$ 是假的且 $q$ 是假的。即只有当前件与后件同真或同假时，一个充要条件假言命题才是真的；其他情况均是假的。

除了上面所说的"……当且仅当……"之外，在自然语言中我们还可以用"需要且只需要""如果……且……则……""当且仅当……才……"等联结词来表示充要条件假言命题。

充要条件假言命题的逻辑值与前、后件的逻辑值之间的关系，可用真值表 3-12 来表示。

**表 3-12　含有两个支命题的充要条件假言命题真值表**

| $p$ | $q$ | $p \leftrightarrow q$ |
| --- | --- | --- |
| 真 | 真 | 真 |
| 真 | 假 | 假 |
| 假 | 真 | 假 |
| 假 | 假 | 真 |

### 4. 运用假言命题时应注意的问题

在运用假言命题时，有以下几个应注意的问题：

第一，要正确区分充分条件、必要条件、充要条件 3 种不同的假言命题，防止犯"混淆条件关系"的逻辑错误。3 种不同的假言命题逻辑意义不同，使用的联结词一般不同，前件和后件的逻辑位置也不同。我们应正确判断前提与结论之间的关系，以便正确理解命题的含义。例如：

**【例 3-123】** 只要努力学习，就能取得好的成绩。

**【例 3-124】** 只有努力学习，才能取得好的成绩。

其中例 3-123 是充分条件假言命题。其认为"努力学习"是"取得好的成绩"的充分条件，即如果条件"努力学习"存在了，那么由这个条件引发的结果"取得好的成绩"也必然存在。但需要注意的是，"努力学习"这个条件不能独立地产生"取得好的成绩"的结果，该命题不满足"有前件必有后件"，所以它作为一个充分条件是存在逻辑错误的。例 3-124 我们在前面分析过，此处不再赘述。

第二，假言命题通常涉及某些变量或条件，应确保这些变量或条件被清晰地定义，以避免产生歧义或误解。例如：

**【例 3-125】** 如果张三被称为老师，那么张三一定有很多学生。

其实，在实际生活中，"老师"这一概念已经被泛化，远远超出了其原本的含义，各行各业被称为"老师"的人大有人在。但是，他们未必教过书，也未必有学生。

第三，在应用假言命题时，应考虑到所有可能的情况，特别是那些可能违反命题的例外情况。这样可以避免出现逻辑上的错误或遗漏。例如：

**【例 3-126】** 如果一个人是物理学家，那么他一定精通实验。

这个假言命题就是错误的。因为在现实中，有些物理学家是理论物理学家，他们专注于理论研究和建模，而不是实验。他们可能对理论物理学有深入的理解，但在实验技能方面可能不是很精通。

第四，要防止对不具有条件关系的各种事务情况，强加以条件关系。例如：

**【例 3-127】** 如果强调了质量，那就会忽视数量。

这个例子就属于强加条件关系使其构成一个充分条件的假言命题。仔细分析一下可以发现，"强调质量"与"忽视数量"之间并不存在充分条件的关系，该命题不满足"有前件必有后件"，因而是有逻辑错误的。实际上该例子中的前件和后件之间既有相互对立的一面，也有相互促进的一面，不能说强调了质量就必然会导致忽视数量。

第五，在使用假言命题时，应确保逻辑的严密性，不要让结论基于非充分或无关的前提。这可以通过检查逻辑链的每个环节来实现。例如：

**【例3-128】** 如果3+3=6，那么，雪是白的。

这是一个充分条件假言命题。仅从前件与后件的真假关系看，前件真，后件也为真，则该假言命题应该是真的。但在实际情况中，"雪是白的"这个结论基于的前提"3+3=6"是一个与之无关的前提，所以这个命题表达是没有意义的。

最后，我们还需要注意，在使用假言命题之前，应对其真实性进行评估。如果前提是虚假的，那么该命题就失去了其有效性；另外，即使一个命题在特定情况或特定语境和背景下成立，也不意味着它在所有情况下都成立。所以，在使用假言命题时，应避免过度推广或过度依赖。

## （四）负命题

负命题是指否定某个命题的命题。例如：

**【例3-129】** 并非所有的鸟都会飞。

**【例3-130】** 并非所有的汽车都是红色的。

这两个例子都是负命题。其中例3-129否定了"所有的鸟都会飞"这一原命题，例3-130否定了"所有的汽车都是红色的"这一原命题。

负命题与直言命题的否定命题不同。我们看下面两个例子：

**【例3-131】** 有些学生没有通过期末考试。

**【例3-132】** 所有哺乳动物都不是卵生的。

这两个例子均是直言命题的否定命题。其中例3-131是特称否定命题，例3-132是全称否定命题。它们都是直言命题，否定的是主项所指称的对象具有谓项所指称的性质。这与负命题有本质区别。负命题是复合命题，其否定的是某个命题。因此，我们可以将负命题的逻辑特征归纳为"对命题的否定"，并据此分析判断一个命题是否为负命题。

负命题只有一个支命题，我们将其称为"否定支"，即被否定的那个命题。否定支既可以是一个简单命题，也可以是一个复合命题。例如：

**【例3-133】** 并不是所有会发光的都是金子。

**【例3-134】** 并非所有书籍都是有价值而且开卷有益的。

其中例3-133的否定支是一个简单命题；但例3-134的否定支是一个联言命题构成的复合命题。

在日常表达时，负命题的语言表示形式一般有两种。一种是把否定词放在整个原命题的前边，例如，上面所列举的例子例3-133；还有一种是将否定词放在整个原命题的后边，例如：

**【例3-135】** "所有鸟都会飞"是不符合事实的。

**【例3-136】** 狼不吃羊是假的。

**【例3-137】** "所有金属都是固体"，这句话是不对的。

在自然语言中，我们常用"并非……""并不是所有……""……不合乎事实""……是假的""……，这个是不对的"等联结词将否定支联结起来。

负命题可以用以下形式进行表示：

并非 $p$

其中，"$p$"是负命题的原命题；"并非"是联结项。

如果用公式来表示，我们可以将负命题表示如下：

$\neg p$（读作：并非 $p$）

在这里，表示否定的符号"$\neg$"需要置于表示否定支的那个变项之前。需要注意的是：在直言命题中对主项或谓项的否定我们需要在表示被否定的词项的符号上方加横线，读作"非"。

负命题的逻辑值与其原命题的逻辑值之间的关系，可用真值表 3-13 来表示。

表 3-13　负命题真值表

| $p$ | $\neg p$ |
| --- | --- |
| 真 | 假 |
| 假 | 真 |

从表 3-13 可以看出，负命题的逻辑值与其原命题的逻辑值之间是相互矛盾的关系，二者"不可同真，亦不可同假"。这就意味着，原命题为真，则负命题必假；反过来，原命题为假则其负命题必然为真。

前面本章第三节讲到简单命题的性质命题有 6 种类型，对这 6 种性质命题，可以分别地加以否定，由此得出 6 种相应的负命题。例如，"所有 $S$ 都是 $P$"是一个全称肯定命题，它的负命题是"并非所有 $S$ 都是 $P$"，这就意味着，"有的 $S$ 不是 $P$"，在这里，"并非所有 $S$ 都是 $P$"与"有的 $S$ 不是 $P$"是等值的，而"所有 $S$ 都是 $P$"与"有的 $S$ 不是 $P$"是矛盾的。读者在学习或者在运用上述知识进行论文写作时要注意区分，以免出现逻辑问题。各种复合命题，也可以加以否定。但限于篇幅及本书的写作重点，这些内容不再赘述，有需要的读者可以参考其他逻辑方面的书籍。

# 本 章 小 结

本章介绍了命题基础，给出了语句、命题与判断的逻辑学定义；阐明了语句、命题与判断的关系，它们之间既相互联系，又具有一定的区别。在"第二节命题类型概述"中，根据不同的标准和需要对命题进行了分类。命题分为模态命题与非模态命题两大类。其中，非模态命题又可分为简单命题与复合命题，模态命题可分为必然命题与可能命题。进一步地，按照简单命题所断定的是对象的性质还是关系，还可以将简单命题分为性质命题与关系命题；根据复合命题所包含的各个命题之间的联结方式的不同，可以将复合命题分为联言命题、选言命题、假言命题和负命题等。在第三节和第四节中，通过丰富的例子对简单命题中的性质命题和关系命题、复合命题的构成、特点及联言命题、选言命题、假言命题和负命题等 4 种不同类型的复合命题进行了深入且细致的介绍，这些内容是本章的重点，亦是难点。掌握好性质命题的 6 种类型及其应用、理解各种类型复合命题的真值表及其使用规则，将会有助于我们提高沟通交流及写作的准确性和有效性，避免出现逻辑错误。

# 本 章 习 题

1. 请给出语句、命题与判断的定义，并简要说明它们之间的关系。

2. 命题有哪几种类型？请用思维导图的方式进行展示。

3. 名词解释：性质命题；关系命题；对当关系；全同关系；真包含关系；交叉关系和全异关系。

4. 性质命题有哪几种类型？请简要介绍各种类型的特点。

5. 什么是性质命题主、谓项的周延性？

6. 如何理解特称量项的含义？

7. 简述关系命题的含义及结构。

8. 试举例说明关系的对称性和关系的传递性。

9. 什么是复合命题？其特点主要有哪些？

10. 复合命题有哪几种类型？

11. 相容选言命题与不相容选言命题之间在逻辑特征上有什么区别？

12. 如何理解充分条件假言命题和必要条件假言命题？试举例说明。

# 参 考 文 献

[1] 倪荫林. 语句、命题、判断及其关系辨析 [J]. 社会科学辑刊，2000（1）：26-30.

[2] 陆玉文. 性质命题及其对当关系审思 [J]. 吉林师范大学学报（人文社会科学版），2004（3）：101-104.

[3] 季冠芳. 复合命题间的相容和不相容关系浅析 [J]. 学术交流，1993（2）：80-82.

[4] 李贤军. 复合命题推理逻辑方阵类型研究[J]. 贵州工程应用技术学院学报，2017，35（4）：58-64.

[5] 张玲，蔡曙山，白晨，等. 假言命题与选言命题关系的实验研究：对逻辑学、心理学与认知科学的思考 [J]. 晋阳学刊，2012（3）：83-87.

[6] 康德. 逻辑学讲义 [M]. 许景行，译. 北京：商务印书馆，2010.

[7] 彭漪涟. 逻辑学基础教程 [M]. 3 版. 上海：华东师范大学出版社，2017.

[8] 陈波. 逻辑学导论 [M]. 5 版. 北京：中国人民大学出版社，2023.

[9] 陈波. 逻辑学十五讲 [M]. 2 版. 北京：北京大学出版社，2016.

[10] 金岳霖. 形式逻辑 [M]. 北京：人民出版社，2006.

[11] 严乐儿，黄弋生，徐长斌. 逻辑学导论 [M]. 上海：上海交通大学出版社，2007.

[12] 陈波. 中国逻辑学 70 年：历程与反思 [J]. 社会科学文摘，2019（12）：88-90.

［13］何向东. 逻辑学教程［M］. 3 版. 北京：高等教育出版社，2010.

［14］李小克. 普通逻辑学教程［M］. 7 版. 北京：首都经济贸易大学出版社，2021.

［15］熊明辉. 逻辑学导论［M］. 2 版. 上海：复旦大学出版社，2020.

［16］刘文君，王玉梅. 逻辑学教程［M］. 上海：学林出版社，2019.

［17］白庆祥，韦淑梅，高家方. 逻辑学基础［M］. 北京：中国人民公安大学出版社，2003.

［18］公安部教育局. 逻辑思维训练［M］. 北京：中国人民公安大学出版社，2004.

# 第四章　演绎与归纳

演绎法与归纳法是学术表达与科学研究中常用的两种推理方法。演绎法是从一般到特殊的推理方法，归纳法则是从特殊到一般的推理方法。归纳和演绎不仅是一对方向相反的逻辑推理形式，也是科学发现和学术表达中一对重要的辩证思维方法，两种逻辑方法相互联系、相辅相成。本章将分别介绍演绎法和归纳法的基本概念、特点及应用场景等。

## 第一节　演　绎　法

### 一、演绎法的概念和特点

#### 1. 演绎法的概念

演绎法是一种从一般原理出发，通过逻辑推理得出具体结论的推理方法。由较大范围，逐步缩小到所需的特定范围。这是一种由一般到个别的论证方法，也就是以一般的原理为前提去论证个别事物，从而推导出一个新的结论。演绎法是基于"如果前提成立，那么结论必然成立"的推理规则。

#### 2. 演绎法的特点

演绎法的特点在于推理过程的严密性和准确性。由于演绎法从一般原理出发，逐步推导，因此推理的结论具有较高的可靠性。演绎法广泛应用于数理逻辑、法律推理、科学研究及日常生活中的推理思维等领域。

在学术表达与研究中，演绎法常常用于验证和证明理论的正确性。科学家根据已有的理论和观察事实，通过演绎推理得出预测或假设，然后通过实验证实或证伪这些假设，从而验证理论的准确性。

例如，牛顿通过观察苹果落地的现象，假设地球上任何物体都受到地球的引力作用，然后通过演绎推理得出了万有引力定律，从而解释了行星运动的规律。

当然，演绎逻辑与日常生活也密不可分。演绎如下棋，从开始到结束，人们的思维不断运转。在运转的过程中，人们运用预测、判断、推理等方法，遵循一定的规则。这一规则即从真前提必然推出真结论。然而，结论只有两值：要么为真，要么为假。众所周知，蕴涵的真值表只有一种情况为假，即前件真后件假才为假，其他情况都为真。这就符合演绎逻辑的规则。

### 3. 演绎法的作用

演绎法的主要作用如下。

① 检验假设和理论。演绎法对假说做出推论，同时利用观察和实验来检验假设。

② 逻辑论证的工具。为科学知识的合理性提供逻辑证明。

③ 做出科学预见的手段。把一个原理运用到具体场合，做出正确推理。

演绎推理是一种必然性推理，推理的前提是一般，推出的结论是个别，一般中概括了个别。事物有共性，必然蕴藏着个别，所以"一般"中必然能够推演出"个别"，而推演出来的结论是否正确，取决于大前提是否正确，推理是否合乎逻辑。演绎法也有其局限，推理结论的可靠性受前提（归纳的结论）的制约，而前提是否正确在演绎范围内是无法解决的。

## 二、演绎逻辑的类型

演绎逻辑是逻辑的重要部分，逻辑因演绎而丰富，演绎以逻辑为基础。在某种程度上，演绎逻辑也可以说是命题逻辑。它包括简单命题、复合命题、命题的自然演绎和谓词逻辑。演绎也就是逻辑证明，通过对前提的论证推理演绎而得出。演绎即推理，包括以下形式：三段论、假言推理、选言推理、关系推理等。

### （一）三段论

三段论是指由一个共同概念联系着的两个前提推出结论的演化演绎推理，由大前提、小前提和结论 3 部分组成：

① 大前提，是已知的一般原理或一般性假设；

② 小前提，是关于所研究的特殊场合或个别事实的判断，小前提应与大前提有关；

③ 结论，是从一般已知的原理（或假设）推出的，对于特殊场合或个别事实做出的新判断。大、小前提有时可为一项。

### （二）假言推理

假言推理是指前提中至少有一个是假言命题，并根据假言命题的逻辑性质进行推演的复合命题推理。假言命题是陈述某一事物情况是另一事物情况的条件的命题，也叫条件命题，包括充分条件假言命题、必要条件假言命题和充分必要条件假言命题 3 种。相应地，假言推理也有 3 种类型：充分条件假言推理、必要条件假言推理和充分必要条件假言推理。

### （三）选言推理

选言推理是至少有一个前提为选言命题，并根据选言命题各选言支之间的关系而进行推演的演绎推理。一般由两个前提和一个结论所组成。根据组成前提的命题是否皆为选言命题，可分为纯粹选言推理和选言直言推理。按一般习惯用法，选言推理主要指选言直言推理。根据选言前提各选言支之间的关系是否为相容关系，可分为相容的选言推理和不相容的选言推理。

选言判断有两种，一种是相容的选言判断，另一种是不相容的选言判断，用这两种不同的选言判断作为前提的选言推理也是不相同的。

### 1. 相容的选言推理

考察下面两个例子：

**【例4-1】**这件事或许是甲干的，或许是乙干的；这件事不是甲干的；所以，这件事是乙干的。

**【例4-2】**这件事或许是甲干的，或许是乙干的；这件事是甲干的；所以，这件事不是乙干的。

例4-1与例4-2都是相容的选言推理，因为例4-1与例4-2中的那个选言前提都是一个相容的选言判断。

例4-1是一个形式正确的相容的选言推理。

例4-1的那个相容的选言前提断定了："甲"和"乙"至少有一个是干"这件事"的人，而例4-1中的另一个前提又断定了"甲"不是干"这件事"的人，由此显然能够必然地推出"乙"是干"这件事"的人。

例4-2是一个形式不正确的相容选言推理。

例4-2中的选言前提只断定了"甲"和"乙"至少有一个是干"这件事"的人，两人中至少有一个是干"这件事"的人就表示可能这两人都是干"这件事"的人，因而，当例4-2的另一个前提断定了"甲"是干"这件事"的人时，不能由此就必然地推出"乙"不是干"这件事"的人。

由以上两个例子可以看出：在相容的选言推理中，由一部分选言支的假，能够推出另一部分选言支的真；但是，由一部分选言支的真，却不能推出另一部分选言支的假。

因此，相容的选言推理的规则是：否认一部分选言支就承认另一部分选言支。

如果选言判断的选言支是两个的话，正确的相容选言推理的形式就是：$p$ 或 $q$，非 $p$，所以 $q$；$p$ 或 $q$，非 $q$，所以 $p$。

选言判断的选言支不限于两个，可以有3个或更多，具有3个选言支的相容选言推理的正确形式就有下面这些：$p$ 或 $q$ 或 $r$，非 $p$，所以，$q$ 或 $r$；$p$ 或 $q$ 或 $r$，非（$p$ 或 $q$），所以，$r$……

### 2. 不相容的选言推理

考察下面两个例子：

**【例4-3】**这件事要么是甲干的，要么是乙干的；这件事不是甲干的；所以，这件事是乙干的。

**【例4-4】**这件事要么是甲干的，要么是乙干的；这件事是甲干的；所以，这件事不是乙干的。

例4-3与例4-4都是不相容的选言推理，因为它们的选言前提都是不相容的选言判断。

一个真的不相容的选言判断至少有一个选言支是真的，因此，如果否认一部分选言支就能够承认另一部分选言支，例4-3正是这个情形，因此，例4-3是一个形式正确的不相容的选言推理；同时，一个真的不相容的选言判断又至多只有一个选言支是真的，因此，如果承认了一部分选言支就能够否认另一部分选言支，例4-4正是这个情形，因此，例4-4也是一个形式正确的不相容的选言推理。

不相容的选言推理的规则有两条：否认一部分选言支就承认另一部分选言支；承认一部分选言支就否认另一部分选言支。

正确的不相容的选言推理的形式是：要么 $p$，要么 $q$，非 $p$（或非 $q$），所以，$q$（或 $p$）；

要么 $p$，要么 $q$，$p$（或 $q$），所以，非 $q$（或非 $p$）。

### （四）关系推理

关系推理是指前提至少有一个是关系判断，并按其关系的逻辑性质而进行推演的演绎推理。除只有一个关系判断作前提的直接关系推理外，前提都是关系判断的。关系推理是用关系判断作为前提和结论的演绎推理。

【例 4-5】"孔子早于孟子，孟子早于荀子，所以，孔子早于荀子。"在逻辑史上很早就有人提出过关系推理（如亚里士多德）。

但是，在传统逻辑中，关系推理长期被忽视。传统逻辑往往把关系命题还原为直言命题，从而把关系推理还原为前提与结论都是直言命题的推理。这种处理方法是很不自然的。直到 19 世纪末，关系推理才为人们所重视，并得到迅速发展。关系推理的形式很多，有些也很复杂，在符号逻辑中得到了较充分的研究。在普通逻辑中，常见的关系推理有纯关系推理与混合关系推理。

1）纯关系推理

纯关系推理是指前提和结论都是关系判断的推理。

2）混合关系推理

混合关系推理是指前提中既有关系判断又有性质判断，结论是关系判断的推理。混合关系推理的规则是：中项在前提中至少要周延一次；在前提中不周延的项在结论中不得周延；前提中的性质判断必须是肯定判断；结论中关系判断的性质（肯定或否定）要与前提中关系判断的性质（肯定或否定）相同；结论中关系判断的项（前项或后项）要与前提中关系判断的项（前项或后项）相同。

# 第二节　归　纳　法

## 一、归纳法的概念和特点

### 1. 归纳法的概念

归纳法是由近代归纳逻辑的创始人英国哲学家培根提出来的逻辑研究方法。归纳法是指一种从特殊事实出发，通过总结归纳得出一般规律的推理方法。它基于"从个别到一般"的论证方法。归纳法的基本过程是通过对观察、实验和调查所得的个别事实加以分析，总结出一系列特殊事实的共同点，概括出一般规律的一种思维方式和推理形式。

归纳法是经典学术研究及其理论建构中的一种重要方法。它要解决的主要任务是：因导果或执果索因，理解事物和现象的因果联系，为认识物理规律作铺垫。透过现象抓本质，将一定的物理事实（现象、过程）归入某个范畴，并找到支配的规律性。完成这一归纳任务的方法是：在观察和实验的基础上，通过审慎地考察各种事例，并运用比较、分析、综合、抽象、概括及探究因果关系等一系列逻辑方法，推出一般性猜想或假说，然后再运用演绎对其进行修正和补充，直至最后得到物理学的普遍性结论。

### 2. 归纳法的特点

归纳法的特点在于推理过程的不确定性和概率性。由于归纳法的结论是通过观察和实验得出的，因此推理的结论具有一定的不确定性。归纳法常常用于学术研究中的新理论的发现和假设的提出。

归纳法的优点在于判明因果联系，然后以因果规律作为逻辑推理的客观依据，并且以观察、试验和调查为手段，所以结论一般是可靠的。归纳法能体现众多事物的根本规律，且能体现事物的共性。

归纳法也有其局限性，它只涉及线性的、简单的和确定性的因果联系，而对非线性因果联系、双向因果联系及随机性因果联系等复杂的问题，归纳法就显得无能为力了。归纳法容易犯不完全归纳的毛病。

在学术表达中，归纳法常常用于发现新的规律和提出新的假设。科学家通过观察和实验，总结出一系列特殊事实的共同点，从而得出一般规律或者提出新的假设。

【**例 4-6**】达尔文通过观察动物和植物的变异与适应性，总结出了自然选择的规律，并提出了进化论的假设，从而解释了物种的起源和演化。

## 二、归纳推理的类型

归纳推理可以分为 3 种方式：完全归纳法、简单枚举法、判明因果联系的归纳法。

### （一）完全归纳法

完全归纳法是指考察某类事物的全部对象，然后做出概括，得到结论。该方法是简单枚举法的极限形式。完全归纳法的逻辑形式可表示如下：

$S_1$ 是（或不是）$P$；$S_2$ 是（或不是）$P$；$S_3$ 是（或不是）$P$；……$S_n$ 是（或不是）$P$。（$S_1$，$S_2$，$S_3$，……$S_n$ 是 $S$ 类的全部对象）所以，所有的 $S$ 都是（或不是）$P$。上式中的 $S_1$、$S_2$、$S_3$、……$S_n$，可以表示 $S$ 类的个体对象，也可以表示 $S$ 类的子类。

完全归纳法的特点是其前提无一遗漏地考察了一类事物的全部对象，断定了该类中每一对象都具有（或不具有）某种属性，结论断定的是整个这类事物具有（或不具有）该属性。也就是说，前提所断定的知识范围和结论所断定的知识范围完全相同。因此，前提与结论之间的联系是必然性的，只要前提真实，形式有效，结论必然真实。完全归纳推理是一种前提蕴涵结论的必然性推理。

完全归纳法在日常生活中经常用到。

【**例 4-7**】"某班的五名班委都考上了研究生""这批彩电全部合格""某校的语文教师全都获得了高级教师的任职资格"等结论，都是通过完全归纳推理获得的。

概括地说，完全归纳推理的作用主要有两个方面。

一是具有认识作用。虽然完全归纳推理的前提所断定的知识范围和结论所断定的知识范围相同，但它仍然可以提供新知识。这是因为，它的前提是个别性知识的判断，而结论则是一般性知识的判断，也就是说，完全归纳推理能使认识从个别上升到一般。

二是具有论证作用。由于完全归纳推理是一种前提蕴涵结论的必然性推理，因而人们常常用它来证明论点，反驳谬误。

但是，由于其结论必须在考察一类事物的全部对象后才能做出，因而完全归纳法的适用范围受到局限。主要表现在两个方面：一是当对某类事物中包含的个体对象的确切数目还不甚明了或遇到该类事物中包含的个体对象的数目太大，乃至无穷时，人们就无法进行一一考察，要使用完全归纳法就很不方便或根本不可能；二是当某类事物中包含的个体对象虽有限，也能考察穷尽，但不宜考察或不必考察，这时就不必使用完全归纳法了。

### （二）简单枚举法

简单枚举法是指根据某类事物部分分子具有或不具有某种属性，并且经验中没有发现相反的情况，从而推出该类事物的全部分子具有或不具有这种属性。简单枚举法根据几个事例的枚举，进行初步的、简单的推理，枚举的事例越多，结论的可靠性越高，但也经常不那么准确。简单枚举法是人类认识世界最为基本的方法，它是初级的，在婴儿和动物那里表现为本能。

【例4-8】哥德巴赫猜想就是运用了归纳概括的逻辑方法。

简单枚举法是人类认识世界的最基本的方法，它是我们借以向过去的经验学习的手段，没有这种手段，过去的经验就会彻底消失，一切又得从头再来。但是，简单枚举法毕竟是一种初级的认识方法，它的可靠性完全建立在枚举事例的数量及其分布上。因此，要提高简单枚举法结论的可靠性，必须遵循以下原则：其一，被考察对象的数量要足够多；其二，被考察对象的范围要足够广；其三，被考察对象之间的差异要足够大。通常把样本过少、结论明显为假的简单枚举法称为"以偏概全""轻率概括"。

### （三）判明因果联系的归纳法

判明因果联系的归纳法，又称穆勒五法，是指基于因果假设建立起来的，即任何现象都有产生它的原因，也必有它所产生的结果。人类对因果关系的探求充满兴趣，原因有三：其一，希望好的结果再次出现；其二，希望坏的结果不再出现；其三，希望弄清世界的本质规律。探求因果关系就是从结果找原因。这种方法是根据因果关系的特点，把某些明显不是原因的情况排除掉，然后在其余的情况中归纳出某一结果的原因。因此，这种方法又称"排除归纳法"。

判明因果联系的归纳法可以细分为求同法、求异法、求同求异并用法、共变法和剩余法。

#### 1. 求同法

求同法，又称契合法，其内容是：同一结果在各个不同场合出现，而在各个不同场合中只有一种情况是共同的，那么，这个唯一共同的情况就可能是引起该结果的原因。

【例4-9】在19世纪，人们对甲状腺肿大的病因还不清楚，后来医疗卫生部门多次组织人员对甲状腺肿大盛行的病区进行调查和比较研究，发现：这些地区的人口、气候、风俗等情况虽然各不相同，但有一个情况却是共同的——这些地区的土壤中缺碘。于是得出结论：缺碘是引起甲状腺肿大的原因。

#### 2. 求异法

求异法，又称差异法，其内容是：比较被研究现象出现和不出现的两个场合，只有一个情况不同，其他情况完全相同，并且这一相同情况存在时某种结果出现，不存在时某种结果不出现。于是推断这个唯一不同的情况与被研究现象之间有因果联系。

【例4-10】为了弄清声音是否能在真空中传播，科学家设计了下面的实验：把电铃放在密闭的玻璃罩内，按动电钮使电铃敲动，这时可以听到电铃的声音。接下来把玻璃罩内的空气抽出，使罩内成为真空，再按动电钮，这时只能看到电铃敲动而听不到铃声。于是可以断定，空气是声音传播的媒介，声音无法在真空中传播。

### 3. 求同求异并用法

求同求异并用法（简称并用法）的内容是：考察正反两组事例，一组是某种结果出现的正事例组，一组是某种结果不出现的负事例组。如果正事例组中只有一个情况是共同的，而负事例组中恰巧都没有这个共同情况，那么，这个共同情况就是产生某种结果的原因。

【例4-11】一些科学家为了弄清海鱼的肉不具有咸味的原因，考察了一些长期生活在海水中的鱼，这些鱼的体形、大小、种类都不相同，但有一点却是相同的，就是它们的腮片上都有一种叫作"氯化物分泌细胞"的组织，这种组织能将鱼体内的盐排泄出去。而生活在淡水中的鱼则不同，无论体形、大小、种类如何，它们的腮片上都没有这种"氯化物分泌细胞"的组织。由此，科学家断定，海鱼的肉不具有咸味，与它们的腮片上的"氯化物分泌细胞"组织之间有因果关系。

### 4. 共变法

共变法的内容是：如果某一现象发生一定程度的变化，另一现象也随之发生一定程度的变化，即一现象的量变引起另一现象的相应的量变，那么，前者就可能是后者的原因。

【例4-12】美国在25个州统计了其他情况大致相同的100万人，发现：每天吸烟1～9支的，平均减寿4.6岁；每天吸烟10～19支的，平均减寿5.5岁；每天吸烟20～29支的，平均减寿6.2岁；每天吸烟40支以上的，平均减寿8.3岁。由此得出结论，吸烟与寿命缩短之间有因果联系。

### 5. 剩余法

剩余法的内容是：如果已知某一复合现象是另一复合现象的原因，同时又知道前一复合现象中的某一部分是后一复合现象中某一部分的原因，那么，前一复合现象的其余部分与后一复合现象的其余部分之间有因果联系。

【例4-13】镭元素的发现就运用了剩余法。居里夫人已经知道一定量的纯铀的放射线强度。但她在观察沥青铀矿时，发现沥青铀矿的放射线强度比它所包含的纯铀的放射线强度大很多倍。于是她推断：在沥青铀矿中，可能还有另一种放射性元素。经过反复实验，她终于从沥青铀矿中发现了一种新的放射性元素——镭。

## 三、归纳法应用时常见的问题

### （一）从过往所发生的事来推断将来会发生的事

【例4-14】我们从过往的日子中都见到太阳从东方升起来，所以我们推断明日太阳还是会从东方升起来。此法则之缺点在于，过往某一些事之所以发生是在当时某些条件的存在，所以这件事得以发生。如果这些条件未来不存在，事情便不会再发生。

### （二）以偏概全——从片面看全面

从片面看全面，美其名为归纳法，事实上是以偏概全。这证据或观察对象的代表性越大，我们对归纳所得结论的信心便越高。事实上，我们很难会获得全面的资料，资料总是一片一片而来，我们只是将这些一片片的资料整理，而希望能获知一个"全面"的情况。不过，我们是无法证实我们是否已获得所有的资料，甚至不知道在整理的过程中有没有犯了方向上的错误。以偏概全是我们不能不犯的错误，我们只能试着尽量减少错误的程度。

**【例 4-15】**张某在教改会上说：我是家长，我可以代表家长会发言。

这个不是归纳法，因为张某没有搜集足够的资料，而只把个人的意见当全体的意见。因此一般人若要运用上述法则，很重要的是要确定哪些是假定，哪些是已证实的。那些我们在日常生活经验上假定是正确，而未经证实的理解，都可统称为迷信。但在我们日常的运作中，我们不能每事求证，否则当我们样样都表示怀疑，不作假定，则很多事可能会无所适从。为增进我们的知识，加强我们对事物的理解，从而加强我们处理事物的有效性，我们便需最低限度对我们的假定作出怀疑，作出验证。不过，不同的人所能容忍怀疑而未决的能力程度不同，解答及验证怀疑的能力亦有所不同，所以有些人是可以经常怀疑，而有些人则只能甚少怀疑。我们可以举科学知识为例，很多人对自然科学的知识，都抱有坚信不疑的态度，可说是迷信科学。但现有自然科学的知识事实上都有其假定之情况，所以只有相对的准确性，亦即是比以前的认识为准确，因而，比较接近正确，但相对所谓的真理（假定存在）还有一大段很大的距离。

## 第三节　演绎逻辑与归纳逻辑在认识论中的辩证关系

### 一、认识论中的学术研究

演绎法和归纳法在学术表达与研究中都起着重要的作用，但它们在推理过程和应用场景上有所不同。

归纳法与演绎法有很大的区别，这是由它们的思维起点决定的。归纳法是从认识个别的、特殊的事物推出一般原理和普遍事物；而演绎则由一般（或普遍）到个别。这是归纳法与演绎法两者之间最根本的区别。归纳法从特殊到一般，优点是能体现众多事物的根本规律，且能体现事物的共性；缺点是容易犯不完全归纳的毛病。演绎法从一般到特殊，优点是由定义根本规律等出发一步步递推，逻辑严密结论可靠，且能体现事物的特性；缺点是缩小了范围，使根本规律的作用得不到充分的展现。归纳是一种或然性的推理；而演绎则是一种必然性推理，其结论的正确性取决于前提是否正确，以及推理形式是否符合逻辑规则。在规范研究当中，学者一般采用归纳法，归纳法对作者的思辨性思维要求较高，以保证整个论证过程符合逻辑规则，一般很难做到，因此归纳法很多时候是一种或然性的推论；演绎法的研究过程可以看作是一种推理的过程，实证研究一般都要有理论基础，或逻辑的推导过程，以保证结论的正确性。因此归纳法的研究思想普遍应用于规范研究当中，而演绎法则应用于实证研究当中。

归纳法的主要作用如下。

① 科学试验的指导方法：为了寻找因果关系而利用归纳法安排可重复性的试验。

② 整理经验材料的方法：归纳法从材料中找出普遍性或共性，从而总结出定律和公式。

归纳推理的优点在于判明因果联系，然后以因果规律作为逻辑推理的客观依据，并且以观察、试验和调查为手段，所以结论一般是可靠的。归纳法也有其局限性，它只涉及线性的、简单的和确定性的因果联系，而对非线性因果联系、双向因果联系及随机性因果联系等复杂的问题，归纳法就显得无能为力了。归纳法是一种或然性推理方法，不可能做到完全归纳，总有许多对象没有包含在内，因此，结论不一定可靠。

演绎推理是一种必然性推理，推理的前提是一般，推出的结论是个别，一般中概括了个别。事物有共性，必然蕴藏着个别，所以"一般"中必然能够推演出"个别"，而推演出来的结论是否正确，取决于：大前提是否正确，推理是否合乎逻辑。演绎法也有其局限，推理结论的可靠性受前提（归纳的结论）的制约，而前提是否正确在演绎范围内是无法解决的。

归纳法和演绎法都有其局限性。归纳法是一种或然性推理方法，不可能做到完全归纳，总有许多对象没有包含在内，因此，结论不一定可靠。演绎法是推理的结论的可靠性受到前提（归纳的结论）的制约，而前提是否正确在演绎范围内是无法解决的。

演绎法从一般到特殊，推理过程严密，结论可靠；而归纳法从特殊到一般，推理过程不确定，结论具有一定的概率性。约翰·杜威（John Deway）提出了所谓的"双轨反射思考方式"（double movement of reflective thought），认为归纳法和演绎法两种方法可以同时采用，而形成了科学的方法。

归纳法和演绎法在应用上并不矛盾，有些问题可采用前者，有些则采用后者。而更多情况则是将两者结合着应用，能收到更好的效果。演绎法常用于验证和证明理论的正确性，而归纳法常用于发现新的规律和提出新的假设。

① 演绎必须以归纳为基础。人们先运用归纳的方法，将个别事物概括出一般原理，演绎才能从这一般原理出发。所以说，演绎是以归纳所得出的结论为前提的，没有归纳就没有演绎。

② 归纳必须以演绎为指导。人们在为归纳做准备而搜集经验材料时，必须以一定的理论原则为指导，才能按照确定的方向，有目的地进行搜集，否则会迷失方向。

③ 归纳和演绎相互渗透和转化。在实际思维过程中，归纳和演绎并不是绝对分离的，在同一思维过程中，既有归纳又有演绎，相互联结、相互渗透、相互转化。

归纳法和演绎法两种不同的研究方法各有特点，归纳法不局限于前提，运用逻辑推理，以求普遍适用的理论；演绎法基于假设，运用科学方法验证假设的正确与否。归纳法不局限于前提进行论证，演绎法必须在前提中运用已有理论提出假设，假设即为结果的范围。

演绎推理的一般性知识（大前提）的来源，来自归纳推理概括和总结，从这个意义上说，没有归纳推理也就没有演绎推理。归纳推理也离不开演绎推理。归纳过程的分析、综合过程所利用的工具（概念、范畴）是归纳过程本身所不能解决和提供的，这只有借助于理论思维，依靠人们先前积累的一般性理论知识的指导，而这本身就是一种演绎活动。而且，单靠归纳推理是不能证明必然性的，因此，在归纳推理的过程中，人们常常需要应用演绎推理对某些归纳的前提或者结论加以论证。从这个意义上也可以说，没有演绎推理也就不可能有归纳推理。正如恩格斯指出的："归纳和演绎，正如分析和综合一样，是必然相互联系着的。"归纳与演绎二者可以互相补充、互相渗透，在一定条件下可以相互转化。演绎是从一般到个别的思维方法；归纳则是对个别事务、现象进行观察研究，而概括出一般性的知识。作为演绎的一般性知识来源于经验，来源于归纳的结果，归纳则必须有演绎的补充研究。

在学术表达和研究中，演绎法常用于理论的验证和证明，而归纳法常用于新理论的发现和假设的提出。

演绎法和归纳法是科学研究中常用的两种推理方法。演绎法从一般到特殊，推理过程严密，结论可靠；而归纳法从特殊到一般，推理过程不确定，结论具有一定的概率性。演绎法常用于验证和证明理论的正确性，而归纳法常用于发现新的规律和提出新的假设。在学术表达与研究中，演绎法与归纳法相互补充，共同推动科学的发展与进步。

### 二、演绎逻辑与归纳逻辑的关系

归纳与演绎是对立统一、相辅相成的。它们既相互联系又相互区别。归纳与演绎的关系是：两个离不开。归纳离不开演绎，演绎也离不开归纳。一方面，归纳离不开演绎是指：当从现实中搜集资料进行归纳总结时，演绎必须参与，穷尽所有可能出现的个体，反之得出的结论将不具有归纳性；另一方面，演绎也离不开归纳是指：演绎的前提由归纳结束时得出，通过这一大前提，才有接下来的演绎推理过程，从而从逻辑上得出结论。最终，通过演绎检验归纳正确与否。离开了归纳谈演绎，演绎就缺少了根据，成为无源之水；当然，离开演绎谈归纳，归纳就成为了空洞的思想，无科学分析。所以，归纳和演绎就像是人的手与脚，离开哪个部分都不完美。所以只凭借观察和经验得出的结论，非常有可能被推翻，因为人的认识是有限的，用有限去总结无限，需要用演绎的检验及补充才能避免反例的出现。

归纳与演绎的区别主要有以下两个方面。

#### 1. 思维方式不同

首先，演绎是从一般到个别，即从普遍的一般的事物到个别的具体的特殊的事物。也就是先全局然后再到个体。其次，归纳与之不同，先个别然后一般。先对个别的具体的事物进行观察与分析，然后得出普遍的一般的规律。

#### 2. 前提和结论不同

从数量上看，归纳的前提大于演绎的前提，因为归纳推理要考虑到所有的个体，而且所有的个体都是归纳的前提。相比归纳推理，演绎推理的前提可以是一个或是几个，然后根据前提推导出结论。从范围上看，归纳得出的结论往往大于前提的范围，超于前提。而演绎所得出结论的范围小于前提，结论包含在前提之中。从有效性上看，演绎推理的前提可以假设，既然是假设，可为真也可为假。如果前提为真，推理正确，符合假设，即假设为真。同时，如若假设为假，在推理过程中推出矛盾，则所得结论与假设相反。演绎推理只要符合逻辑推理与规则，就必然为真。归纳推理则不同，归纳推理所得的结论不必然为真，可靠程度弱于演绎逻辑。

### 三、演绎逻辑与归纳逻辑的分析

在逻辑发展史上，卡尔纳普作为防卫并发展归纳逻辑的一方，而波普尔作为攻击并否定归纳逻辑的一方。因此，维护演绎逻辑的哲学家推崇演绎在逻辑学的重要地位，否认归纳逻辑。而拥护归纳逻辑则认为归纳是逻辑学的主角，演绎不过是通过归纳推理而得出的部分结论而已。演绎推理前提是已知的，从前提得出的结论只能限定在前提的范围内，也就是通过演绎而得出的结论蕴涵在前提之中。可是演绎的前提是如何得出的呢？归纳者派认为源于归纳逻辑。演绎逻辑和归纳逻辑是两大主要派别，但它们都是逻辑的一部分。用辩证法的观点看，它们是对立统一的，是两者截然不同的站位。区别是演绎的前提都是公理，无须证明。然而归纳则不同，结论可证明。

逻辑实证主义为归纳辩护。归纳推理是从假说开始的。

**【例4-16】**天下乌鸦一般黑。当人们发现一只乌鸦是黑的，然后陆陆续续发现很多乌鸦都是黑的时候，而且并没有发现其他颜色的乌鸦，这时就得出结论：天下乌鸦一般黑。

在这个推理过程中，先从个别出发，然后逐渐到大多数，最后得出结论，没有发现反例，因此形成公理。即简单枚举归纳推理。但是此推理要与极限理论相结合，需穷尽所有个体，才能确保其结论为真。

但是由于受科学技术水平的限制，还不能为归纳逻辑提供更好的科学证明。他们持有的观点是演绎逻辑对逻辑毫无作用，因为演绎只不过是前提的缩小化，而且事实证明，从假设开始，通过对事实的观察到对事实的归纳总结。在此，归纳逻辑占据主导地位。

亚里士多德的三段论很好地结合了演绎逻辑与归纳逻辑。

**【例4-17】**（1）所有的人都是会死的，（2）苏格拉底是人，（3）所以苏格拉底是会死的。

其中，第一句属于归纳推理，是全称命题。第二句是中项，第三句是通过前提推理出来的结论，这一推理过程属于演绎逻辑。由此可见，推理的前提具有一般性，得出的结论是个别的，只要确保前提真实，那么结论必然真实，这就说明演绎逻辑的结论具有必然性，而归纳的结论则具有或然性。

恩格斯曾精辟地指出："归纳和演绎，正如分析和综合一样，是必然相互联系着的。不应牺牲一个把另一个捧到天上去，应该把每一个都用到该用的地方，而要做到这一点，就只有注意它们之间的相互联系，它们的相互补充。"总之，演绎和归纳不是截然对立的，它们共处于逻辑这个大的背景之下，二者相结合才能形成一个完整的逻辑体系。

总之，人类认识客观事物的两种最普遍的思维方法是归纳和演绎，也是逻辑学所研究的两类最基本推理形式。归纳和演绎是辩证统一的关系，它们既相互联系又相互区别，既对立又统一。脱离了归纳的演绎，是空洞唯心主义的演绎；脱离了演绎的归纳，是盲目肤浅的归纳。我们只有坚持归纳与演绎相结合的思维方法，才能更好地认识和改造客观世界。逻辑通过形式这条主线将归纳推理和演绎推理连接起来，使之以形式化解二者的关系。由此可见，演绎逻辑和归纳逻辑各有利弊，各有所长。在人的认识中，它们各自发挥自己特有的优势，不可相互替代，亦不是此消彼长的关系。

# 第四节　案例应用与思考——著名的休谟问题

归纳推理，不论是归纳概括还是归纳预测，都出现了思维的跳跃——从有限跳到无限，从过去跳到未来。这一跳跃的逻辑依据，是下面的一个假设："自然是齐一的"。如果自然界真是齐一的，那么归纳的结论必然是正确的。但是，自然的齐一性这个前提是一个十分可疑的假设，其真实性无法证明。因为一旦要证明它，我们只有诉诸经验，诉诸经验就是归纳，于是，我们陷入了循环论证。这就是著名的休谟问题，是18世纪英国哲学家大卫·休谟（David Hume）首先提出的，是个未能很好解决的哲学问题，主要针对归纳推理的逻辑可靠性提出了著名的"归纳问题"，后人也称"休谟问题"。

【例 4-18】如果迄今为止我们看到的每一只天鹅都是白的，可以归纳出"所有的天鹅都是白色的"。我们看到迄今为止每天太阳都从东方升起，归纳出"太阳从东方升起"这个命题。

白天鹅的例子是哲学界的经典例子。大家也都知道，因为后来在大洋洲发现了黑天鹅，所以归纳出来的命题不对。这就暴露出归纳法的一个问题：归纳法并不能保证归纳出来的一般命题是正确的。这是因为归纳所依据的特例总是有限个，无法上升到一般的规律。无论以前观察到多少只白天鹅，都不能得出"所有的天鹅都是白色的"这个一般结论。这就是休谟对归纳法提出的诘难。

休谟声称没有什么正确的逻辑论证容许我们确认"那些我们不曾经验过的事例类似我们经验过的事例"。因此，"即使观察到对象时常或经常联结之后，我们也没有理由对我们不曾经验过的对象做出任何推论"。休谟接着说，"我要重复我的问题，为什么我们可以从这条经验对那些我们不曾经验过的不属于以往事例的事情做出结论呢？"换句话说，企图靠诉诸经验为归纳法找根据，必然导致无穷倒退。结果是，"我们可以说理论决不能从观察陈述推演出来，也不能靠观察陈述为理论寻找理性论证"。

"罗素的火鸡"的寓言很生动地说明了休谟问题。罗素说，有一只火鸡，农夫每天来给它喂食。这是一只会归纳法的火鸡，在观察了两个月之后，它得出结论，"农夫来到鸡舍，我就有吃的"，之后每天的经历都在证实它的这个结论。但是有一天，农夫来到鸡舍，没有带来食物，而是拿着一把刀把它给宰了，因为这天是圣诞节。

与归纳法紧密相连的是因果律。因果律是哲学、科学、佛学和日常生活当中广泛使用的一个名词。但什么是因果律，并没有一个公认的定义。比如说，定义在一个场景中，一个事件先发生，接着另外一件事情发生，多次循环，我们就称先发生的事件为因，后发生的事件为果。

休谟首先对按照这样定义的因果律产生了质疑，认为我们无从得知因果之间的关系，只能得知某些事物总是会联结在一起，而这些事物在过去的经验里又是从不曾分开过的。也就是说，我们所认为的因果关系是通过我们的这种习惯性联想形成的，是一种心理上的习惯。这样的话，这种事物之间的因果作用就是主观作用，不是客观作用，因而它不是一种客观规律。

休谟对于因果律的怀疑，是和他对归纳法的怀疑紧密联系的。把总是先后发生的两件事上升到因果律，而因果律是一个普遍必然性规律，这就需要归纳。休谟怀疑归纳法的合法性，当然也就质疑因果律的存在。

休谟问题的内容是：如何为归纳推理的合理性提供逻辑上的辩护？如果这种辩护是不可能的，那么，归纳推理还有资格作为推理吗？休谟本人的回答是：关于归纳合理性的逻辑辩护是不可能的，因此，归纳实际上不是推理，只不过是人们的一种本能习惯。

## 一、对"休谟问题"研究的反思[①]

以往对"休谟问题"的研究，从研究路向上可以分为以"归纳问题"（the problem of induction）为中心问题和以"因果问题"（the problem of causation）为中心问题两条路径；从研究方法上则大致主要有前提设定、逻辑和语义分析、反归纳等 3 类方案。以路向和方法为经纬，分析以往的解决方案，可以说不管是康德的认为因果性是"先验范畴"的先验论，还是穆勒（密尔）主张"自然一律性"为归纳推理的基础的演绎主义，还是罗素为科学的归纳

---

① 徐冰. 具体因果关系的必然性："休谟问题"核心含义分析 [J]. 人文杂志，2014（11）：7-14.

推理设定的五个共设，还是金岳霖提出的归纳法的永真原则——因果关系是"理有固然，势无必至"等，都是想通过把归纳推理的基础归之于某种先在的大前提。而不管是卡尔纳普认为通过制定概率演算的形式系统的"概率逻辑"，还是赖欣巴哈基于实用的"无损失"原则提出的"频率极限"解决，都是想提高归纳前提和结论之间的确认度，制定出一套形式化的达到演绎般精确清晰的归纳逻辑。刘易斯的反事实条件因果观、克里普克的因果模态逻辑及戴维森、麦基（J.L.Mackie）等则是从语义学、解释模型等方面分析因果解释的结构和类型，他们着重分析的是因果关系的定义上的问题。①以上方案不管何种办法，在对休谟问题的立场上是积极的，而波普尔采取的则是消极的反归纳主义立场，要用"证伪主义"取消掉归纳法在科学研究中的作用，他认为科学实际上是在猜想与反驳的交织中前进，但他却又无法解释那未被证伪的猜测的可信度又是如何提高的。这些方案在历史上都曾领一时风骚。平静下来审视，虽然这些方案中"不乏对科学思维有价值的见解，但它们或者方案本身有明显缺陷，或者试图改变、消解，甚至拒斥所讨论的问题，因而都未能对休谟的问题给出真正满意的回答。"说来说去还是那句话，"归纳法是自然科学的胜利，却是哲学的耻辱。"

反思以往的研究，在科学哲学那里，"归纳问题"已成为科学哲学的中心问题。"因为这个问题能够最终得到解决，其他许多科学哲学问题（如科学划界、不充分决定性论旨、相对主义等）都能迎刃而解。"但是，可以说直到最近流行的贝叶斯主义，不管分析得多么烦冗细致，说到底都是外部的解决方式。一言以蔽之，科学哲学的研究越来越不是纯粹哲学意义上的了，这种方法是不可能最终从根本上解决"休谟问题"的，"归纳问题或验证问题不能最终归结为逻辑与数学的运算"，且有离题之嫌；而在分析哲学那里，虽然恢复了对因果问题的研究，可他们手里逻辑分析和语言分析的研究工具却并无改变，他们的工作总体上还是既定因果关系下的形而下的科学性分析，并非形而上学意义上对因果关系问题本身的思考。刘易斯的反事实条件因果观、克里普克的因果模态逻辑及戴维森、麦基（J.L.Mackie）等都是从语义学、解释模型等方面分析因果解释的结构和类型，他们着重分析的是因果关系的定义上的问题。他们只是在那里无穷无尽地去分析因果关系，举出很多例子，设置很多奇奇怪怪匪夷所思的场景，然后提取出来形式化的东西作为结论。他们的工作虽然让我们清楚认识因果关系概念的确切含义很有意义，但毕竟是在因果关系之下的讨论，而非对因果关系本身的研究。他们的解决方式虽然把问题分析得很细致，制造出新的概念，转换出新话语方式，但是似乎在问题的根本层面上并没有纵深的新突破，虽细致却不深刻，且失于烦琐，问题本身反倒淹没在他们精细的术语之中了，易被人诟病为无关宏旨的"学术游戏"。的确，经过分析哲学家们的努力，形而上学再也不能因袭传统的表述方式，但他们的工作同样证明，形而上学问题却也并未像他们所期望的那样就此消失。

## 二、"休谟问题"的两个层次：因果性的必然性和具体的因果关系

休谟在《人性论》第一卷第三章"论知识和或然性"第三节中对因果关系的必然联系（necessary connection）问题提出两个疑问为纲进行阐述：

第一个问题：我们有什么理由说，每一个有开始的存在的东西也都有一个原因使这件事

---

① VERMAZEN, HINTIKKA. Essays on davidson：Actions and events［M］. 2nd ed. Oxford：Oxford Clarendon Press，2001：149-162.

是必然的？

第二个问题：我们为什么断言，那样一些特定原因必然要有那样一些的特定结果？我们的因果互推的那种推论的本性如何？我们对这种推论所怀的信念又是如何？①

第一个问题即对因果关系的必然性的质疑。这是第一层的问题，即无论什么事物，凡是我们经验到的总是有原因的，总是某一或某些原因的结果，绝无无原因而存在的东西。其必然性何在呢？对这个常识认为天经地义毋庸置疑的道理，休谟提出了质疑。他指出，凡是承认这个原理的人，既举不出任何证明，也不要求任何证明，就把它认作理所当然的，这是独断论。若需要证明，人们会说，这个命题是建立在直观和理性证明的基础上的。休谟对此提出了反驳。他反驳了霍布斯和洛克等人的 4 种对因果关系必然性的证明，这里不必细说，我们着重要探讨的是休谟把第一个问题过渡到第二个问题的问题。

因果关系既然只能依靠我们的经验来说明，可是根据其心理原子论，经验在本质上都是个别的，经验中并不提供普遍的东西，因此无法用经验来说明因果关系的普遍必然性，那是"不方便的"。于是，休谟就将如何用经验来说明"凡事物开始存在必有其存在的原因"的问题"降低"为说明"为什么特定的原因必然要有特定的结果"，"为什么形成特定的因果推断和信念"的问题，即由第一个问题向第二个问题进行了过渡。这个过渡是很成问题的，但似乎前人少有关注。我们认为，一方面，普遍的因果关系问题与特别的因果关系问题是相关的，可以由对后者的说明来反诸前者。但是，另一方面，二者毕竟不是同一层面上的问题，不能由下一层面的讨论代替上一层面的讨论，因为第一条的问题是原则上的问题，故实际上是休谟在这个过渡中把第一个问题轻轻地就给放过去了，下文完全是对于第二个问题的讨论了，甚至在作为《人性论》知识论部分简写本的《人类理智研究》中对于这个问题也只字未提。这样，虽然休谟明确提出了这两个不同层次的问题，但是在他那里两个不同的问题就已含混不清了。学者认为，这对后世造成了很大误导。面对因果问题，往往把其中一个问题的解答当成问题的全部解决，典型的就是康德的解决思路。康德实际上说明的是因果关系的普遍必然性问题，即说明因果范畴的先验性，进而说明人类知性结构中的各种先验范畴。但这并不能说明特别的因果关系问题，他并没有从根本上解决问题，可以说与休谟相反，康德又把第二个问题给丢失了。休谟是把第一个问题混同于第二个问题，康德则是把第二个问题混同于第一个问题。康德的工作意义是第一层因果性的必然性问题的现象的因果性之必然性问题的解决上。康德之工作对具体的因果关系的解决却并没有实际的意义，解决不了第二层具体的因果关系必然性的问题。康德指出了因果关系有其先验性，但是这不同于具体的因果关系之必然性，仅凭因果的普遍性说明不了具体的因果关系之必然性。

## 三、有代表性的对休谟问题的分析

因果关系成立的核心是必然性，必然性成立的关键是具体因果关系的必然性。也即休谟质疑的核心问题还不是人的因果性思维的必然性或者认为世界存在着普遍的因果关联，或者认为因果律的普遍性，或者特殊事件的实现与否，而是指某一具体的、特别的因果关系 A—B 的必然性何在。而这种具体的因果关系既不是可经验到的，也不是可以完全抽象的认识，而是涉及"存在"本身的认识。就此我们剖析一下目前较有代表性的对休谟问题的看法。

---

① 休谟，比格. A treatise of human nature[M]. 北京：中国社会科学出版社，1999：78.

有学者认为休谟的问题在于他以演绎之必然来要求归纳，休谟问题背后隐藏着演绎主义。问题本身就是不恰当的，混淆了归纳与演绎两种不同方法的逻辑特点，要求归纳具有演绎的必然性和确定性。因此在休谟所要求的意义上给出满意回答是不可能的，并且认为他及他之后的几乎所有人都坚持关于归纳辩护的演绎标准，所以是不可能成功的。这是现在休谟问题研究很强的一种理论倾向。①本书认为这种反驳是不恰当的，因为这种码文只不过是把休谟质疑的归纳方法硬性确立起来而已。先规定好归纳法就是或然的，然后再驳斥休谟质疑或然，这只是玩定义游戏。关键在于要指出不能要求或然如必然的道理在哪里。更有甚者，甚至说"归纳是在茫茫宇宙中生存的人类必须采取、也只能采取的认知策略。"这简直就是暴力逻辑了。实际上都又回到了休谟的出发点而已，休谟问题不是这么简单地以演绎要求归纳。问题出在哪里呢？问题就出在 A—B 这一层的麻烦上，它上通下达，它一方面是 A—B 因果关系的时空世界中的现实，一方面又规模着特殊时空的经验现象；它既不能彻底落实到休谟得意的经验世界，又不能完全脱离感性经验，达到与经验世界无关的必然。

另有人反求诸休谟哲学本身，认为休谟之问题在于他经验主义的哲学立场，在于他不承认抽象概念，不承认共相，无法理解不可经验到的因果关系。可以说，即便是承认抽象思维，也不能就解释得了，我承认有抽象之 A—B 的因果联系，但并不等于我就明白何以有此必然关系，即能解释 A—B，这是两回事。按有论者的逻辑，我就应理所当然地懂得了，这种结论又何其荒谬！休谟虽然指出不能由以往一直相似就推出将来与现在和以往相似。但是这里他毕竟也得承认以往是相似的，关键在于这个已是事实的相似我们也并没有解释何以相似，若能解释，那也就无关乎什么以往、现在还是将来。承认世界有齐一性，事物有相似性，并不等于就能解释世界何以齐一，何以相似。休谟的逻辑是，我们既然解释不了世界的齐一性，那就不承认这种齐一性。我们的逻辑是既然世界有齐一性，那你就不应该再质疑。既然如此，那么思维方法上难道还不是一样的吗？

这样就凸显出人类的认识能力和认识方式这个根本的认识论问题：我们一般所认为的归纳方法和演绎方法两种认识方法是完备的么？或综合知识和分析知识两类知识是足以描述世界的么？从我们的结论就可以看出在核心问题上它们是捉襟见肘的。我们知道，作为彻底的经验主义者的休谟本人怀着强烈的非此即彼的信念，他的《人类理智研究》的结论就是如果一本书中既没有关于数学方面抽象的知识，又没有关于实际事物的经验知识的话，那它就应该被扔到烈火里去。也就是说，他似乎否认外乎此两种认识方法的可能性。那么对于宇宙的神秘性，是否可能有什么新的认识办法呢？休谟有一段话值得我们注意："理性在探讨这些崇高的神秘之事时，由此觉察到自己的鲁莽。于是，离开那个充满晦涩和困惑之地，谦虚地返回到它的真正而恰当的领域，即对日常生活进行考察。在这里，它将发现足够它进行研究的各种难题，而不必驶入一个充满疑惑、不确定和矛盾的汪洋大海。如果理性能做到这一点，那就太幸运了。"②这段话里透露的信息其实就是后来在康德那里明确指出的知性能力的有限性，所以才要批判理论理性的纯粹性，也就是说人类的知性能力只能认识现象界，而不能认识本体界，试图用它去思考本体界的事情，就是"鲁莽"地闯入了超出自己能力之外的"那个充满晦涩和困惑"的地方。如前所论，其实具体的因果关系最根本的一点就是它涉及"实

---

① 周晓亮. 休谟哲学研究 [M]. 北京：人民出版社，1999：206.

② 休谟. 人类理智研究 道德原理研究 [M]. 周晓亮，译. 沈阳：沈阳出版社，2001：97-98.

在"本身，而这属于本体界的领域，就人的知性能力而言，具体因果关系的存在与否，实属其能力之外。在此意义上，世界就是神秘的。故对因果关系的认识就不是经验现象上的认识，而是本体认识的一方面。休谟通过对因果关系的思考已经从负面指出我们的"理性"不能鲁莽地驰入其无能为力的本体界，只可承认归纳和演绎两种认识方法；但从正面来看，我们能不能拥有认识本体的认识能力和方式呢？康德虽然指出实践理性的纯粹性，可在他那里作为实践理性可能的根据的"意志自由"只是理论上必须的设准，至于人能不能实际地拥有这样的"意志自由"，康德认为这是"实践哲学的极限"，而把它悬置起来。如此，则关于本体的认识说到底还是空谈。而关于本体的认识的可能根据和方法路径等问题的思考恰恰是中国哲学的胜场。吸收中国哲学的智慧，或是回答休谟问题，为科学奠基，洞彻现象认识根源的出路所在。

# 本 章 小 结

本章主要讲解了演绎与归纳两种常用的推理方法。归纳与演绎不仅是一对方向相反的逻辑推理形式，也是科学发现和学术表达中一对重要的辩证思维方法，两种逻辑方法相互联系、相辅相成。第一节首先介绍了演绎法的基本概念、特点，以及作用，其次讲解了演绎推理的4种类型，分别是三段论、假言推理、选言推理、关系推理。第二节首先介绍了归纳法的概念和特点，其次讲解了归纳推理的3种方式，分别是完全归纳法、简单枚举法、判明因果联系的归纳法，最后，为学生介绍了归纳法常见的几种谬误。本章第三节主要讨论了演绎逻辑和归纳逻辑在认识论中的辩证关系，进一步从学术研究的视角探讨了归纳法和演绎法的区别和联系。第四节通过著名的休谟问题作为典型案例的分析与研究，对归纳推理的深入应用展开了深度思考。通过本章的学习，学生能够详细理解和掌握演绎推理和归纳推理，同时，能够将该两种方法科学合理地应用于实际学习和生活中，有利于提高学生的逻辑思辨能力。

# 本 章 习 题

1. 什么是演绎推理？举例说明一种日常生活中的逻辑推理。
2. 什么是归纳推理？请通过实际案例详细说明。
3. 简述归纳与演绎的辩证关系。
4. 什么是充分条件假言推理的否定后件式？
5. 为什么说归纳的合理性得不到逻辑的辩护？

# 参 考 文 献

[1] 陈波. 逻辑学导论 [M]. 5 版. 北京：中国人民大学出版社，2023.
[2] 克莱恩，沙蒂尔，梅布林. 视读逻辑学 [M]. 许兰，译. 合肥：安徽文艺出版社，2009.

［3］特拉斯特德. 科学推理的逻辑［M］. 刘刚，任定成，李光，译. 石家庄：河北科学技术出版社，1990.

［4］徐冰. 具体因果关系的必然性："休谟问题"核心含义分析［J］. 人文杂志，2014（11）：7-14.

［5］VERMAZEN，HINTIKKA. Essays on davidson: actions and events［M］. 2nd en. Oxford: Clarendon Press，2001.

［6］休谟，比格. A treatise of human nature［M］. 北京：中国社会科学出版社，1999.

［7］周晓亮，休谟哲学研究［M］. 北京：人民出版社，1999.

# 第五章　论证与反驳

从学术研究到日常生活，人们在逻辑思维活动中，经常要证实某种思想或驳斥某种观点，由此，我们就面临论证的问题。一个科学的论证过程，经常需要有选择性地、创造性地综合运用多元化逻辑思维方式和规律。论证与反驳是其中至关重要的两个环节，本章将介绍如何科学有效地运用论证和反驳。

## 第一节　论证的概念及种类

### 一、论证的概念

#### （一）概念

论证是指用一个（或一些）真实命题确定另一个命题的真实性的思维过程。

无论是学术表达，还是实际工作生活，在认识的各种场合，经常需要确定某一命题的真实性。为此，人们引用一些真实命题作为根据，从这个（或这些）命题中推出所要确定的命题的真实性，这就是论证。论证是经常采用的思维方式。当你发表一种观点或对某一情况做出判断时，为了令人信服，你常常不得不说出这些观点或判断成立的理由或根据，即用另一些判断的真实性来支持它们。简言之，当你回答"为什么"的问题时，多半是在做一个论证。

【例5-1】英国科学家哈维就是用论证的形式确定"人体血液是循环流动的"这一科学论断的。他指出：如果血液不是循环的而是通过心脏、动脉遍流全身后就消耗完毕，然后又由身体产生全部的血液，那么，由于在半小时内通过心脏的血液量已经等于人体的全部血量，人体必须在半小时内把同样量的血重新造出来。但是，在这样短的时间内产生如此多的血液事实上是不可能的。

#### （二）论证的结构

从逻辑结构来分析，任何论证都是由3个要素组成的，即：论点（或称论题）、论据和论证方式。

##### 1. 论题

论题是指通过论证确定其真实性的命题。论题所回答的是"证明什么"的问题。当人们说话或写文章，总要提出自己的观点和看法，表明赞成什么，反对什么，这里的观点或看法，就叫论题。

### 2. 论据

论据是指用来确定论题的真实性的判断，它是使论题得以成立的理由或根据。论据回答的是"用什么证明"的问题。提出任何观点和看法，不能没有根据，没有根据的论题是不能令人信服的。

作为论据的命题有以下几种：

一类是已经证实的关于事实的命题。摆事实，讲道理，以事实作为根据来论证论题的真实性，在我们的论证中常常见到。例如，要证明一盒粉笔都是白色的，就可以一根一根地验证。

二类是科学概念的定义。无论在自然科学还是在社会科学中，概念的定义都是客观事物的本质或规律的反映，因而可以成为论证的论据。

【例 5-2】一个数除 1 和它自身以外没有其他的约数，这样的数叫质数。

我们就可以用这个定义来论证"在 24～28 之间没有质数"。

三类是公理、原理。公理和科学原理经过人们长期实践的检验，具有普遍意义。因此，可以用来作为论据。

### 3. 论证方式

论证方式是指论题与论据间的联系方式，即论证过程中采用的推理形式，它回答的是"如何证明"的问题。论证是由论据的真实性推出论题的真实性，因此，仅仅有了论题、论据并不等于作了论证，必须有一个由论据到论题的推演过程。论证的推演过程总是借助于一定的推理形式完成的（一个证明过程可以包含一个推理，也可以包含一系列推理）。因此，也可以说论证方式是论证过程中的所有推理形式的总和。论证与推理并无本质的差别。一个论证过程，只不过是从论据推导出论题的过程。推理是论证的工具，而论证是推理的应用。在二者的关系中，论据相当于推理的前提，论题相当于推理的结论，而论证方式则相当于推理形式。

### （三）论证的作用

一是通过论证，人们可以在已有知识的基础上，获得新的知识；二是在实践检验真理的过程中，逻辑论证扮演着重要角色；三是在向别人宣传，传授原理、定理时需要进行论证，才能让人信服并接受。

## 二、论证与推理的关系

### （一）联系

论证与推理有着密切联系，论证总借助于推理来进行，论据相当于推理的前提，论题相当于推理的结论，论证方式则相当于推理形式。

### （二）区别

#### 1. 认识的过程不同

从认识过程来看，推理是从前提到结论，而论证则先有论题，然后才寻找论据对论题加以论证。

### 2. 要求的侧重点不同

论证的着重点是论据和论题的真实性；而推理则强调的是推理形式的有效性。

### 3. 结构形式的繁简不同

论证的结构通常比推理复杂，它往往是由一系列的推理形式构成的。

**【例5-3】**有人认为计算机比人脑强，将取代人脑，甚至统治人类，这一观点是站不住脚的。思维模拟或人工智能毕竟是机械、物理的过程，它没有社会性、能动性和创造性，它的功能都是人设计和赋予的。因此，思维模拟只是人的思维活动的一种手段和工具，它是人的意识物化的一种表现。由此可见，尽管计算机的某些功能可以超过人类的部分思维能力，但它不能完全取代人脑的思维，更不能反过来统治人类。

## 三、论证的种类

根据不同的标准，论证可以作不同形式的划分。根据论证所运用的推理形式的不同，它可以分为演绎论证和归纳论证；根据证明中论题与论据的联系方式的不同，它又可以分为直接论证和间接论证。

### （一）演绎论证和归纳论证

#### 1. 演绎论证

演绎论证是指运用演绎推理形式进行的论证。它以一般原理为论据，来论证论题的真实性。由于演绎推理是具有必然性的推理，演绎论证也是具有必然性的，即当论据真时论题必真。在科学活动中，演绎论证是构造理论和应用理论的基本手段，特别是数理证明大量使用着演绎论证。

结构式如下：

论题：$S$ 是 $P$

论据：$M$ 是 $P$ 真，

$S$ 是 $M$ 真，

所以，$S$ 是 $P$ 真。

例如，"铝是导电的，因为所有的金属都是导电的。"就是一个演绎论证。

**【例5-4】**喜马拉雅山脉在过去地质年代里曾经是海洋地区。因为地质学已经证明，凡是有水生物化石的地层，都是地质史上的海洋地区。地质普查探明，喜马拉雅山脉的地层中遍布了珊瑚、苔藓、海藻、鱼龙、海百合等化石。因此可以得知，喜马拉雅山脉在过去的地质年代里曾经被海洋淹没过。

#### 2. 归纳论证

归纳论证是指运用归纳推理来进行的论证。它以个别事实为论据，来证明论题的真实性。由于归纳推理一般不具有必然性（完全归纳推理除外），归纳论证不能保证当论据真时其论题必真。归纳论证常常是作为一种辅助的论证手段，配合演绎论证来加以应用的。

归纳证明就是运用归纳推理形式所作的证明。归纳证明所用的推理形式可以是完全归纳推理和不完全归纳推理。

结构式如下：

论题：$S$ 都有 $P$ 属性

论据：$S_1$ 有 $P$ 属性，

$S_2$ 有 $P$ 属性

$S_3$ 有 $P$ 属性

⋮

$S_n$ 有 $P$ 属性

$S_1 \sim S_n$ 是 $S$ 的全部对象

所以，所有 $S$ 都有 $P$ 属性。

【例5-5】青壮年时期是科学家出成果的黄金时代。马克尼发明无线电通信时，才 21 岁；牛顿创立微积分时，才 23 岁；爱因斯坦创立相对论时，才 26 岁；爱迪生发明电灯时，才 27 岁；瓦特发明蒸汽机时，才 28 岁。

这也是一个归纳证明，其中论据与论题的联系是采用归纳推理中的不完全归纳推理形式。

需要指出的是，用这种简单枚举归纳推理所作的证明，论题和论据之间的联系只是或然的，也就是说这种证明并不是绝对可靠的。为了提高证明的可靠性，用作论据的个别事实就要尽量多，而且要有代表性、典型性；为了保证证明的绝对可靠，就要把这种证明和其他演绎证明结合起来使用。

### （二）直接论证和间接论证

#### 1. 直接论证

直接论证是指用论据正面证明论题为真，是从真实的论据直接推出论题的论证。或者说，直接论证是不经过对与原论题相矛盾的论题进行否定而直接论证论题的真实性的方法。直接论证的特点是从论题出发，为论题的真实性提供正面的论据。演绎证明和归纳证明都是直接证明。

【例5-6】我们要证明"马克思主义是不怕批评的"，用论据"马克思主义是真理"和"真理是不怕批评的"将它直接推出，这就是一个直接论证。

#### 2. 间接论证

间接论证是指通过确定与论题相关的另一个命题的虚假性，从而确定论题的真实性的思维过程。

间接论证常见的方法有两种：反证法和选言证法。

1）反证法

反证法是指通过确定与论题相矛盾的命题（反论题）的虚假来确定论题的真实性的间接证明，然后根据排中律，证明原论题为真的方法。

运用反证法的步骤如下。

① 先假定与论题相矛盾的命题是真的。

② 从这个假定为真的命题推出与事实相矛盾的命题。

③ 根据假言推理的否定后式，从而证明假定的命题必然是假的。

④ 根据排中律，两个互相矛盾的命题必有真，从而证明论题是真的。

结构式如下：【求证】A 真

【证明】

① 设非 A 真

② 非 A→B 但已知 B 假

③ 所以非 A 假（假定推理否定后件式）

④ 故 A 真（排中律）

反证法在证明反论题"非 A"假时，可以列举事实说明反论题与事实不符，也可以列举出某种科学原理，说明反论题违背该科学原理。但经常用的是下面这样一种方法：先假定反论题真，然后由它引出荒谬结果，构成"如果非 A，则 B"这种充分条件假言判断。B 之所以荒谬，或者是与事实不符，或者是与公理、定理、定义矛盾，或者是与已知条件矛盾，或者是自相矛盾。因为 B 是荒谬的，当然要否定掉。根据充分条件假言推理的规则，否定后件 B，就可以否定前件非 A，即反论题是假的。既然反论题是假的，根据排中律，原论题 A 就被证明真。

【例 5-7】要证明"语言不能创造社会财富"这一论题时，我们先假设它的反论题"语言能够创造社会财富"为真，然后引申出更为明显的荒谬结论："夸夸其谈的人都能成为百万富翁"，从而证明反论题是不能成立的。最后，根据排中律，由反论题"语言能够创造社会财富"为假，推出原论题"语言不能创造社会财富"为真。

反证法的逻辑根据是排中律。利用排中律，对于那些不便直接论证的论题，我们能够采取反证的方法去证明。这种方法的应用十分广泛，数学上许多重要的关于"存在"的定理都是应用反证法证明的。

2）选言证法

选言证法，又叫作淘汰法、排除法或排他法，是指通过确定除论题所指的那种可能外，选言命题所包含的其余可能都是假的，从而推出论题的真实性。

选言证法的步骤如下。

① 构造一个真实的相容选言判断，并使论题作为其中一个选言支。

② 证明或指出除论题以外的其他选言支都不成立。

③ 根据选言推理的否定肯定式，推出论题为真。

结构式如下：【求证】A 真

【证明】

① 或者 A，或者 B，或者 C（A、B、C 穷尽一切可能）

② B 假

③ C 假

④ 所以 A 真。（否定肯定式）

【例 5-8】某盗窃案的罪犯或者是甲，或者是乙，或者是丙，或者是丁，现查明这个盗窃案的罪犯不是乙，不是丙，也不是丁；所以，这个盗窃案的罪犯是甲。

# 第二节 论证的规则和规律

任何论证都包括论题、论据和论证方式 3 个要素。论证的规则也就是关于论题、论据和论证方式 3 个方面的规则。

## 一、关于论题的规则

### 1. 论题应当清楚、明白

论题清楚、明白，是一切论证的先决条件。论证的目的就是要确定论题的真实性，如果连论题本身都是模糊不清的，那么，我们便无法组织恰当的论据。不知道通过论证要解决什么问题，这样的论证也是毫无意义的。尤其是在辩论当中，由于论题本身不明确，常常引起无谓的争论。辩论双方有时把互不相干的问题硬扯到一起，或把并不互相冲突的意见当成互相冲突的意见，最后发现双方并无实质性分歧，白白浪费宝贵的时间和精力。

违反这条规则的错误叫作"论题模糊"。

论题模糊有两种表现：一种是论证者对所要论证的问题心中无数，或对主张什么、反对什么并不明确，整个的议论过程缺乏鲜明的目的性，给人以思维紊乱的印象；另一种是表达论题时使用了意义含混的语词或语句。

### 2. 论题应当保持同一

这条规则要求是在同一个论证中只能有一个论题，这个论题必须贯彻于论证过程的始终，不允许中途加以改变。

违反这条规则的错误叫作"转移论题"。论题要保持一致，就是要求在同一议论中，我们所要确认其真实性的判断是什么，就要保持它是什么；我们所要确认其虚假性的判断是什么，就要保持它是什么。如果在同一议论过程中，有意无意地用另一个判断替换了原要证明或反驳的判断，这就犯了转移论题的错误。

转移论题是一种常见的诡辩手法。其表现形式主要有以下 4 种。

第一，用内容完全不同的另一判断替换了原论题。

【例 5-9】有人在论证"历史是少数杰出人物创造的"这一唯心主义历史观时，因为缺乏科学的根据，他们就采用转移论题的诡辩手法。他们大谈特谈每个历史时期都存在着某些杰出的人物，避而不谈人民群众、杰出人物与创造历史的关系，实际上是用"少数杰出人物是存在的"这一与原论题内容完全不同的论题替换了原论题，企图给人以原论题正确的假象。

第二，用与原论题近似的另一判断替换了原论题。这种情况常见于"论证过多"和"论证过少"的错误。

第三，论证过多，是指不去论证原论题，而去论证某个比原论题更为宽泛的判断。

【例 5-10】体质虚弱的青年学生，如果不积极进行适当的体育锻炼，必然不可能德智体全面发展。这里的道理很简单，所谓德智体全面发展，就是要有坚定正确的政治方向，要有社会主义的道德品质；要有将来在一定岗位上从事社会主义事业的知识技能；要有健全的体魄。而体质虚弱就与健全的体魄相矛盾。因此，体质虚弱的青年学生，必然不可能德智体全面发展。这段议论，开头提出的论题是"体质虚弱的青年学生，如果不积极进行适当的体育锻炼，必然不可能德智体全面发展"，而接下去论证的却是"体质虚弱的青年学生，必然不可能德智体全面发展"。实际论证的论题与开头提出的论题相比，丢掉了"如果不积极进行适当的体育锻炼"这个条件，由对事物的有条件的断定变成了无条件的断定，断定更多了。这就犯了"论证过多"这种转移论题的错误。

第四，论证过少，是指不去论证原论题，而去论证某个比原论题断定较少的判断。

【例 5-11】优秀的文艺作品，都具有积极的社会意义。这一点，从大量优秀的小说中可以看到。要是不信，请翻一下文学史，就可以很具体地认识到，一切真正称得上优秀的小说都是通过作者所塑造的艺术形象，帮助人们正确认识社会，给人们以积极的思想教育与健康的艺术享受。由此看来，无可否认，优秀的小说，都具有积极的社会意义。这段议论，开头提出的论题是"优秀的文艺作品，都具有积极的社会意义"，可接下去论证的却是"优秀的小说，都具有积极的社会意义"。我们知道，"优秀的小说"只是"优秀的文艺作品"的一个小类。显然实际论证的论题比开头提出的论题断定要少。这就犯了"论证过少"这种转移论题的错误。

## 二、关于论据的规则

### 1. 论据必须是已知为真的判断

论据是论题赖以成立的根据，整个论证过程不外乎是用论据的真实性去确立论题的真实性的过程。假如论据本身是不可靠的，那么论题的真实性便无从建立，整个论证都将是无效的。

这条规则要求：① 论据是真实的；② 论据的真实性是已经证实或证明了的。违反这一规则的错误有两种：论据虚假和预期理由。

论题虚假的错误，是指以虚假的判断作为论据。

预期理由的错误，是指以真实性尚未得到证实的判断作为论据。

【例5-12】有人在论证"地球是宇宙的中心"时，以"一切天体都是围绕地球旋转的"为论据，这就犯了论据虚假的错误。

【例5-13】有人在论证"不应提倡戒烟"时，以"戒烟诱发肺癌"这一尚未得到证实的判断为论据，这就犯了预期理由的错误。

### 2. 论据的真实性不得靠论题的真实性来论证

论据是用来确立论题的真实性的。论据是论证过程中已知为真的判断，而论题则是需要通过论证、用论据的真实性来证明的判断。如果论据的真实性反倒要依靠论题来论证，那么就会陷于以未知证明未知的谬误。这种互为论题和互为论据的情况实际上什么也没有证明。违反这条规则的错误，称为"循环论证"。

【例5-14】有人在论证"宇宙没有边界"时，使用的论据是"宇宙没有中心"，但这个论据本身的真实性又要靠论题来说明。这就犯了循环论证的错误。

## 三、关于论证方式的规则

从论据推出论题应符合逻辑。论证方式，即从论据推出论题的方式，也就是论证所采用的推理形式。这条规则要求，论据与论题之间具有逻辑联系，其推理必须遵守相应的逻辑规则。如果论据与论题之间缺乏逻辑联系，即使论据是真实的，也不能证明论题的真实性。违反这条规则的论证错误，叫作"推不出"。

"推不出"的错误有以下几种常见的表现形式。

第一，论据与论题不相干。这里的不相干是指论据和论题之间没有任何的逻辑联系。所以这一错误又叫作不成理由。

【例5-15】有位年轻人在谈论自己学习不好的原因时说："我想，自己脑袋小，知识装不进，学习不好的原因就在这倒霉的长相上。"这位年轻人将自己学习不好的原因归之于长相不好（脑袋小），显然是不科学的。其思维过程中就包含了这样一个逻辑证明：用"我的长相不好"作为论证来证明"我的学习不好"这一论题。而我们知道，学习好与不好同长相好与不好（脑袋大小）是毫不相干的。因此，这位年轻人的证明也就包含了"推不出"的逻辑错误。

第二，论据不足。论据的断定范围少于论题的断定范围，在证明的过程中，所有的论据和论题都相关，并且都是真实的，但是如果论据的断定不能蕴含对论题真实性的断定，仍然不能从论据必然推出论题，这是因为每个论题的真实性都由其固有的必要条件组成。只有穷尽这些必要条件，才能形成充分条件，才能由论据推出论题。

【例 5-16】仅仅以"某甲有犯罪的动机和客观条件"为论据，去论证"某甲是犯罪分子"，就属于论据不足的错误。

第三，以偏概全，以相对为绝对。人们常见的以相对为绝对的逻辑错误就是以偏概全的一种表现形式。这种错误是把一定条件下的真实判断当作无条件的真实判断作为论据来使用的。这是指将一定条件下相对真实的判断当作无条件的绝对真实的判断并将其作为论据使用。

【例 5-17】在常压下，水的沸点是 100 ℃。如果把相对的这个条件忽略了，把"水的沸点是 100 ℃"当作在任何条件下都成立的，并用它作为论据去进行论证，就犯了以相对为绝对的错误。

第四，以人为据。这是指在论证中，不以科学原理或事实为论据，而以某权威人士的言论为论据，不是以理服人而是仗势压人。

第五，违反推理规则。事实上，论据不能合乎逻辑地推出论题的错误都是违反推理规则的。只是有些违反推理规则的情况比较明显，有的则不很明显罢了。

## 四、充足理由律

### 1. 充足理由律的基本内容

充足理由律的基本内容是指，在论证过程中，一个命题被确定为真，总是有充足理由的。

【例 5-18】物体加热以后体积就会膨胀。因为，物体加热以后，分子间的距离就会增大，而物体分子间的距离增大，物体的体积就会膨胀。

### 2. 充足理由律的公式

A 真，因为 B 真，并且 B 能推出 A。

在这个公式中，"A"代表论题（也叫推断）；"B"（它可以是一个或一组命题）代表论据（也叫理由）；如果 B 是真的，并且 B 能推出 A，则 B 是 A 的充足理由。

### 3. 充足理由律的要求及违反它所犯的逻辑错误

要求：

① 理由必须真实。

② 理由与论题之间有逻辑联系。

逻辑错误：

① 理由虚假。

② 推不出。

### 五、论证的技巧与方法

#### 1. 引用权威来源

在进行论证时，作者可以引用权威的研究、统计数据或专家观点来增强自己观点的可信度。

【例5-19】引用著名学者的研究成果或国际组织发布的报告，可以有效地支持论点。

#### 2. 利用比较分析

作者可以通过对不同观点进行比较分析，来突出自己立场的优势。比较分析可以从不同方面进行。

【例5-20】从经济、社会、环境等多个角度进行比较，从而增加论证的说服力。

#### 3. 运用逻辑推理

作者可以利用逻辑推理来构建论证的框架。逻辑推理主要包括因果推理、概括推理和比较推理。通过运用逻辑推理，作者可以使论证更加有条理和连贯，增加读者接受观点的可能性。

## 第三节　反驳及其方法

### 一、反驳的概念及种类

#### 1. 概念

反驳是指用一个或一些真实判断去确定另一判断的虚假性或对它的论证不能成立的思维过程。也可以说，反驳就是揭露并批判谬误的过程。确定一个判断的虚假性是反驳论题的思维过程；确定一个判断的真实性未被证明，是反驳论据、论证方式的思维过程。

【例5-21】所有鸟都会飞，这种说法是不对的。

【例5-22】"鸵鸟是鸟，但鸵鸟不会飞。"这就是一个反驳。

反驳的步骤主要包括：引出异议、分析异议、进行回应和总结。首先，作者需要提出与自己观点相悖的异议，即反方观点或读者可能提出的质疑。其次，作者需要分析异议的合理性，找出其不足之处或逻辑漏洞。再次，作者进行回应，通过提供更有力的论据或理由来反驳异议。最后，在反驳之后，作者需要总结自己的观点，并再次强调其合理性和可信度。

#### 2. 反驳的结构

反驳的结构由3部分组成：被反驳的论题、反驳的论据和反驳方式。被反驳的论题，即在反驳中需要确定为假的命题，它是被反驳的论证中的论题或论据。反驳的论据，即在反驳中用来作为反驳根据的命题。反驳方式，即反驳中所运用的推理形式，是指出某一论证违反了推理规则，犯了"推不出"的逻辑错误。在这三者之中以反驳论题为主。

#### 3. 反驳与论证的关系

反驳与论证既有区别又有联系。

二者的区别，主要在于作用不同。论证的目的是确定某一判断为真，作用在探求真理、证明真理；反驳的目的是确定某一判断为假，作用在揭露并驳倒谬误。

二者的联系在于二者是相辅相成的，人们认识真理和驳斥谬误是统一的、不可分割的两个方面。我们证明了一条真理实际上等于驳倒了与该真理相对立的谬误；同理，我们驳倒了某个谬误的认识，也就是捍卫了与该谬误相对立的真理。事实上，反驳也是一种论证。因为反驳也要使用论据和运用推理形式。反驳某个判断 p，可以理解为是在论证"p 是假的"这一判断成立。从这个意义上来说，反驳是用一个论证推翻另一个论证的过程，它是论证的特殊形式。

我们知道，论证是由 3 个要素组成的（论题、论据和论证方式），因此要反驳一个论证可以从这 3 个方面着手，或者说，反驳可以分为反驳对方论题、反驳对方的论据和反驳对方的论证方式 3 种类型。

① 反驳论题，就是确定对方论题的虚假性；

② 反驳论据，就是确定对方论据的虚假性；

③ 反驳论证方式，就是指出对方的论证不合逻辑，说明对方论据与论题之间没有逻辑联系，犯了"推不出"的错误。

就反驳的目的和作用而言，反驳论题是更为根本的。驳倒了对方的论题，对方的整个论证便失去了意义。反驳论据和反驳论证方式都是反驳对方论题的辅助手段，是服务于反驳论题的。驳倒了对方的论据，或者指出对方论证方式不正确，就破坏了对方的论证，表明对方论题的成立是没有根据或根据不足的。

但是，驳倒了对方的论据，或驳倒了对方的论证方式并不等于驳倒了对方的论题。因为即使一个论证采用的论据是虚假的，即使运用的推理形式不合逻辑，它的论题也还可能是真实的。

【例 5-23】假定有人在论证"有的生物不是变形虫"时，提出的论据是"有的变形虫不是生物"，那么，这个论证不仅论据虚假，而且其论证方式也是违反推理规则的。但是，它的论题却是真实的。

## 二、反驳的方法

### （一）反驳论题

反驳论题是证明对方论题虚假性的思维过程。驳倒了对方的论题，就达到了反驳的目的，所以反驳论题是反驳的主要途径。常见的反驳论题方法有 3 种：直接反驳、独立证明的间接反驳和归谬法。

#### 1. 直接反驳

直接反驳，是指用论据正面论证对方论题为假。或者说，直接反驳就是用一个或几个真实判断推出某一判断是虚假的。

【例 5-24】有人说："人人都是自私的。"这种说法是不对的。现实生活中确实有许多人不是自私的，因此，并非人人都是自私的。

利用判断间的反对关系或矛盾关系直接论证对方论题为假，是直接反驳的常见形式。

【例 5-25】用"一切真理都是客观的"去反驳"一切真理都不是客观的"，等等。

直接反驳具有正面反击、针锋相对、开门见山、直达目的的特点，所以是经常被采用的反驳方法。

直接反驳主要有两种，具体如下。

**1）从反驳的论据直接推出被反驳论题的假**

我们要反驳"人都是自私的"这个判断，可以这样来反驳："因为显然有人不是自私的，所以，说'人都是自私的'是错误的。"这里用的就是直接反驳。"人都是自私的"和"有人不是自私的"是具有相同素材的处于矛盾关系的两个判断，根据对当关系的直接推理，由"有人不是自私的"为真，自然可以确认"人都是自私的"为假。

**【例 5-26】**要反驳"有事物是静止不变的"这个判断，我们就可以用"任何事物都不是静止不变的"这个马克思主义的基本观点作为反驳的论据。根据对当关系的直接推理，由全称否定判断的真，自然也可以直接推出特称肯定判断的假。

**2）由揭露被反驳论题所包含的逻辑错误从而确认其假**

如果被反驳论题自身有逻辑错误，我们就可以通过揭露这些逻辑错误，确认这些被反驳论题的虚假。

**【例 5-27】**马克思在《哥达纲领批判》中引用了《哥达纲领》里这样一个证明：劳动是一切财富和一切文化的源泉，而因为有益的劳动只有在社会里和通过社会才是可能的，所以，劳动所得应当不折不扣和按照平等的权利属于社会一切成员。这个证明的论题是"劳动所得应当不折不扣和按照平等的权利属于社会一切成员"。马克思在批判它时指出："属于社会一切成员"也属于不劳动的成员吗？那么，"不折不扣的劳动所得"又在哪里呢？只属于社会中劳动的成员吗？那么社会一切成员的"平等的权利"又在哪里呢？在这里马克思就是通过揭露这个论题（被反驳论题）中的自相矛盾的逻辑错误来直接否定它的。

通过证明一个与被反驳论题具有反对关系或矛盾关系的判断（被反驳论题的反论题）的真，从而确认被反驳论题的假，这样的反驳叫间接反驳。

间接反驳又分两种：独立证明的间接反驳和归谬法。

**2. 独立证明的间接反驳**

独立证明的间接反驳，是指先论证与被反驳论题相矛盾或相反对的论题为真，然后根据非矛盾律确定被反驳的论题为假。

这里所说的独立证明的间接反驳又简称为间接反驳。它是首先提出一个与对方论题相矛盾或相反对的判断，并独立论证这个判断的真实性，然后，根据矛盾律由真推假，从而反驳了对方论题。

其结构式如下：

被反驳的命题：p

反驳过程：① 设"非p"（p与非p是矛盾关系或反对关系），

② 论证"非p"真，

③ 所以，p假（矛盾律）。

**【例 5-28】**我们要反驳"马克思主义是害怕批评的"这个错误的论题，就可以运用间接证明的方法。先独立地论证与这一论题相矛盾的判断"马克思主义是不害怕批评的"，我们能够提出这样的论据"真理是不害怕批评的，而马克思主义是真理"。显然这一论据是真实的而且能够合乎逻辑地推出"马克思主义是不害怕批评的"这个判断的真实性。根据矛盾律，两个相互矛盾的判断必有一假，所以对方论题"马克思主义是害怕批评的"就被反驳了。

独立证明的间接反驳法和反证法的区别：独立证明的间接反驳法具有劈径自立、以立为破、拨乱创新、令人深省的特点，与直接反驳相比，它不仅使人知道被反驳的论题为什么是错误的，还明白了怎样才是正确的，所以在实际生活中更有指导意义。

【例5-29】高名凯等主编的《语言学概论》在反驳马尔学派的"语言属于上层建筑"这一谬论时采用的就是这一反驳方法。作者写道："曾经有不少学者把语言列入社会的上层建筑。苏联马尔学派的语言学家们是这种主张的代表。……然而，语言并不属于上层建筑。"

斯大林曾从以下4个方面对这个问题作了精辟的说明。

第一，"每一个基础都有适合它的上层建筑"。上层建筑随着它的基础的变化、消灭而变化、消灭。"当产生新的基础时，那么也就会随着产生适合于新基础的新的上层建筑"。然而语言并不如此，基础改变了，它却可以基本上不改变。

第二，虽然上层建筑是由基础产生的，但它却不只是反映基础，而且积极地为基础服务，为一定的阶级服务。然而语言却根本不同。它不是某一种基础所产生的，也不是某一个阶级所创造的，而是千百年来在社会历史全部进程中为全社会所创造的。"语言的创造不是为了满足某一个阶级的需要，而是为了满足全社会的需要，满足社会所有各个阶级的需要"。它一视同仁地为不同的基础、不同的阶级服务。

第三，"上层建筑是同 经济基础存在着和活动着的 一个时代的产物"，要随着这个基础的消灭而消灭，生命是不长久的。"至于语言，相反地，它是许多时代的产物"，"所以语言的生命是比任何一个基础、任何一个上层建筑的生命都长久得无比"。在一个社会的基础及其上层建筑经过几番更替的过程中，这个社会的语言可能一直保存下来。要在每次革命之后来一个"语言改革"，既无必要，也不可能。

第四，"上层建筑与生产及人的生产行为没有直接联系"。"……上层建筑反映生产力发展水平的改变不是直接发生，不是立刻发生的，而是在基础改变以后，通过生产改变在基础的各种改变上的折光来反映的"。语言则不然，它与生产、人的生产行为和其他一切行为都有直接联系，"因此语言反映生产中的改变是直接的、是立刻发生的，而不等候基础的改变。所以语言活动的范围是包括人的所有各方面的行为，它比上层建筑活动的范围要广泛得多、复杂得多，并且它的活动范围差不多是无限的"。在这一段文字里，作者没有直接去反驳"语言属于上层建筑"这个被反驳论题，而是提出了一个被反驳论题的反论题："语言不属于上层建筑"，然后又从4个方面对这个反论题作了证明。这样，由于反论题"语言不属于上层建筑"真，被反驳论题"语言属于上层建筑"就必假。

### 3. 归谬法

归谬法，又称为"以退为进、引入荒谬"法。归谬法的基本思路是：先假定被反驳的论题为真，然后以这个假定为真的论题为前提进行推理，推出实属荒谬的结论，使得被反驳的论题不攻自破、所含矛盾暴露无遗，从而说明其真实性是不存在的。

这种反驳方法是先假定被反驳论题真，然后由它引出荒谬的结果，这样就构成了一个充分条件假言前提，根据充分条件假言推理的否定后件式，由后件的荒谬，就可确认前件——被反驳论题假。

归谬法是科学研究中常用的反驳方法。

【例5-30】意大利科学家伽利略对亚里士多德关于"物体的下落速度与它的质量成正比"的观点所做的反驳。这一反驳应用了归谬法，它的大意如下：考虑两物体A、B，A比B重。若将A与B捆在一起为A+B，那么，A+B比A下落速度快，还是A+B比A下落的速度慢呢？假定亚里士多德是对的，则由于 A+B 比 A 重，因而下落的速度比 A 快；另一方面，由于 A 比 B 重，B 的下落速度比 A 慢，这样，将两者捆在一起 B 会减缓 A 的下落速度，因而 A+B 比 A 的下落速度慢。但是，"A+B 既比 A 的下落速度快又比 A 的下落速度慢"明显是谬误的，所以，亚里士多德的那个观点是不对的。

归谬法有 3 种主要形式，具体如下。

1）从被反驳的命题中引申出假命题

这种方法是以被反驳的论题做前件，进行充分条件的假言推理，推出一个荒谬的后件。然后根据否定后件必须否定前件的规则，确定被反驳的论题是虚假的。

这种反驳的过程是：

被反驳论题：$p$

如果 $p$，则 $q$

因为非 $q$

所以，非 $p$（根据充分条件假言推理否定后件式）。

【例 5-31】鲁迅在《文艺的大众化》一文里写道："倘若说，作品愈高，知音愈少，那么，推论起来，谁也不懂的东西，就是世界上的绝作了。"这里被反驳论题是"作品愈高，知音愈少"。作者先假定它是真的，由此"推论"出一个违背客观事理的假判断："谁也不懂的东西，就是世界上的绝作了。"这样便构成了一个充分条件假言前提："倘若说，作品愈高，知音愈少；那么，谁也不懂的东西，便是世界上的绝作了。"由后件的荒谬便可推出"并非作品愈高，知音愈少"。既然"并非作品愈高，知音愈少"是真的，那当然"作品愈高，知音愈少"就是假的了。

2）从被反驳的命题中引申出两个相互矛盾的命题

这种反驳方法的一般形式是：

被反驳的论题：$p$

归谬过程：如果 $p$ 真，那么 $p$ 假

3）从被反驳的命题中引申出与其自身相矛盾的命题

结构式如下：

被反驳的命题：$p$

归谬过程：如果 $p$，则 $q$

如果 $p$，则非 $q$，

$q$ 并且非 $q$

所以，非 $p$

需要说明的是，归谬法与反证法既有区别也有联系。区别在于反证法用于论证，它的目的在于确定某一命题为真；归谬法用于反驳，它的目的在于确定某一命题为假。联系在于反证法是通过确定反论题为假间接确定论题为真的，而在确定反论题为假时，一般都使用了归谬法。因此，可以说反证法中包括了归谬法。由于反驳是一种特殊的论证，所以论证的规则也是反驳应遵守的规则。

### （二）反驳论据

反驳论据就是揭露对方所使用的论据是假的，或其真实性未得到证实。因为论据同论题

一样都是以判断的形式出现的，所以反驳论据的分类也同反驳论题一样，分为演绎反驳和归纳反驳，直接反驳和间接反驳。这里只介绍演绎反驳和归纳反驳。

**1. 演绎反驳**

演绎反驳，是指运用各种演绎推理的形式证明对方论据并非真实可靠。

【例5-32】鲁迅讲过这样一段话："上海的教授对人讲文学，以为文学当描写永远不变的人性，否则便不久长。例如，英国，莎士比亚和别的一两个人所写的是永久不变的人性，所以至今流传，其余的不这样，就都消灭了云。" 从这段话里，我们可以看出，"上海的教授"为了证明他的"文学当描写永远不变的人性，否则便不久长"这个不可能科学证明的"论题"，提出了正反两方面的所谓"论据"。正面的论据是"莎士比亚和别的一两个人所写的是永久不变的人性，所以至今流传"。说"莎士比亚和别的一两个人所写的是永久不变的人性"，这不真实，有莎士比亚等的作品为证。"上海的教授"在这里犯了"虚假论据"的错误。反面的论据是"其余的不这样，就都消灭了"。对此鲁迅接着驳斥道："这真是所谓 '你不说我倒还明白，你越说我越糊涂' 了。英国有许多先前的文章不流传，我想，这是总会有的，但竟没有想到它们的消灭，乃因为不写永久不变的人性。现在既然知道了这一层，却更不解它们既已消灭，现在的教授何从看见，却居然断定它们所写的都不是永久不变的人性了。"可见，"上海的教授"所用的这个论据的真实性是未经证实的，也是无法证实的。

**2. 归纳反驳**

归纳反驳，是指运用归纳推理进行的反驳。归纳反驳论据就是运用各种归纳推理形式证明论据并非真实可靠。

一般形式：

被反驳的论据：$S$ 有 $P$ 属性

用以反驳的论据：$S_1$ 无 $P$ 属性，

$S_2$

$S_3$

$S_4$

$\vdots$

$S_n$

$S_1 \sim S_n$ 都是 $S$ 类的个体

所以，并非 $S$ 都有 $P$ 属性。

驳倒了对方的论据，并不等于驳倒了对方的论题，而只是证明对方的论题没有得到确定。

**（三）反驳论证方式**

反驳论证方式，是指证明对方的论题和论据之间没有必然的逻辑联系，犯了退不出来的逻辑错误。

同反驳论据一样，驳倒了对方的论证方式，不等于驳倒了对方的论题。

综上，在我们反驳的时候，可以通过反驳论题、反驳论据或反驳论证方式来进行。在反驳论题、反驳论据和反驳论证方式这三者中，反驳论题是反驳的主要着眼点，是最重要的。因为只要把对方的论题驳倒了，对方的论证也就从根本上被否定了。当然，反驳论据和反驳论证方式也有各自的作用。驳倒论据，可以说明对方没有给自己的论题提供可靠的事实、理论依据；驳倒论证方式说明对方没有给自己的论题提供可靠的逻辑根据。但驳倒了对方的论据或论证方式还不能从根本上否定对方的论题。

### 三、反驳的技巧与方法

#### 1. 针对论据进行反驳

当遇到异议时，作者可以集中精力对论据进行反驳。通过分析异议的论据，找出其中的问题和漏洞，并提供更具说服力的证据反驳外界的观点。

#### 2. 引用权威观点进行反驳

类似于论证中的引用权威来源，作者在进行反驳时也可以引用权威专家的观点，来反驳外界的异议。权威的观点往往具有较高的可信度，对于驳斥异议非常有利。

#### 3. 多角度分析进行反驳

在进行反驳时，作者可以从多个角度进行分析，并提供充分的论据。这样做可以使反驳更全面、更有说服力，进一步增强作者观点的可信度。

## 第四节　案例应用与思考——辩论场中常用的反驳方式

辩论是一种在辩论双方之间通过逻辑推理和论据争辩来解决争议的方式。在辩论中，常常会出现双方持不同观点的情况，因此，反驳成了辩论中常用的一种技巧。反驳的目的是通过有效的论证来击败对方的观点，并证明自己的观点是正确的。辩论场上最考验人的是反驳，辩论场上最激动人心的也正是反驳和对反驳的反驳。下面将介绍一些在辩论中常用的反驳技巧。

### 一、以理服人，正面反驳是最常用的反驳手法

它是用最简单的语言和最简单的逻辑推理证明对方观点的错误。这种方法适用于己方准备充分而对方又未加以充分证明的观点。正面说理反驳由于颇费口舌，在辩论场上只宜用于与辩题最紧密相关的论点上。

例如，论题：体育比赛应该引进计算机裁判。

阶段：反驳陈词。

反方二辩：……当计算机裁判满怀自信步入赛场后，过分地强调准确，将严重弱化体育比赛的观赏性和参与性……

正方二辩：……观赏的是什么？是一种体育美，美的基础是什么？是真。公平就是对真的一种保证。如果连公平都得不到保证，欣赏性从何而来？……

正方二辩用了两个简洁的设问和一个反问就把体育比赛的观赏性与体育比赛的真实性之间的关系讲得清楚明了，使对方观点成了无源之水、无本之木，圆满地完成了反驳使命。需要注意的是，简洁是正面说理反驳制胜的关键。

### 二、针锋相对

针锋相对的思想就是让观众把给对方辩友的掌声加倍偿还回来。方法很简单，就是在对

方精彩的言辞引导下，立即找到一个相似的却对己方有利的事实出来，回敬之，就会给人技高一筹之感。看看下面一段反驳，就清楚其为什么成功。

例如，论题：信息战能取代传统武力战。

阶段：反驳陈词。

反方二辩：……我请问对方辩友：在取得信息优势之后，就一定能取得战争的胜利吗？难道说，为了信息战的火眼金睛，就不要传统武力战的金箍棒了吗？（掌声）……

正方三辩：金箍棒当然可怕，但却阻挡不了唐三藏紧箍咒的信息流。（热烈的掌声）……

这种反驳不在于展示事物之间的逻辑关系，而在于表现辩手临场的机智。要想做到这一点，一方面辩手要在平时注意增加自己的知识储备，另一方面是加强自身心理素质的培养，做到在对己不利时保持冷静与乐观。当然，这样的较量回合太多也不好，一来给人跑题的印象，二来有哗众取宠之嫌。

### 三、顺水推舟

所不同的是，前面以牙还牙是借对方语言的魅力，而这一招顺水推舟是借对方逻辑的力量。说白了，就是用对方的论据证明我方的论点。下面看一段实例吧。

例如，辩题：信息战能取代传统武力战。

阶段：自由辩论。

正方一辩：……面对铺天而来的软件炸弹、逻辑炸弹，亲爱的对方辩友难道还能对着敌人说："亲爱的敌人啊，我们的祖宗家法不可变，让我们打一场传统武力战吧！"你知道敌人在哪儿吗？

反方三辩：而对方辩友所说的威力无比的软件炸弹、逻辑炸弹不正说明信息网络不可靠，所以我们不能把国家安全系于"信息战"这一根绳上吗？

正方一辩本来是想说有了信息战，传统的武力战便英雄再无用武之地；可到了反方三辩那儿，却得出信息网络不安全，不能单纯依靠之的结论来。搞得正方一时无语以对。

那么如何才能达到这种效果呢？关键在于透彻的逻辑分析。如果我们能设计一个二难问题，也就可以"顺水推舟"了。反方三辩用的实际就是一个二难问题：如果信息战没什么威力，那么从战争选用最有效的手段出发，传统武力战显然不会被淘汰；如果信息战威力强大，而它又是一场网络之争，那么从防御的角度来看，单纯依赖网络本身又是危险的，传统武力战还是不会被淘汰。经过这样的逻辑设计之后，反方当然可以"将计就计"了。

### 四、巧作类比

在很多情况下，单纯的说理正面反驳枯燥无味，而且艰涩冗长。运用类比，既能活跃气氛，又能使反驳生动形象，易于理解。下面以实例讲解一下。

例如，辩题：信息战能取代传统武力战。

阶段：自由辩论。

正方二辩，请问未来战争的制高维是什么？……

反方四辩：信息……

⋮

正方三辩：……高位势支配低位势，高层次决定低层次，对方辩友既然已经承认未来战争的制高维是信息，也就是说，对方辩友也承认：信息就是未来战争的主导了？

反方二辩：对方辩友的逻辑就是建房子只要最高层，不要下面的基础。

反方二辩短短一句话，就把正方精心设计的圈套给破解了，这不能不说是类比的功劳。类比反驳简单好用，但要注意：① 类比的两个对象要相似性强，免得观众、评委在极短的时间内反应不过来；② 类比的格调要高，切忌想到什么就比什么，以免起反作用；③ 类比的事物一定要大家熟悉，否则毫无效果。

### 五、未雨绸缪

反驳在先，即我料定你的论点了，在你发言之前，我就先把你的这个论点驳得体无完肤，当你再提出这个论点时，已如吃现成饭般索然无味。

### 六、迂回进攻

怎样才能既有力地驳斥对方，又不知不觉地把对方牵到对我方有利的领域中讨论呢？意识到对方在说什么，我方说什么才有利是首先应当做到的，头脑清醒、反应敏捷的辩手这时就会有上佳的表现。

例如，辩题：象形文字比拼音文字更适用于计算机。

阶段：自由辩论。

正方四辩：事有不能与不为之别。挟泰山以超北海，是不能也，非不为也；为长者折枝是不为也，非不能也。象形文字更适用于计算机，对对方辩友而言，是不为也，非不能也！为何能而不为呢？请对方辩友正面回答！

反方三辩：对方辩友优美的词句，如果拿到计算机上让它去分词，它如何能也，为也呢？

首先，我们应该看到，在这个辩题中，正方显然在感情上占优势，所以正方有希望笼而统之打"煽情战"；但反方在具体的技术事实上占优势，所以反方希望谈具体的技术细节。依据这种思路，反方三辩找到一个很特殊的角度，既巧妙地反驳了对方，又回到了"分词"这一具体技术领域，可谓一箭双雕。

### 七、排炮齐射

那么另一方如何把握这个有利时机呢？这个时候，经历了整场自由辩论，能说得清的道理早已说清，观众也已疲惫。所以此时重要的是气势，而不是道理。此刻是宜驳不宜立；宜排比短句，不宜烦琐辩理。

例如，辩题：信息战取代传统武力战。

阶段：自由辩论之"缺席审判"。

反方三辩：对方辩友孤立地看战争，殊不知不同的政治动因要采用不同的作战方式。

反方四辩：对方辩友一厢情愿地看战争，认为只许你打我，不许我打你。

反方三辩：对方辩友静止地看战争，殊不知不同的战争进程也有不同的战争方式呀！

反方二辩：对方辩友片面地看战争，看不到信息战也是脆弱的呀！

反方四辩：对方辩友脱离条件地看战争，认为索马里人也可以打一场信息战。

反方三辩：对方辩友简单地看战争，居然认为一个信息战可以包打天下。

反方利用最后的机会，轮番轰炸，几位辩手心有默契，统一采用"对方辩友某某地看战争"的方式，气势磅礴，临场产生了具有震撼力的效果。这比起拿起卡片干巴巴地念一番，消耗时间了事要强得多。我们形象地把这样的"缺席审判"称之为"打排炮"。自由辩论若处弱势，排炮可以力挽狂澜；自由辩论若已占优势，排炮更能摧枯拉朽。当然，打排炮时也要注意不要太凶，给人得理不饶人的感觉。也要做到言之成理，不要使人觉得在"扣帽子"。

一场辩论赛能否获胜，很大程度上取决于反驳是否有力。辩论是思维的搏斗，反驳则是交锋的艺术。所谓"兵无定势，水无常形"，或以退为进，或以攻为守；或正面迎击，或迂回包抄……都需依据辩场形势巧作安排。本书只是抛砖引玉，真正思维的火花还得读者自己在辩论场上去碰撞。

另外，还有一些在辩论中常用的反驳方式，具体如下。

### 1. 利用逻辑错误反驳

这种反驳方式主要是通过揭示对方观点中存在的逻辑错误来攻击对方的观点。例如，当对方使用不当的类比、过度推理或无中生有的论证时，可以通过指出这些错误来反驳对方的观点。

### 2. 利用证据反驳

这种反驳方式主要是通过提供有力的证据来反驳对方的观点。例如，当对方提出一个没有实际依据的观点时，可以通过引用相关的研究成果、数据或专家意见来反驳对方的观点。

### 3. 利用反例反驳

这种反驳方式主要是通过提出反例来反驳对方的观点。例如，当对方提出一个普适性原则时，可以找到一个反例来证明该原则不适用于所有情况，从而反驳对方的观点。

### 4. 利用情感反驳

这种反驳方式主要是通过调动情感来反驳对方的观点。例如，当对方的观点带有偏见或情感色彩时，可以通过揭示其偏见或负面情绪来反驳对方的观点。

### 5. 利用演绎推理反驳

这种反驳方式主要是通过演绎推理来反驳对方的观点。例如，当对方的观点和已知事实相矛盾时，可以通过演绎推理来揭示这种矛盾并反驳对方的观点。

### 6. 利用众数原则反驳

这种反驳方式主要是通过指出对方的观点与众数意见相悖来反驳对方的观点。例如，当对方的观点与大多数人的观点相左时，可以通过提出众多专家或大众的意见来反驳对方的观点。

### 7. 利用历史经验反驳

这种反驳方式主要是通过援引历史经验来反驳对方的观点。例如，当对方提出一个与历史经验相悖的观点时，可以通过援引历史上类似情况的发生来反驳对方的观点。

### 8. 利用道德原则反驳

这种反驳方式主要是通过揭示对方观点与道德原则相悖来反驳对方的观点。例如，当对方的观点与人道主义原则相悖时，可以通过揭示其观点的不道德性来反驳对方的观点。

以上是辩论中常用的一些反驳方式，每一种方式都有其适用的场合和优劣势。在实际的辩论过程中，可以根据对方的观点特点和论证方式选择合适的反驳方式，以取得辩论的胜利。同时，在进行反驳时，也要注意控制好情绪和语气，始终保持理性和客观，以提高反驳的效果。在辩论中，反驳是一个非常重要的部分。它不仅是向对方展示自己的观点正确性的机会，也是展示自己辩论能力的机会。一个有效的反驳可以提供强有力的证据和合理的逻辑推理，使对方观点失去说服力。

　　然而，要做到有效的反驳，并不是一件容易的事情。成功的反驳需要一些技巧和策略，以下是一些进行有效反驳的建议。

　　① 理解对方的观点是非常重要的。在进行反驳之前，需要确保自己对对方的观点有足够的理解。这样，才能根据对方的观点进行有力的反驳，而不会做出错误的假设或误解对方的意见。

　　② 选择最有力的反驳方式。在辩论中，不同的反驳方式适用于不同的情况和观点。而在选择反驳方式时，需要根据对方的观点特点和论证方式来判断应该使用哪种方式。有时，使用多种方式的组合来反驳可能更加有效。

　　③ 使用具体的证据和例子支持反驳。一个有效的反驳需要提供具体的证据和例子来支持自己的观点。这些证据可以是科学研究结果、历史事件、专家意见或者个人经验。通过使用具体的证据和例子，可以增加自己的说服力，使对方更加难以继续坚持自己的观点。

　　④ 保持理性和客观。在进行反驳时，需要注意保持理性和客观，并避免过度情绪化或个人攻击对方。一个成功的反驳应该基于事实和逻辑推理，而不是情绪和偏见。通过保持理性和客观，可以更好地展示自己的观点并提高反驳的效果。

# 本 章 小 结

　　本章主要讲解了逻辑思维活动的两个至关重要的环节：论证与反驳。第一节主要介绍了论证的概念，讲解了论证的 3 个要素结构，即论题、论据及论证方式，说明论证的作用。同时进一步说明了论证与推理的关系。另外，根据不同标准，详细讲解了论证的种类，包括演绎论证和归纳论证，直接论证和间接论证，以及间接论证常见的两种方法：反证法和选言证法。第二节分别从论题、论据和论证方式三方面主要介绍了论证的归纳和规律。第三节讲解了反驳的概念、结构，以及反驳与论证的关系，同时详细介绍了反驳的方法及技巧。第四节主要从实际应用的视角，解释了论证与辩驳在辩论场中的合理运用。本章旨在帮助学生从学术研究到日常生活的各种场景下，合理有效地运用论证与反驳，提升学生的逻辑思维的严谨性。

# 本 章 习 题

1. 什么是论证？论证的三要素有哪些？举例说明一种日常生活中逻辑思维活动的论证。
2. 什么是反驳？请通过实际案例详细说明。
3. 简述论证与推理的辩证关系。
4. 什么是归谬法？请通过实际案例详细说明。
5. 以 6~8 人为一组，任选一个生活中的论题，通过论证和反驳的技巧与方法，练习对该论题的逻辑思维活动。

# 参 考 文 献

[1] 陈波. 逻辑学导论 [M]. 5 版. 中国人民大学出版社，2023.

[2] 克莱恩，沙蒂尔，梅布林. 视读逻辑学 [M]. 许兰，译. 合肥：安徽文艺出版社，2009.

[3] 特拉斯特德. 科学推理的逻辑 [M]. 刘刚，任定成，李光，译. 石家庄：河北科学技术
出版社，1990.

# 第六章　逻辑谬误与诡辩

在推理和辩论过程中，洞察和避免逻辑谬误与诡辩是提升逻辑应用能力的关键所在。本章将深入探讨逻辑谬误与诡辩的含义及其内在关系，通过分析各种常见的逻辑谬误，帮助读者熟练识别这些谬误，通过分析常见的诡辩手法，并提供应对策略，使读者能够在实际应用中有效驳斥诡辩。通过本章的学习，读者将能够识别和分析逻辑谬误与诡辩，从而在推理和辩论中能更加严谨、有效地表达和分析观点。

## 第一节　认识逻辑谬误与诡辩

在日常生活中，有各种形式的辩论和对话，例如，家庭聚会中与亲戚讨论某个社会问题，在社交媒体上与朋友探讨热门话题。然而，在这些交流中，人们可能不经意间进入了逻辑的泥沼，陷入了谬误与诡辩的陷阱。这些场景中隐藏着一些常见的逻辑谬误与诡辩技巧，它们不仅干扰人们对事实的判断，也会削弱论证的有效性。因此，理解和识别这些逻辑陷阱，不仅能提高思辨能力，也有助于更理性地进行沟通。

辨析例 6-1 和例 6-2 哪个属于谬误，哪个属于诡辩。

【例 6-1】在《韩非子》中，有一则关于"卜子之妻"的故事：郑县人卜子，使其妻为裤（做裤子），其妻问曰："今裤何如？"夫曰："象吾故裤。"妻子因毁新令如故裤。

【例 6-2】齐国的晏子出使到了楚国，楚王设宴赏酒，酒喝到尽兴处，两个小官押了一个人来见楚王，这显然是楚王早已导演好了的一出戏。楚王装模作样地问道："捆的人是干什么的？"押解者答道："是齐国人，因为偷东西捉来的。"楚王转过身来，开始奚落晏子说："原来齐国人都是擅长偷东西的。"晏子马上站起来说："我听说，橘生淮南则为橘，生于淮河之北则为枳，二者叶子相似，但果实味道却不同，这就是水土相异造成的，人也是一样的道理，这人生长在齐国安分守己，一到楚国就学会了偷东西，这不是楚国的水土适合培育小人吗？

### 一、谬误

#### 1. 什么是谬误？

亚里士多德是系统化研究谬误的先驱之一，在他的著作《工具论》中详细讨论了各种逻辑谬误。他提出："谬误是推理的失败，这种失败源于思维的错误推论。"这句话指出了谬误的本质，即逻辑推理中的失败和错误。

谬误有广义和狭义的区分。广义的谬误跟真理相对，是指与客观实际不一致的认识。狭义的谬误是指违反思维规律或规则的议论，特别是指推论中的逻辑错误。本章所述的谬误，主要是指狭义的谬误，指具有一定迷惑性的逻辑错误。这些逻辑错误往往违反了思维和表达的一些基本规范，如偷换概念、诉诸权力、轻率概括、稻草人谬误、语词歧义谬误等逻辑错误。理解和识别谬误不仅能提高人们的思维能力，还能提高人们的沟通效果和决策质量。

### 2. 逻辑谬误举例

有关逻辑谬误的例子。

【例6-3】鲁迅的作品不是一天能读完的，《孔乙己》是鲁迅的作品，所以《孔乙己》不是一天能读完的。

此处为偷换概念的逻辑谬误，第一次提到"鲁迅的作品"，理解为鲁迅所有的作品；但是在结论中，指的却是鲁迅的单个作品《孔乙己》。这是典型的"偷换概念"，因为前提中的"鲁迅的作品"是一个集合概念，而结论中的"鲁迅的作品"是个体概念，两者并不相同。

## 二、诡辩

### 1. 什么是诡辩？

黑格尔在《哲学史讲演录》中曾说过："诡辩这个词，通常意味以任意的方式，凭借虚伪的依据，或者将一个真的道理否定了，弄得动摇了；或将一个虚伪的道理弄得非常动听，好像真的一样。"

因此，可以概括诡辩是一种故意使用似是而非、模棱两可的论证方式来迷惑、误导他人的行为，实际上是有意识地故意地违反逻辑规律和规则。诡辩是一种论证，是违反逻辑规律或规则的似是而非的论证。作为诡辩的论证，或者论题虚假，或者论据虚假，或者推理形式非有效。

在写作、辩论、日常人际交往、学习、生活中，诡辩大多时候是一种令人生厌的行为。它意味着指白说黑，胡搅蛮缠，强词夺理。在诡辩中问题得不到说明、解决，信息无法顺畅地沟通，人与人之间的关系也会变得误会丛生。但也不乏一些哲人、智者在身陷逆境，左右为难时，通过诡辩成功脱困，他们所呈现的机智与敏捷，不免让人笑从心生、见贤思齐。

### 2. 诡辩举例

有关诡辩的例子。

【例6-4】

甲："昨天的美展我只看了你画的那一幅画。"

乙："谢谢。"

甲："别客气，因为别人的画前都挤满人。"

这种诡辩经常被称为"歧义性诡辩"或"模糊性诡辩"，通过含糊不清或者具有多重意义的表达，引导对方误解。

## 三、逻辑谬误与诡辩的关系

### 1. 二者的区别与关联

从定义上看，逻辑谬误与诡辩之间的主要区别在于意图和自觉性。逻辑谬误可能是无意的，是由于缺乏足够的逻辑训练或是在推理过程中的疏忽造成的；而诡辩则是有意的，是一种故意的、为了达到某种目的而采取的欺骗性言论或论证。

尽管如此，逻辑谬误和诡辩在实践中往往是相互关联的。诡辩者可能会故意利用已知的逻辑谬误来构建其论证，因为这些逻辑谬误在表面上看起来是合理的，可以更容易地说服不熟悉逻辑学的听众。同时，一个无意中犯下的逻辑谬误也可能被诡辩者有意识地采用和放大，以支持其论点。

### 2. 多角度比较

另外，可以从产生原因、对个人影响、对社会影响等几个角度进行逻辑谬误与诡辩的比较，具体如下所述。

产生原因的角度：谬误往往源于对事实或逻辑的误解、忽视或偏见；诡辩则可能出于个人目的、利益驱使或意识形态偏见。

对个人影响的角度：谬误可能导致个人做出错误决策或判断；诡辩则可能使个人被误导、欺骗或产生偏见。

对社会影响的角度：谬误与诡辩在社会舆论、政治决策、学术研究等领域中广泛存在，可能对社会稳定、公正和进步产生负面影响。

### 3. 案例辨析

明确了逻辑谬误与诡辩的含义与关系，例 6-1 和例 6-2 哪个属于逻辑谬误，哪个属于诡辩，是否可以解答了？

【例 6-1】解析：此案例属于逻辑谬误。这个故事揭示了沟通不当和模糊概括导致的逻辑错误。卜子的模糊概括和妻子的字面理解都导致了不必要的损失。这个故事教导人们在沟通中应该尽量避免模糊和不明确的表达，以确保对方能够准确理解要表达的意思。同样，也提醒人们在接收到信息时，要考虑上下文和可能的多重含义，避免过度字面化地解读。通过这样的故事不仅反映了古代生活中的真实场景，同时也揭示了人类沟通中的常见问题，教导人们如何更好地进行有效沟通及避免逻辑谬误。

【例 6-2】解析：此案例属于诡辩。千百年来晏子使楚的故事一直广为人们传颂并津津乐道，因为它既是一个斗智的故事，也是一个善用诡辩的幽默故事。楚王在外交场合，刻意做了一场戏，然后拿它说事以偏概全：由抓住一个小偷是齐国人，推出所有齐国人都善偷，失礼在先。晏子如果光从逻辑推理上揭穿其破绽，始终处于下风，而且毫无趣味。晏子没有循着正常的逻辑思维去辩解，而是运用诡辩的手法以机械类比为切入点，反守为攻，以毒攻毒。拿"橘生淮南为橘，生淮北则为枳"作比，说明齐国人本不偷盗，到楚国后才变为小偷，就像"橘"变"枳"一样。楚国成了"培育"小偷之国，这当然是在强词夺理。因为橘变枳取决于水土，而水土却对人的变化没有直接的影响。由于楚王挑衅无礼在先，而且使用的也是诡辩手段，所以最终只能自讨没趣，甘愿认输。

# 第二节　识别与分析逻辑谬误

## 一、辨识逻辑谬误的目的

所谓逻辑谬误，就是指一个人在论述中犯了推理错误，进而产生误导。如果没有逻辑思维能力，在很多问题的认知上也会出现偏差。那么，怎样培养一个人的逻辑能力？或许，学会识别常见的逻辑谬误就是一个很好的起点。

辨识谬误的目的主要在于提高思维的准确性和逻辑性，通过识别和分析错误的推理、错误的论证或是不合逻辑的结论，能够更加严谨地处理信息，做出更加合理的判断和决策。具体而言，辨识谬误的目的包括以下几方面。

提高批判性思维能力：通过学习和识别各种逻辑谬误，能够锻炼自己的批判性思维，不仅能够识别别人的错误思维，也能够避免自己陷入同样的逻辑陷阱。

增强论证的有效性：在辩论、写作或是日常的沟通中，能够避免使用逻辑谬误，使论证更加有力，更能说服他人。

提升决策的质量：在生活和工作中，人们需要做出各种决策。通过辨识谬误，可以更加理性地分析问题，避免因逻辑错误而做出错误的决策。

增进理解和沟通：在与人交流时，能够识别对方话语中的逻辑谬误，有助于更准确地理解对方的观点和立场，从而更有效地进行沟通和交流。

培养科学思维：科学研究要求严格的逻辑性和证据支持。通过辨识谬误，能够更加符合科学思维的要求，提高研究的严谨性和可靠性。

总之，辨识谬误的目的在于通过提高逻辑思维能力，使人们能够更加理性、有效地处理信息，做出判断，以及在各种情境下更好地表达和沟通自己的观点。

## 二、常见的逻辑谬误

逻辑谬误可以分为形式谬误和非形式谬误两种。

### （一）形式谬误

形式谬误：即"形式的推不出"，是指结构上的谬误，指不依据形式逻辑推理规则进行推理、演绎、论证而导致的逻辑谬误。即使所有的前提都是真实的，由于逻辑结构本身的错误，结论仍然可能是错误的。

**1. 否定前件的谬误**

典型形式："如果 A 那么 B；非 A；故非 B。"

【例 6-5】如果是鸟类，那么终将死亡；人不是鸟类；故人不会死亡。

这是对直言三段论的误用。直言三段论的形式："如果 A 那么 B；A，故 B。"正确的推理应该是："如果是鸟类，那么终将死亡。它是鸟类。所以它终将死亡。"

**2. 肯定后件的谬误**

典型形式："如果 A 那么 B；C 是 B；故 C 是 A。"

【例 6-6】如果是油条，那么是好吃的；面包是好吃的；因此面包是油条。

这同样是对直言三段论的误用。这种推理是错误的，因为从"B"成立并不能推导出"A"成立，后件"B"可以由多个不同的前件导致。

**3. 假两难推理的谬误**

典型形式："A 或 B；非 A；故 B。"

【例 6-7】你要么支持这个政策，要么你不关心这个国家的未来；你显然不支持这个政策；因此，你不关心这个国家的未来。

这是对选言三段论的误用，是一种常见的非形式谬误。这种谬误将多个可能性简化为只有两个对立的选择，从而排除了其他合理的选项。这样做的结果是人为地限制了讨论范围，并强迫接受者在两个选项中选择一个，而实际上可能存在更多的可能性。选言三段论是一种有效的逻辑推理形式，但与假两难推理不同，前提中必须覆盖所有可能性。级联起来则是这种形式："$P_1$ 或 $P_2$ 或 $P_3$……或 $P_n$；非 $P_2$ 且非 $P_3$……且非 $P_n$；故 $P_1$。"

### （二）非形式谬误

非形式谬误即"非形式的推不出"，实质上就是前提错误谬误，这是指依据错误的前提进行推理、演绎、论证而导致的逻辑谬误。例如，不承认客观世界独立于意识存在，是有关内容、实质的谬误，这些想法形式上可能正确，但内容有误，它一般分为相关谬误、歧义谬误和论据不足谬误等类型。

#### 1. 相关谬误

相关谬误是论证的论据与论题在心理上相关，而不是在逻辑上相关。论证者利用语言表达情感的功能，以言辞来激起人们心理上的恐惧、敌意、怜悯或热情，引诱人们接受其论题。常见的有：诉诸权力、诉诸人身、人身攻击、诉诸权威、诉诸无知、诉诸怜悯、诉诸众人等逻辑谬误。

1）诉诸权力谬误

诉诸权力谬误也称诉诸强力，是指论证者借助强力或威胁，迫使人接受其论题。其一般公式是"我有强权，所以我说的是真理。"

【例6-8】某国国会开会讨论一个提案，议员们由于不赞成提案，在一片叫骂声中全体愤然起立，主持人见状立马宣布说："赞成者请起立！好！因为全体赞成，所以本案通过！"

这个例子里会议的主持人显然是在利用自己的权力迫使人接受其论题，是一种诉诸权力谬误。

2）诉诸人身谬误

诉诸人身谬误是指用论证者自身或别人在人身或处境上的优势作为论据来论证某一个命题的真理性。

【例6-9】某某人格高尚，他的话可信。再如，某人在研究机关工作，所以他写的文章一定有学术价值；某人研究伦理学，所以他的言语和行为一定符合道德规范；某人研究逻辑，所以他的话一定符合逻辑等。

常言说："智者千虑，必有一失。"人的出身、经历、职业、地位等各种处境优势，都不能成为论证其论题真的充足理由。

3）人身攻击谬误

人身攻击谬误是指用某人在人身或处境上的缺陷或不足作为反驳他所持的某一个论点的论据。人身攻击也是诉诸人身的一种情况。

【例6-10】他曾经犯过错误，他说的话不可能是真的。再如，某人很富有，所以他一定在道德修养上有问题；某人很穷，所以他一定见钱眼开；某人当官，所以他一定会"官官相护"。

通常说："不能因人以废言"，某人虽然过去曾犯过错误，但他现在所讲的话却未必假。人身或处境上的缺陷或不足，和所论证的论题并无逻辑联系，仅仅具有某种心理上的相关性而已。

**4）诉诸权威谬误**

诉诸权威谬误是指在论证中以本人或他人的权威为根据来论证某一论题。诉诸权威也可以看成诉诸人身的一种情况。其公式是：因为某人是权威，所以他的话是正确的。

**【例6-11】**"地心说"是不能怀疑的，因为亚里士多德就是这么认为的。

在中世纪，亚里士多德在西方科学和哲学界享有极高的权威地位。人们普遍认为，亚里士多德所说的就是真理。然而，地心说最终被哥白尼的日心说及后来的许多科学研究所推翻，这显示了科学知识的不断进步。权威不可随便抹杀，在相当的范围内，权威是应该尊重的。但在相当范围以外，权威就应该受到限制了。

**5）诉诸无知谬误**

诉诸无知谬误是指以人们对某一个命题的无知为根据，从而断言该命题是真的。其公式是：因为尚未证明A假，所以A是真的；或者因为尚未证明A真，所以A是假的。

**【例6-12】**鬼是存在的，因为还没有人能够证明鬼是不存在的。

实际上，人们对某一现象领域的无知，根本不能成为对该领域下断语的逻辑理由。逻辑推论的实质，是由已知推测未知，而不能把未知作为知的理由。

**6）诉诸怜悯谬误**

诉诸怜悯谬误是指借助打动人们的怜悯心、同情心，以诱使人们相信某一命题。

**【例6-13】**学生李某数学没考好，他找到老师说："如果您给我不及格，我的奖学金就没了。"

在这个例子中，李某试图通过强调自己可能失去奖学金的可怜境况来影响老师的判断，而不是通过讨论他的实际成绩。这种诉诸怜悯的方式可能会诱导老师给出一个与李某成绩并不相符的评估，因为它利用了人的同情，而不是评估实际学术能力。

**7）诉诸众人谬误**

诉诸众人谬误是指援引众人的意见、见解、信念或常识等来进行论证。其一般公式是：因为众人都这么认为，所以是正确的。

**【例6-14】**鬼是存在的，因为很多人都说见到过鬼。

现实生活中，多数人的意见是值得尊重的。但是，众人的意见未必都是真理，有时真理掌握在少数人手里，而众人的看法却是谬见。例如，在哥白尼之前，众人认为太阳和其他行星都是绕地球旋转，但这并不符合事实。

**2. 歧义谬误**

语言是思维的工具，是人类重要的交际工具。它有传递信息、交流思想、表达感情、影响态度、给出指示、引导行为等功能。要顺利发挥语言的功能，实现成功的交际，就应该使语言具有清楚明确的性质，避免各种歧义。违反语言明确性原则，就会导致各种歧义性谬误。常见的有：语词歧义、构型歧义、含混笼统、断章取义、非黑即白、稻草人、合成、分解等谬误。

**1）语词歧义谬误**

语词歧义谬误是指在同一个语境中，一个语词或短语的不同意义被混淆使用。

**【例6-15】**偶然事件是经常发生的，遭雷击是偶然事件，所以遭雷击经常发生。

此例中两次出现的"偶然事件"，意思不一样，属于典型的语词歧义谬误。

2）构型歧义谬误

构型歧义谬误是指因语法结果不严谨所导致的语句整体上的歧义。

【例6-16】曾经有人要求算命先生测算一下自己父母的存殁情况，这位算命先生只说了一句话："父在母先亡"。

构型歧义谬误可以导致误解或误导。如果对这句话的主语、状语等作不同的结果分析，可以产生许多不同的语义，从而将自己父母存殁的各种可能情况都包括进去。因为这句话至少可以做以下几种理解：父亲还在，母亲已先死；母亲还在，父亲已先死；父母均还在，但父亲将先死；父母均还在，但母亲将先死；父母均已死，但父亲先死；父母均已死，但母亲先死。理解和识别这种谬误有助于更准确地解析信息，并在表达中更加严谨，避免不必要的误解。

3）含混笼统谬误

含混笼统谬误是指语言表达式的所指与意义不明确、不具体所导致的谬误。语言具有指谓、交际的功能。语言表达式的内涵（含义）和外延（所指）应该清楚明确，否则其指谓功能就不能体现。

【例6-17】曾经有三位赴考者，在路上遇到一个算命的人。三人要求算一下他们赴考的结局如何？算命者竖一指以示。

这个例子中，算命者的动作（竖一指）没有明确说明其具体含义，导致其预测结果可以有多个解释，不论最终结果如何，都能与其模糊的预测对上。这正是含混笼统谬误的典型特征。算命者的表达，相当于一个符号，至少可以包含以下含义：一人考中；一人考不中；一齐考中；一齐考不中。最后不管出现什么结果，都跑不出算命者所"预言"的范围之内，当然容易使人上当。

4）断章取义谬误

断章取义谬误是指在引用别人的话时，使其脱离原来的语境，从而具有不同的含义。

【例6-18】有位评论家在谈到一部小说时曾说："我不喜欢这本书。也许在行至孤岛的情况下，没有了别的书，我才会喜欢它。"而出版商在引用这位评论家的话时，竟然说这位评论家自称"在行至孤岛的情况下"，仍然"喜欢它"。

这个例子中，出版商把原话中的贬义篡改成褒义，显然是在断章取义。

5）非黑即白谬误

非黑即白谬误是指在两个极端之间不恰当的二者择一。这里黑白比喻两个极端。

【例6-19】这个杯子的颜色不是黑色，那它一定是白色的。

在这个例子中，断言一个杯子如果不是黑色，那它一定是白色的，这显然忽略了其他可能的颜色，如红色、蓝色、绿色等。这个逻辑谬误在于将问题简化为两个极端选项，而没有考虑到实际上可能存在的多种情况和选择。

6）稻草人谬误

稻草人谬误是指在论证过程中，通过歪曲对方来反驳对方，或者通过把某种极端的观点强加给对方来丑化对方，就像树立了一个稻草人做靶子，并自欺欺人地认为：打倒了稻草人就打倒了对方。

【例6-20】
甲："我认为孩童不应该往大街上乱跑。"

乙："把小孩关起来，不让他们呼吸新鲜空气，那真是太愚蠢了。"

这个例子中除了把小孩关起来以外，显然还有许多方法让孩童出门而不在大街上乱跑，因而前者无法推理出后者。乙攻击的论点"应该把小孩关起来"是甲从未提出的，也无法从甲提出的论点推理出来，只是个稻草人，和甲的真正论点毫无关系。

7）合成的谬误

合成的谬误是指由部分的性质不恰当地推论整体的性质。在各种实际应用场景中，通过具体分析部分和整体的关系，可以提高决策和论断的科学性与合理性。

【例 6-21】某台戏的每一幕都很好，所以整台戏很完美。

这个例子中把一台戏的每一幕都很好，推论出整台戏在艺术上是完美的，显然犯了"合成"的逻辑错误，因为部分表现不代表整体，忽略了整体和谐。通过认识和避免合成谬误，可以帮助人们在分析和推理中保持准确性与全面性，避免因简单化的推论而产生误解或误导。

8）分解的谬误

分解的谬误是指由整体的性质不恰当地推论到部分的性质。在各种实际应用场景中，通过具体分析整体与个体的差异，可以提高决策和论断的科学性与合理性。

【例 6-22】某学校体检数据显示大三学生平均身高高于大一学生，因此，大三学生中某一名较矮的同学一定高于大一的学生。

这个例子中由大三学生平均身高高于大一学生，就推论出大三学生中某一名较矮的同学高于大一的学生。这个推论存在明显的逻辑错误，因为整体平均不代表个体，忽略了个体差异性。认识和避免分解谬误，可以帮助人们在分析和推理中保持准确性与全面性，避免因简单化的推论而产生误解或误导。

### 3. 论据不足谬误

论据不足的谬误，是指由于缺乏论据的充分支持，而使论题不能成立的错误论证。常见的有：特例、平均数、数据不可比、虚假相关、循环论证、虚假原因等谬误。

1）特例谬误

特例谬误是指把一般原则误用于特殊和例外的场合所出现的错误。又称"以全概偏的谬误"或"偶然的谬误"。一般原则总有其应用的具体情况和范围，如果不考虑其应用的具体情况和范围，就会出现特例谬误。

【例 6-23】某公司为了节省开支，员工出差只准买最便宜的机票。但我是老板，所以我可以买最好的。

这个例子中忽略了老板这个特例，其特殊要求可能需要特殊对待，而不是简单地适用于一般规则。由于规则在一般情况下成立，但在具体特例中不适用，从而导致逻辑错误。那么在制定和使用原则时，细化规则的适用条件，防止误用。

2）平均数谬误

平均数谬误是指忽略了实际情况和数据的具体分布，以平均数的假象为根据引申出一般结论的错误论证。虽然平均数在统计学中有重要用途，但如果不考虑数据的变异性和具体情况，得出的结论可能误导。

【例 6-24】三个统计学家打猎，碰上一头大鹿。第一个人开火，结果偏左一米。第二个人开火，结果偏右一米。第三个人放下枪，欢呼胜利："平均而言我们打中了！"

这个例子中，平均而言打中了，没有任何意义。逻辑错误体现在，第一，忽视了个体差异，每个统计学家的射击实际上都未击中目标。第二，误导性结论，即使平均而言，两次射击的偏差合为零，但实际上目标没有被击中，结果并不符合实际。

3）数据不可比谬误

数据不可比谬误是指用不可比的两个数据所进行的错误相比论证。

**【例6-25】** 在美国与西班牙作战期间，美国海军强调"海军的死亡率比纽约市民的死亡率还低"，纽约市民的死亡率是1.6%，而尽管是战时，美国海军士兵的死亡率也不过0.9%，于是刊登广告鼓励青年参加海军。

这个例子中，1.6%和0.9%这两个数据是不可比的，二者具有明显的区别。因为海军士兵是经过体格检查选拔出来的身强力壮的年轻人，而纽约市民中有不少婴幼儿、老年人和各式各样的病人。正确比较战时海军与普通市民的死亡率，应该选择同等条件的抽样，即在纽约市民中选择与海军士兵同样年龄和健康状况的数据，这样才能得出正确的结论。

4）虚假相关的谬误

虚假相关的谬误是指把并非真正相关的两类事件，误认为是密切相关的错误论证。

**【例6-26】** 某国居民喝牛奶的比例与得癌症的比例都很高，于是误以为喝牛奶是患癌症的原因。

在这个例子中，虽然喝牛奶的比例与得癌症的比例都很高，但这两个现象可能仅仅是巧合，存在共存关系，却不一定存在因果关系。实际上，有其他许多因素（如生活方式、基因、环境污染等）可能影响癌症的发病率，而牛奶的摄入量并不一定是其中的原因。

5）循环论证谬误

在一个论证中，论据的真实性不应当靠论题的真实性来论证。论题的真实性就是从论据的真实性推出来的，如果论据的真实性反过来还要靠论题来论证，就会形成论题和论据互为论据互为论题的情况，实际上等于没有论证。这样就会犯"循环论证"的逻辑错误。

**【例6-27】** 这个产品是最好的，因为它销量第一。销量第一证明它是最好的产品。

在这个例子中，论证没有提供实际的理由或证据来证明产品的质量，仅仅依靠销量和"最好的产品"之间的循环来支持结论。然而，这个理由本身并没有提供任何新的独立证据来支持结论，而是变相重复了结论内容。

6）虚假原因的谬误

虚假原因的谬误指在论证中错误地将两者之间的关联解释为因果关系，尽管对它们的实际关系并没有充分的证据。简言之，是把本来不是给定原因的东西误以为是该结果的真实原因。

**【例6-28】** 甲、乙二人去酒馆喝酒。第一晚喝了威士忌和水，第二夜喝了白兰地和水，第三晚喝了伏特加和水，三晚都喝得酩酊大醉。既然三晚都喝了水，并且都醉了，于是认为喝水是醉酒的原因。

在这个例子中，甲、乙二人得出结论认为喝水是醉酒的原因，这显然忽略了另一个更加明显和合理的原因：每晚喝的含有高酒精度的饮品（威士忌、白兰地、伏特加）才是导致他们醉酒的真正原因。水在这里仅仅是一个共同存在的变量，但它本身并没有导致醉酒。

### 三、逻辑谬误的辨析

逻辑谬误是在推理过程中出现的错误，这些错误可能是由于不恰当的推理结构、错误的假设或是对事实的错误解释造成的。对于逻辑谬误的辨析可以从以下几个方面考虑。

① 识别前提和结论：首先要分辨出论证中的前提（论证的基础或假设）和结论（论证的结果或主张）。了解论证的结构有助于识别出在推理过程中可能出现的错误。

② 评估前提的真实性：检查论证的前提是否真实、准确。如果前提是错误的或者没有充分的证据支持，那么基于这些前提的结论也可能是错误的。

③ 检查逻辑连接：分析前提之间及前提与结论之间的逻辑联系。即使所有的前提都是真的，但如果它们之间的逻辑联系有误，结论也可能是错误的。

④ 识别常见的逻辑谬误：了解和识别一些常见的逻辑谬误类型。

⑤ 寻找反例：尝试找到能够反驳论证的例子。如果可以找到至少一个反例，那么论证可能存在逻辑谬误。

⑥ 请求澄清：如果论证中的某些部分不清晰，请求提出论证的人澄清。有时候，逻辑谬误的出现是因为概念或论点没有被清晰地表述。

⑦ 考虑其他解释：即使论证看起来合理，也要考虑是否有其他可能的解释。有时候，人们可能会忽略其他解释，错误地接受了一个似是而非的论证。

⑧ 辨析逻辑谬误是提高论证质量和决策准确性的重要手段。通过识别和避免常见的逻辑谬误，有助于人们在各个领域做出更加科学和合理的判断，有助于人们在复杂问题中理清事实，得出可靠结论。

# 第三节　识别与分析诡辩

## 一、辨识诡辩的目的

西方哲学史上，黑格尔是第一个对诡辩论做系统批判的哲学家。黑格尔揭露了诡辩论有意颠倒是非、混淆黑白的特点。中国最权威的汉语大词典《辞海》则如此定义诡辩：不是客观地从事物的全面联系把握问题，而是由主观出发，任意挑选事物的一面作为借口，或以事件的表面相似为根据，作似是而非的论证来颠倒黑白、混淆是非。无论是西方哲学，还是中国的古典记载，诡辩论是一种论证方法，它的根本特点是一种歪曲的论证。然而，诡辩既不同于一般的武断（根本没有理由，人们一看就看得出它是强词夺理），也不同于谣言（纯粹是无中生有，人们一听就能听出它是居心险恶），生活中或特定场景下巧妙的诡辩还可以增添一些幽默或生活的情趣。

在人们的日常语言和思维中存在着某些机巧、环节、过程，如果不适当地去处理，语言和思维本身就会陷入混乱和困境。诡辩者在论证其道理时，总是要拿出一大堆的"根据"，所以，在表面上很能迷惑一部分人。擅长诡辩术的人是地地道道的"常有理"，看起来真理好像永远站在他的这一边。但是，种种诡辩手法，可以是玩弄歪曲真理与掩盖真理的种种骗人的把戏，为某种言行强行辩解；种种诡辩手法，可以是对语言和思维本身的把握和好奇，是对其中某些过程、环节、机巧的诧异和思辨，可以通过对逻辑规律或规则的违反甚至是破坏来造成人们的心理期望扑空或自身体验与现实的矛盾冲突从而达成幽默效应。

因此，辨识诡辩，第一，有助于科学思想的深化和精确化，在实践中加强对诡辩及其形形色色变种的批判，澄清是非，识别真假，保持各项工作的正确方向，不断提高实践水平；第二，研究诡辩的类型和驳斥方法，强化逻辑论证和论辩的技巧和能力；第三，诡辩是一种有较强修辞技巧、劝服力的行为，为劝服提供了修辞技巧，为喜剧劝服提供了笑料制造的技巧，为逻辑论证提供了新的方向。可以在一定范围内进行适当的运用，例如，在辩论赛，化解生活矛盾等。

## 二、常见的诡辩手法

### 1. 模糊判断的诡辩

这是一种最典型也最原始的方法。诡辩者故意违反论题要明确的原则，论点含混暧昧，似是而非，企图在不同的情况下作不同的解释，为自己的某种目的辩护。

**【例 6-29】**"孕妇慎服"和"儿童酌减"这样的语言标签常见于药物说明和产品使用指南中。

在这个例子中，这些措辞本身是模糊的，没有提供具体的指导。例如，"慎服"应该具体到什么程度？"酌减"又应该减多少？这种模糊性让消费者难以做出明智的决策，很可能会引发某些误解或诡辩。

**【例 6-30】**王媒婆做媒的故事。有个姑娘是豁子嘴，托王媒婆找个人家，有个小伙子没鼻子，也托王媒婆找个媳妇。王媒婆一想，让他们瘸驴配破磨吧。她到女家说"有个小伙子就是眼下没啥"。女家心想，人好就中！说："穷点怕啥。"王媒婆到男家说："有个姑娘就是脾气暴嘴不好。"男家一想，年轻人有点脾气不算啥毛病，说："我们不嫌。"一来二去亲事说成了。小伙子娶了媳妇，一看是个豁子嘴，姑娘做了媳妇，一看男人没鼻子，两口子都气呼呼地去找媒婆。王媒婆说："我没瞒着你们呀。"指着小伙子对姑娘说"他眼下没啥，你看他有鼻子吗？"又指着姑娘对小伙子说："她脾气暴嘴不好，你看她的嘴不是不好吗？"小两口听了，一想也没啥法，生米煮成了熟饭，将就将就吧。

在这个例子中，王媒婆利用双方理解上的歧义，用含糊其词、秘而不宣的花招隐瞒了真相。好在古代男女婚前不能见面，生米煮成了熟饭，并且双方都是半斤八两。

### 2. 偷换概念（论题）的诡辩

诡辩者故意把两个相近或相似的概念（论题）加以偷换或混淆，从而达到在论辩中取胜的目的。

**【例 6-31】**一服装摊点的小贩正高声叫卖："高档衬衣 68 元减价 20 元一件！"一位妇女上前挑选一件并递上 20 元，小贩子却勃然怒道："20 元就想买一件，上哪找这样便宜的事！""你不是说 20 元一件吗？""68 元减价 20 元是 48 元。"

在这个例子中，小贩子耍了花招，玩弄了"偷换概念"的把戏。"68 元减价 20 元"一句有歧义，一层含义是 68 元减价到 20 元，即每件 20 元，这位妇女就是这样理解的。另一层含义是 68 元减价了 20 元，即每件 48 元。小贩子故意使用模糊语言引诱顾客上当。

**【例 6-32】**一场暴风雨过后，坐在船上的一个富商嘲笑奈克拉特的学生阿里斯庇普说："我一点都没害怕，你却脸都吓白了，难为你还是个哲学家！"阿里斯庇普答道："这一点也不奇怪，我害怕的是希腊失去我这个哲学家，损失太惨重，你当然不用担心，如果你淹死了，充其量不过少了一个白痴。"

在这个例子中，面对富商的嘲笑，哲学家阿里斯庇普并没有直接回答他对自己胆小和狼狽的指责，却顺着富商的最后一句话，把害怕的话题成功地进行了偷换，仿佛他对个人生死满不在乎，只是为国家失去一位哲学家而担心紧张。同时，还不失时机地反击富商，说他不担心是由于他是一个白痴。当然阿里斯庇普的言语似乎有失厚道，但他机智的掩饰却叫人不得不在一笑之余由衷地赞叹。

### 3. 以人为据的诡辩

诡辩者在论证中，把对某人的品质的评价转移到对某人提出的论断的评价上去，并没有考虑他们的言行是否符合客观实际。

**【例 6-33】** 报载一位老师因自己班上丢了东西，又一时查不出是谁偷的，竟荒唐地让全班同学投票"选小偷"。当被"选举"出来的同学问有什么证据时，这位老师竟摇晃着那一叠"选票"说："大家选你，你就是小偷。"

在这个例子中，全班同学的投票结果是主观的，可能受到各种偏见和误导性信息的影响。另外，错误地通过主观看法而不是客观证据来判断一个人是否有罪，是一种以人为据的诡辩。

### 4. 滥用权威的诡辩

诡辩者对论题不作任何论证，只是拿出权威的只言片语吓人、骗人。换句话说，是用权威人士的个别言论代替对论题的逻辑论证。

**【例 6-34】** 广告者重金聘请一些影响力大的艺术家或名人（影视明星）为某产品代言人，利用部分消费者对其崇敬或崇拜心理（自己崇拜的人都说这东西好，肯定错不了）进行促销。

在这个例子中，明显的是一种滥用权威的诡辩，是一种消费误导。如果让这些代言人推荐某个戏剧、电影或小说一定会有相当的效果，因为艺术是他们的专长；如果让他们推荐某产品，他们除了专长业务之外，对某种产品的了解程度和普通消费者并没有什么两样。因为权威只是相对的，即在一定的条件下是权威，超出了这个范围，就未必是权威。再说，他们对产品的质量并未亲身体验（或检验）过，广告词都是广告者预先为他们写好的。

### 5. 歪曲原意的诡辩

诡辩者故意用片面的、不充足的根据冒充全面的、充足的论据去进行论证，以个别情况片面概括为一般。

**【例 6-35】** 某商店老板对一位稽查人员说：我卖的就没有掺水。要是我的酒掺水，能这么好喝吗？稽查人员说：你看，你已经承认你的酒掺水了。

在这个例子中，稽查人员使用了歪曲原意的诡辩手法。他故意曲解了商店老板的话，再根据这个曲解来得出结论。

### 6. 虚假论据的诡辩

诡辩者指故意违反论据要真实的规则，用编造的例证和错误的原理作为论据，去论证错误的论题。

**【例 6-36】** 一位朋友试图说服另一位朋友加入某个投资项目。

说服者：你应该加入这个投资项目。你知道，最近小王也加入了，而且他对投资非常有眼光。

被说服者：但是我听说这个项目风险很大，回报并不稳定。

说服者：但是你看看比尔·盖茨和沃伦·巴菲特，他们都是投资界的佼佼者，也都是冒险的人。如果他们当初不愿意冒险，也不会有今天的成就。

在这个例子中，说服者通过编造不相关或不恰当的例证，试图说服另一位朋友，实际上违反了论据要真实、全面的规则。这是一种典型的诡辩，不应被视为合理有效的论证办法。

### 7. 不当类比的诡辩

不当类比的诡辩是指故意把两个性质根本不同，或只具有某种表面相同（或相似）的对象拿来作类比，由其中一个对象具有某种性质，推出另一个对象也具有某种性质的论证的手法。用这种不当类比得到的结论是不可靠的。

【例 6-37】我就像这张纸币，虽然历尽生活揉搓，但我还是我。

在这个例子中，把自己比作一张纸币，试图通过类比来表达即使经历了生活的艰难和困扰，虽然纸币经过揉搓仍保持其面值这一表象，确实可以让人产生一定的情感共鸣，但这不足以得出"我还是我"这一深刻的结论。纸币的固定面值和人的价值没有直接的可比性，因此这只是表面上的相似，而不具备逻辑上的比较基础。在严谨的逻辑论证中，这种不当类比是不可靠的，不能用来作为有效的论据。

### 8. 否认事实的诡辩

诡辩者故意没有意识到，用各种各样的谎言或狡辩否认所犯过失或罪行。

【例 6-38】某次争吵中，某人用"就不是！就不是！就不是……"，反击对方。

在这个例子中，这种否认事实的行为，是一种典型的诡辩手法，试图通过不正当的辩论策略来否认事实，而不是进行有理有据的讨论。这类手法在严肃的对话或争论中是不可取的，没有说服力和可信度。

### 9. 非黑即白的诡辩

非黑即白的诡辩是对不同情况不加以分析，把事物分成两个极端，非此即彼，非黑即白二者必具其一。

【例 6-39】

甲："不加修饰的自然状态是最美的。"

乙："那么原始人是最美的了，因为他们毫无修饰，连衣服都不穿。"

在这个例子中，甲的本意是针对"精心修饰"而发的，不同意浓妆艳抹，也许会赞同"略加修饰"，如洗脸、梳头等，而乙故意把"修饰"分成两个极端：丝毫不修饰和精心修饰，采用非黑即白的诡辩法。客观事物往往存在多种情况，人为地分成两个极端，势必失之偏颇。驳斥这种诡辩，就是要阐述这一道理，把客观事物的本来面目呈现出来，说明自己的观点。甲可以抓住乙的弱点阐明自己的观点：不是不赞成修饰，而是不赞成过于修饰。

### 10. 以偏概全的诡辩

人们对事物的认识，要做到完整，准确，可靠，必须全面、科学地综合与分析。以偏概全作为一种制造幽默的诡辩术，就恰恰相反，把个别当一般，以部分概括整体，以片面冒充全局，得出可疑甚至是荒诞的结论，将人导入快乐境地。

【例 6-40】晋明帝小时深得父亲晋元帝的宠爱，一天，有人从长安来了，晋元帝问儿子："你说太阳和长安哪个离我们近？"晋明帝回答说："长安近，只听说从长安来，没听说哪个人从太阳那里来。"晋元帝听了十分得意，在大宴群臣的宴会上，为了表现儿子的聪明，当众又问了一遍，晋明帝的答案却变了，他回答说："太阳近一些，原因是我们抬头能看见太阳，可是看不见长安。"

在这个例子中，孩子的童趣和机智总是能让人会心一笑，这是以偏概全逻辑错误中的一种，即靠一种表浅或个别的现象、理由进行论证，由于理由不够充分完全，是不可能得出坚实而正确的结论的。上面幽默的故事中前后结论的矛盾就说明了这一点，但错误并不妨碍对晋明帝儿时聪明、天真的欣赏。

### 三、诡辩的驳斥

驳斥诡辩是逻辑学与辩证法思维科学的天然使命，它在保证人们正常的人际沟通中，起着"明是非之分，审治乱之纪，明同异己处，名实之理，处利害，决嫌疑"的重要作用。

#### 1. 逆驳法

列宁曾经说过："如果从事实的全部总和，从历史的联系去掌握事实，那么，事实不仅是'胜于雄辩的东西'，而且是证据确凿的东西。"因此，"用事实说话"就是直接指出诡辩者的论题或论据不符合事实，是个假判断。它是直接反驳论题或论据的一种方法。

逆驳法指跟对方正面开杠，直接举出事实，证明对方是错的。一切的虚假都不能掩盖事实的驳斥，运用科学定律，可以让对方无从辩驳。

【例 6-41】在一个辩论赛中，辩题是"所有的公共交通应该完全免费"。

论点 A（支持免费公共交通的一方）：如果所有的公共交通都是免费的，那么会极大地减少私家车的使用，从而降低城市的拥堵和污染水平。

论点 B（反对方）：虽然免费公共交通听起来是一个吸引人的想法，但它实际上可能会导致更多的问题。

逆驳法的应用：

反对方可能会这样逆驳支持方的观点：假设一下，如果所有的公共交通确实变成了完全免费，这确实可能会吸引更多的人使用公共交通，减少私家车的使用。然而，这个假设还带来了一系列的问题。

首先，公共交通的运营和维护需要巨额资金，如果不通过票价收入来支持，这些资金必须通过其他途径来筹集，如增加税收。这可能会给所有的纳税人带来负担，包括那些根本不使用公共交通的人。

其次，免费可能会导致公共交通系统过度拥挤，降低乘车体验，反而可能使一些人重新选择开私家车。

最后，不断增长的乘客量可能会超出现有公共交通系统的承载能力，需要巨额投资扩建，这又是一个财政负担。

因此，虽然免费公共交通的初衷是好的，但它可能会带来更多的经济和实际操作上的问题，最终可能不利于实现减少城市拥堵和污染的目标。

#### 2. 顺驳法

顺驳法是指不正面驳斥对方的想法，而是顺着对方的想法，继续往下推演，直到对方无法接受为止。它的基本模式是，假如对方提出了观点 A，不要直接驳斥，而是要论证，假如观点 A 成立，那么观点 B 也一定成立。这个观点 B，一定要让对方无法接受。对方无法接受，自然就会修正自己的观点 A。

【例 6-42】在一个市政建设会议中，讨论是否应该建设更多的公共图书馆。

论点 A（支持建设更多图书馆的一方）：我们应该投资建设更多的公共图书馆，因为图书馆提供了丰富的资源，能够促进公民的学习和个人发展。

论点 B（反对方）：现在是数字化时代，大多数人都在使用电子书和在线资源，建设实体图书馆是一种资源浪费。

顺驳法的应用：

支持方可能会这样回应反对方的观点：确实，我们现在生活在一个数字化时代，而且电子书和在线资源为我们提供了前所未有的便利。但是，这正是为什么需要更多公共图书馆的原因。

首先，公共图书馆不仅仅是借阅实体书籍的地方，它们已经适应了数字化时代的需求，提供电子书、在线资源及公共上网服务。

其次，图书馆是一个无法在虚拟世界中复制的社交和学习空间，它为没有家庭网络接入的人提供了必要的技术资源，为儿童和成人提供了教育项目和学习工作坊。

因此，即使在数字化时代，公共图书馆的角色和价值依然不可替代，而且它们正成为连接数字资源和社区需求的重要桥梁。

### 3. 其他方法

① 知识驳斥法：基于知识的大量储备来驳斥对方不正确的思维逻辑。用正确的思维科学的知识，指出对方的诡辩违背实践证明是真的科学原理、科学定律、公认规则。

② 比较驳斥法：在对方立场的基础上，直接或顺势提出两种相反的例证，然后再推理比较，决定取舍中达到驳斥对方诡辩的目的。

③ 沉默驳斥法：辩论本是论证是非的一种手段，但有些诡辩是无理取闹和撒泼打诨的负气而辩，视情况而定选择驳斥时机不仅能避免无谓的争论，还能用自己的沉默来证明对方的荒谬和无理，维护讨论的理性和尊严。

④ 反例驳斥法：针对以偏概全、轻率概括的诡辩，推出了某种虚假的命题时，只要列举出与之相反的具体事例，即可将对方驳倒。

以上仅列举了几种驳斥诡辩的方法，要掌握更多的方法，需要提升自身驳斥诡辩所需的基本素质，即掌握论辩学、逻辑学的基本原理与规律，学会寻找诡辩的矛盾之处，培养从新的角度考虑问题的能力。

# 本 章 小 结

本章主要讲解了谬误与诡辩的基本概念、二者之间的关系，以及应对逻辑谬误和驳斥诡辩的方法，旨在提升学生的逻辑应用能力。首先，学习了谬误是论证中出现的逻辑错误，而诡辩则是故意利用这些错误来误导他人。它们虽然都涉及逻辑错误，但诡辩更具误导性且常用于混淆视听。随后，探讨了辨识谬误的重要性，以及常见的逻辑谬误和辨析方法。通过学习这些内容，学生能够在实践中识别并避免逻辑谬误。在诡辩的学习部分，明确了辨识诡辩的目标，认识了诡辩的两面性及常见手法，进而掌握驳斥诡辩的有效策略。通过本章的学习，学生不但能更好地辨别谬误与诡辩，还能有效运用逻辑思维剖析和应对实际辩论中的各种诡辩，显著提升自身的逻辑应用能力。

# 本 章 习 题

1. 什么是逻辑谬误？举例说明一种常见的逻辑谬误，并解释其错误之处。

2. 诡辩与谬误有何不同？请通过实际案例详细说明。

3. 辨识谬误的重要性体现在哪些方面？请结合实际情况说明为什么提高辨识谬误能力对逻辑应用和批判性思维有帮助。

4. 请列出并解释 3 种常见的诡辩手法，并说明在实际辩论中如何有效驳斥这些诡辩。

# 参 考 文 献

[1] 陈波. 逻辑学导论 [M]. 5 版. 北京：中国人民大学出版社，2023.

[2] 吴冬艳. 逻辑学教程 [M]. 北京：群众出版社，2000.

[3] 皮里. 有用的逻辑学 [M]. 蔡依莹，付业莉，译. 2 版. 南昌：江西人民出版社，2018.

[4] 麦克伦尼. 简单的逻辑学 [M]. 赵明燕，译. 北京：中国人民大学出版社，2008.

[5] 蒋巍巍. 我的第一本逻辑学入门书，提升思考力 [M]. 北京：中国商业出版社，2018.

[6] 丁毓峰. 逻辑学原来如此有趣 [M]. 北京：化学工业出版社，2016.

[7] 张晓燕. 始于活动，终于素养："逻辑的力量"之"发现潜藏的逻辑谬误"教学设计 [J]. 语文新读写，2023（24）：114-116.

[8] 崔俊杰. 识别逻辑陷阱，远离逻辑谬误 [J]. 好作文，2021（24）：32-35.

[9] 马玉杰. 新闻报道中的逻辑谬误研究 [J]. 江苏理工学院学报，2017，23（5）：135-137.

[10] 黄刘胤. 网络论战中的逻辑谬误分析 [C] //全球修辞学会，国际修辞传播学会. 全球背景下的修辞与写作研究：2014 年第三届国际修辞传播学研讨会论文摘要集. 武汉：华中师范大学，2014：1.

[11] 宋青. 浅析媒体广告中逻辑谬误的类型 [J]. 阅读与写作，2011（9）：30-31.

[12] 董业明. 广告语逻辑谬误剖析 [J]. 枣庄师专学报，1999（2）：72-75.

[13] 卢华东. 鲁迅杂文《论辩的魂灵》的逻辑分析：兼论诡辩和谬误 [J]. 龙岩学院学报，2010，28（3）：32-36.

[14] 艾泽银. 论幽默技巧中的诡辩 [J]. 重庆大学学报（社会科学版），2005（2）：52-54.

# 第七章　普通逻辑的基本规律

在推理与辩论中，掌握普通逻辑的基本规律至关重要。本章将引导读者深入理解同一律、矛盾律和排中律的内容及要求，并了解违反这些基本规律所导致的逻辑错误。通过案例分析，读者将学会如何辨别是否违反了基本逻辑规律，并在实践中善于运用这些规律发现他人的逻辑错误。同时，本章还将帮助读者反思和改进自身的言行，使其符合基本逻辑规律的要求，避免犯同样的错误。

## 第一节　普通逻辑基本规律概述

任何科学都以系统把握其对象领域的"规律"为核心目标，任何科学都是由包含基本原理的知识组成的；这些基本原理是这门科学赖以建立的最基础的事实，在此基础上才能衍生出其他的各项活动。逻辑学亦是如此，它的基本原理不仅是关于逻辑学本身的，而且和所有的科学都有关系。事实上，逻辑学的覆盖范围更为广泛，这是因为它适用于人类理性的因果推理，尽管有时人们并不运用逻辑来思考。也就是说，逻辑学的基本原理和人类理性的基本原理是一致的。逻辑学的普通逻辑基本规律又称逻辑思维的基本规律或思维规律，对人们的思维具有规范作用，不遵守这些规律的要求，思维就会出现混乱和错误。

### 一、什么是普通逻辑基本规律

普通逻辑基本规律是人们用概念、命题、推理等思维形式进行思维时必须遵守的最一般的准则。普通逻辑的基本规律是对思维具有普遍意义的一般准则，是正确思维的必要条件。通常所谓"违背逻辑规律"的说法，实际上是指认知主体违背由逻辑规律所要求、所决定的思维规范。

#### （一）普通逻辑基本规律特点

#### 1. 客观性

普通逻辑规律与其他学科所刻画的客观规律一样，是不以人的主观意志为转移的。与应当依据各种具体科学规律来制定实践规范一样，也应当依据逻辑规律来制定思维或认知规范。

> 人们的主观思维和客观世界服从于同样的规律，因而两者在自己的结果中不能互相矛盾，而必须彼此一致，这个事实绝对地统治着人们的整个理论思维。它是人们的理论思维的不自觉的和无条件的前提。
>
> ——恩格斯：《自然辩证法》

## 2. 独特性

普通逻辑规律与其他科学的规律又具有不同的性质，对于逻辑规律的把握与思维规范的制定，均具有不同于其他科学的独特性。中国现代著名的哲学家和逻辑学家金岳霖曾依据马克思主义的能动反映论阐释了逻辑思维基本规律的反映性和规范性的统一机制。

> 基本思维规律之所以能够规范，是因为它们所反映的客观规律有它的特点，以这个特点去要求思维认识而又得到满足的话，思维认识就成为确定的。
>
> 这些规范"虽不是所有的思维认识都实际上遵守的，然而它们是所有的正确思维认识所必须遵守的。它们所规范的是思维认识的确定性或一贯性"。
>
> ——金岳霖：《金岳霖全集》第 4 卷

## 3. 一致性

在系统或论证内部，所有命题和论断不会相互矛盾。没有矛盾意味着在同一命题中，不能同时断定一个陈述及其否定同时为真。一致性是逻辑体系的核心之一，它确保推理过程是连贯和可靠的。

> 同一属性不能同时既属于某物又不属于某物。
>
> ——亚里士多德：《形而上学》

## 4. 明确性

在逻辑推理和论证过程中，使用的概念、命题和论述应当是清楚、明确且无歧义的。明确性确保了在沟通和推理时能准确传达和理解思想必须明确清晰，避免因为模糊或双关的词汇而产生的误解。

> 凡是能够说的东西，都必须说得清楚；凡是不能说的东西，就应该沉默。
>
> ——路德维希·维特根斯坦：《逻辑哲学论》

## 5. 确定性

在逻辑推理和论证过程中，某些命题或结论是不可置疑的、具有绝对确凿性的。这些确定性的前提和结论为推理过程提供了一个坚实的基础，使得整个逻辑体系具有稳固性和可靠性。

> 凡是可以怀疑的，都有理由不被怀疑。
>
> ——路德维希·维特根斯坦：《论确定性》

因此，普通逻辑规律是所有逻辑系统所赖以建构的最基本的指导法则，由它们决定的规范是最基本的逻辑思维规范。

### （二）普通逻辑基本规律的内容

普通逻辑基本规律有 3 条：同一律、矛盾律、排中律。遵守由这些规律所决定的思维规范是正确思维的基本要求。为什么这 3 条是普通逻辑规律的基本规律呢？

#### 1. 具有逻辑性的基本要求

这 3 条基本规律中的同一律保证思想的同一性，矛盾律保证思想的无矛盾性，排中律保证思想的明确性。而同一性、无矛盾性和明确性则是思维有确定性的不同角度的表现。在现实的思维过程中，思维的确定性即同一性、无矛盾性和明确性是人们正确思维的最基本的要求。因此，这 3 条规律是从不同角度反映了对逻辑思维最一般、最基本的要求。

### 2. 具有普遍适用性

各种思维形式的具体规则只适用于各自的相应的思维形式，例如，定义规则只对定义起作用，划分规则只对划分起作用，三段论的规则只对三段论起作用。而普通逻辑规律的基本规律不仅是对某个具体思维提出要求，而且是对各种具体思维规则的共同特征的概括，又是确定各种具体思维规则的依据。所以，它们对于一切逻辑思维的形式都是普遍适用和有效的。

### 3. 具有思维的确定性的具体表现

尽管客观事物是多变的，但在特定条件下具有稳定的本质特性，而这种特性在人类思维中表现为明确和确定的认识。这种认识的确定性是理解和解析世界的重要基础。同一律要求在同一思维过程中，保持概念、命题的确定和同一。矛盾律要求在同一思维过程中，不能承认两个互相矛盾的思想都是真的。排中律要求在同一思维过程中，两个互相否定的思想必须确定其中一个是真的。

## 二、普通逻辑基本规律的作用

普通逻辑的基本规律在多个领域发挥着重要作用，掌握这些规律不仅能提升思维能力，还能增强某些工作领域的有效性和准确性。例如，日常生活、科学研究、思维培养、教育教学及法律和政策制定等。以下是对这些方面的详细阐述。

### 1. 日常生活方面

① 可以确保沟通的清晰和有效。逻辑规律能够帮助人们在日常交流中使用明确和一致的语言，避免歧义和误解；遵循逻辑规律能够更有效地分析和解决日常生活中的问题。

② 可以增强论辩能力。逻辑规律帮助人们在日常讨论和辩论中构建连贯和一致的论证，避免自相矛盾和模棱两可的情况。掌握逻辑规律使人们能够识别和反驳对方论证中的逻辑错误，从而在辩论中占据优势。

### 2. 科学研究方面

① 可以提供理论基础。科学研究依赖严格的逻辑推理和证据支持，逻辑规律为科学理论的构建提供了坚实的基础，确保理论的内部一致性和合理性。通过遵循逻辑规律，科学家能够设计实验并验证假设，确保研究结果的可靠性和有效性。

② 可以促进科学交流。逻辑规律帮助科学家在交流和发表研究成果时使用标准化的语言和结构，确保信息的准确传达和理解。科学研究中的同行评审过程依赖逻辑规律来评估研究的合理性和可靠性，确保科学发现的质量和可信度。

### 3. 思维培养方面

① 可以提高思维能力。逻辑规律帮助人们培养严谨的思维习惯，提高分析问题和解决问题的能力。通过学习和应用逻辑规律，能够更好地评估和批判他人的观点与论证，从而形成独立和批判性的思维能力。

② 可以促进创造性思维。逻辑规律提供了结构化的思维框架，帮助人们在创造性思维过程中保持思维的连贯性和一致性。通过遵循逻辑规律，能够识别和解决思维中的矛盾，从而促进新的观点和理论的产生。

### 4. 教育教学方面

① 可以提升教学质量。通过学习逻辑规律，学生能够掌握基本的思维工具，提升学习能

力和学术水平。逻辑规律在各个学科中都有广泛的应用。例如，在数学、物理、哲学等学科中，掌握逻辑规律帮助学生理解和解决复杂的问题。

② 可以促进学生全面发展。通过逻辑训练，学生能够培养严谨和系统的思维方式，提高分析和解决问题的能力。这对于他们在未来的学术和职业生涯中都是非常重要的。逻辑规律还可以应用于道德和伦理教育中，帮助学生形成合理和一致的价值观与行为准则。

**5. 法律和政策制定**

① 可以支持法律决策。法律推理依赖逻辑规律来确保法律条文的解析和应用具有一致性和合理性。在法律实践中帮助法官和律师评估证据的充分性和可靠性，从而作出公正的判决。

② 可以支持政策制定。逻辑规律帮助政策制定者分析和评估政策的合理性与可行性，确保政策的制定和实施具有科学依据与逻辑支持。在公共政策辩论中，逻辑规律帮助参与者构建有力的论证，识别和反驳对方的逻辑错误，从而促进理性和建设性的讨论。

总之，通过掌握和应用这些规律，能够提高思维能力，增强论辩能力，促进有效沟通，支持科学研究和合理决策，从而在各个领域表现出更高的理性和有效性。

# 第二节　同　一　律

## 一、同一律的基本内容和要求

### （一）同一律的基本内容

#### 1. 基本内容

同一律是普通逻辑的基本规律之一。它的基本内容是：在同一思维过程中，思想自身要保持一致。"同一思维过程"是指在同一时间、同一方面、关于同一个对象。"思想"是指概念或命题。任何一个概念或命题都有其确定的内容，因此在思维和论辩过程中，必须保持概念或命题的确定与同一。

#### 2. 公式

$$A \rightarrow A \qquad (7-1)$$

说明：

A：表示任一概念或命题

含义：A 是 A。表示同一思维过程中每一概念、命题的自身都具有同一性。也就是说，在同一思维过程中，每一个概念、命题的内容或判断的确定与同一。

#### 3. 应用场景

同一律几乎存在于所有正式和非正式逻辑推理的基础上，下述的同一律应用场景案例可以更好地帮助理解这一规律。

1）数学中的同一律

在数学中，同一律被严格遵循。例如，恒等式 $a=a$ 就是同一律的直接体现。无论如何操作，变量 $a$ 自己始终等于自己。

2）日常演绎推理

如果在同一段讨论中，爱因斯坦是 20 世纪的伟大物理学家，那就不能在观念及推理过程中把他混淆成另一个不相关的人，否则就违反了同一律的原则。

3）法律中的同一律

在法律讨论和判决过程中，同一律常被应用。在法律文件中，一个定义明确的术语在整个文档中应保持一致。例如，"财产"一词在特定的法律上下文中应保持其法律定义，不能被随意改变意义。

4）哲学中的同一律

在哲学家笛卡儿的名言"我思故我在"中，笛卡儿通过严格的自我反思确立了"我"的存在并保持其自我同一性。

5）计算机科学的同一律

在编程与数据库设计中，同一律也是一个基本原则。数据库中的主键应该唯一标识一条记录，不会改变其映射。例如，在一个员工数据库中，每个员工的 ID 号唯一且稳定不变。

通过以上案例，可以看到同一律在各种领域是如何起到维持逻辑一致性和消除矛盾的关键作用的。

### （二）同一律的要求

同一律的要求主要有以下两个方面。

**1. 在同一思维过程中，概念必须保持同一，不能变更**

在同一思维过程中，所谓概念必须保持同一，是指在同一个思维过程中，必须保持概念内涵和外延上的一致性。一个概念，原来指称什么对象就要一直指称这一对象，而不能随意变更。这样，运用概念和命题进行推理的时候，才能保证思想内容的确定性，否则就会发生思维混乱并引起行动上的错误。

**2. 保持命题的确定性**

在同一思维过程中，所谓命题的确定性，是指在运用命题进行推理时，或在论证某一问题时，必须保持命题自身的同一，不能用另外的命题代替它命题，必须保持同一，不能随便转移。也就是说，一个命题陈述什么就陈述什么，并且其前后的陈述应当一致。同样，一个命题是真的就是真的，是假的就是假的，也不能随意变更，否则也会发生思维混乱。

通过遵守这些要求，同一律确保了逻辑推理的清晰性、一致性和可靠性。需要注意的是，同一律虽然要求思维自身保持同一，但是并不反对思维的发展变化；同一律的逻辑要求，是以同一思维过程为前提的，如果思维过程不同了，时间、条件变化了，对同一对象使用不同含义的概念、命题，很可能会导致结果也发生变化。因为客观事物发展变化了，人们的思维也要随之发展变化。

## 二、违反同一律的逻辑错误

违反同一律会导致逻辑混乱、误解和错误结论，因此在实际应用中，必须严格遵循同一律的基本要求。违反同一律的"在同一思维过程中，概念必须保持同一，不能变更"要求，就会犯两种逻辑错误：混淆概念和偷换概念。违反同一律的"保持命题的确定性"要求，就会犯两种逻辑错误：转移论题和偷换论题。具体如下所述。

### （一）混淆概念的逻辑错误

混淆概念是一种常见的逻辑错误，它通常发生于将两个不同的概念混淆或错误地使用相互替代。这种错误可以导致论证的不一致性和内在矛盾，从而破坏推理的有效性和可信性。

**【例7-1】**赤壁是三国时期的古战场，黄州赤壁是赤壁；所以，黄州赤壁是三国时期的古战场。

解析：同一律要求在同一推理过程中，概念必须保持一致性。然而，在这个例子中，"赤壁"这一概念并没有保持一致。具体来说，存在以下两个不同的"赤壁"：三国时期的赤壁，指赤壁之战发生的地点；黄州赤壁，通常指宋朝文学家苏轼所描写并寓居的赤壁，这与三国时期的古战场并非同一个地点。推理者犯了混淆概念的错误，将两个实际上不同的"赤壁"当作了同一概念进行处理。这明显违反了同一律的要求，导致推理过程中的前提和结论概念不一致，因而得出了错误的结论。

**【例7-2】**中秋节前某食品店进行月饼促销，店长师傅让店员小林写张"欢迎选购中秋月饼"的条幅。小林提笔一挥，竟将月饼的"月"字写成了"曰"字。师傅见后直摇头，用手指着"曰"字道："小林，这是个白字。"不料，小林不服气地说："师傅，您大概不识字吧？'曰'字上面加一撇才是'白'字啊！"

解析：小李的错误则在于混淆了语词的自指和他指而引起了混淆概念的逻辑错误。当师傅指出他写的"曰"字是个白字时，这里所谓的"白字"是指读错或写错的字，这是"白"字的他指。而小李对师傅说："'曰'上加一撇才是'白'字啊！"这是"白"字的自指。因此，小李在这里是把"白"字这一语词的他指与自指混淆起来，并将语词的他指理解为自指而犯了混淆概念的逻辑错误。

### （二）偷换概念的逻辑错误

偷换概念是一种常见的逻辑错误。同一律是一种基本的逻辑原则，它要求在推理过程中，一个概念在同一论断中始终保持一致，不发生变化。偷换概念则是指在论证过程中不恰当地改变或替换了概念，从而导致结论的真实性或有效性受损。

**【例7-3】**古希腊智者欧谛德谟面对一些人批评他说谎时，他回答说："谁说谎，谁就是说不存在的东西；不存在的东西是无法说的；因此没有人能说谎。"

解析：通过混淆"不存在的东西"这一语词的两种不同的含义，亦即两个不同的概念而偷换概念。具体地说，当欧谛德谟说"谁说谎，谁就是说不存在的东西"时，其中"不存在的东西"指的是与客观实际不相符合的东西，当他说"不存在的东西是无法说的"时，其中"不存在的东西"指的却是客观上根本不存在的东西，当然也就是说无法去说的东西。由此，他就通过把前一种含义的"不存在的东西"与后一种含义的"不存在的东西"混为一谈，通过这种偷换概念，他试图得出结论："没有人能说谎"。

**【例7-4】**一天早上，小张走进了一家照相馆，门口提示牌显示提供"立等可取"照片冲洗服务。店里有三个人正在忙别的事情。

"师傅，冲洗照片。"没人答应。于是，小张又喊了两遍，"冲洗照片，谢谢！"

终于，一个年轻人慢悠悠地走上前来问，"需要冲洗几张？"

"请冲洗三张。"小张说。

"照片明天早上可以来取。"年轻人说。

小张急了，"师傅，我急用，请尽快冲洗好吗？你们的广告不是写着'立等可取'吗？"

年轻人露出一丝笑容，说："你就站着等到明天早上不就是'立等可取'吗？"

小张看看广告，又看看年轻人，一时间不知道该说什么好。

解析：照相馆提示牌的"立等可取"在通常情况下理解为客户等待一小段时间即可获得服务。然而，店内的服务人员故意解析成"只要站着等，无论等多久"，通过偷换"立等"的概念，将"稍等即可拿到照片"偷换成了"站着等到明天"，这两者明显是不同的概念，违反了同一律，也明显违背了通常的理解和消费者的期望。这个滑稽的逻辑错误揭露了偷换概念的不合理性，在现实生活中，事情当然不会这么发生，因为这种偷换会被认为是欺诈或误导消费者。

### （三）转移论题的逻辑错误

转移论题是一种违反同一律逻辑错误，它涉及在论证过程中悄悄地改变讨论的主题或焦点，从而使得论证不再有关原来的问题。这样做通常是为了避开原问题的复杂性或困境，而引入一个新的、不相关或只是部分相关的论题。这种逻辑错误破坏了论证的逻辑一致性和严密性。

转移论题可以有多种表现形式，例如，诉诸人身，将讨论焦点从实际议题转移到攻击对方的人格或动机；诉诸多数，通过提出"多数人的做法"来转移对实际论点的讨论；稻草人谬误，扭曲对方的论点，然后攻击被扭曲的论点，而非原始的论点；红鲱鱼谬误，引入一个与讨论主题无关的话题来分散注意力。

【例 7-5】一位记者在采访一家食品公司的负责人，问道："最近的质量检查显示，你们公司的食品不合格率很高，请问你们打算如何改进质量控制？"公司负责人回答：我们的公司一直以来都非常注重企业文化建设和员工福利，我们每年都会举办多次团队建设活动，提升员工的归属感和满意度。

解析：这个例子中，记者提出的原主题是关于食品质量控制和改进措施。公司的负责人没有直接回答这个问题，而是转移了话题，谈论起公司的企业文化和员工福利。这种转移论题的做法巧妙地避开了质量控制的具体问题，却没有回应记者最关心的核心问题。这违反了同一律，因为原本讨论的主题（食品质量控制）被悄悄地替换成了另一个主题（企业文化和员工福利）。

【例 7-6】电视台某一期"饮食与健康"的节目中，主持人向健康专家嘉宾提问："什么样的饮食习惯最有助于维护心脏健康？"健康专家嘉宾 A 回答："饮食习惯对我们整体健康确实非常重要。其实，我们可以从欧洲的一些饮食习惯中学到很多，比如地中海式饮食，它富含蔬菜、水果、鱼类和橄榄油，真的对身体非常有好处。关于法式饮食，它们的法式甜点细腻而不过度甜腻，整体上他们的饮食文化非常健康。"

解析：这个例子中主持人的论题是"什么样的饮食习惯最有助于维护心脏健康"。然而，健康专家嘉宾 A 虽然提到了饮食习惯，但很快转移到了讨论欧洲饮食文化的全面健康性，包括法式甜点的特点。这实际上改变了最初的讨论焦点，使得论证不再直接回应主持人的问题，而是广泛地谈论饮食文化的健康优势及特点。正确的回应可以是："科学研究表明，富含纤维的全谷物、蔬菜、富含 Omega 3 脂肪酸的鱼类、低饱和脂肪的饮食习惯相对较好地维护心脏健康。减少食用红肉、加工食品及高糖食物，可以有效降低心脏病风险。比如地中海式饮食，通过高摄入蔬菜、水果和橄榄油，已经被广泛认可对心脏健康有益。"

### （四）偷换论题的逻辑错误

偷换论题是违反同一律的一种逻辑错误，指在论证过程中悄悄地改变了论题，使得论证不再聚焦于原始的问题。这种错误通常出现在辩论和讨论中，意在避开讨论的难点或转移注意力，从而使得论证失去严密性和一致性。

【例7-7】一名社会学学生正在写一篇关于减少城市贫困的论文，论证焦点是探讨设立新的就业培训计划以帮助贫困社区的人们提高就业率。在论文中他提到为了减少城市贫困，需要实施新的就业培训计划，这些计划应该针对当前劳动力市场的需求，提供实用的技能培训，以提高贫困人口的就业率。尽管就业培训计划可能有助于提高贫困人口的就业率，但更重要的是，城市需要改善基础设施，例如，修建更好的道路和公园，这才能整体提升社区的生活质量。

解析：学生的原始论题是通过新的就业培训计划来减少城市贫困，讨论的核心是如何提高贫困人口的就业率。然而在写作中他违反了同一律，出现了偷换论题的逻辑错误，讨论焦点转移到了基础设施建设上，并没有直接回应如何通过就业培训来解决贫困问题。这种转移使得文章偏离了主要论点，使得原本要探讨的就业培训措施和其效果被掩盖了。

【例7-8】某父子俩的对话如下：

父亲："你竟敢背着我抽烟，我非狠狠地处罚你不可。"

儿子："爸，别处罚我。我向您保证：从现在起，我以后肯定不背着您抽烟！"

解析：当父亲指责儿子"你竟敢背着我抽烟"时，这个命题（判断）的意思是十分明确的，就是反对和禁止儿子抽烟。但儿子却故意置这个本来意思于不顾，对父亲提出的命题仅作字面的解析，只向父亲保证"以后肯定不背着您抽烟"。其意思也很清楚：以后可以抽烟，只是不背着父亲抽烟就是了。显然，这是有意歪曲父亲的命题而将其偷换成了另一个命题，犯了偷换论题的错误。

## 三、如何正确使用同一律

同一律的作用，主要是保证思维必须有确定的含义，不允许意义混淆，它是正确认识事物的必要条件，它有助于人们正确地交流思想；它在反驳谬误和揭露诡辩方面起着重要的作用。

如何正确使用同一律？一方面，要清楚它与形而上学相区别，形而上学是关于存在本质和宇宙基本构成的哲学分支，它探讨的是事物的本质、存在和现实的基本结构等问题；同一律则是逻辑学的一个原则，主要关注概念或判断在推理过程中的一致性和恒定性，它是确保逻辑正确性的规则，而不直接涉及对事物本质的探讨。另一方面要求思想保持确定性，它并不否认思想的发展变化，随着新信息的获取和新理解的形成，人们的知识结构和概念理解可能会发展或修正，同一律仅要求在特定的推理或论证过程中保持概念的一致性，而不是说概念本身不能随时间和理解的深入而发展变化。

# 第三节　矛　盾　律

## 一、矛盾律的基本内容和要求

### （一）矛盾律的基本内容

#### 1. 基本内容

矛盾律是普通逻辑的基本规律之一。它的基本内容是：在同一思维过程中，互相否定的思想不能同时是真的。"互相否定的思想"是指具有矛盾关系或反对关系的概念和命题。即，互相矛盾的关系中不能同真，不能同假；互相反对的关系中不能同真，但可同假。

#### 2. 公式

$$\neg（A \wedge \neg A）\tag{7-2}$$

说明：

A：表示任一概念或命题

¬：逻辑"非"运算符

¬A：表示与 A 具有矛盾关系或反对关系的概念或命题。

∧：逻辑"与"运算符

含义：A 不是非 A，"A 真并且非 A 也真"是不可能的。

#### 3. 应用场景

矛盾律是逻辑推理的核心原则之一，通过具体场景案例的应用，可以更好地理解这一规律。以下是一些矛盾律在正式和非正式逻辑推理中的应用场景案例。

1）数学证明

在证明数学命题时，经常使用矛盾律来进行"反证法"证明。例如，证明"假设所有的自然数都是偶数"是不成立的。可以假设反命题为真：假设所有自然数都是偶数。接下来寻找矛盾，按定义偶数是可以被 2 整除的数。所以按照假设，自然数 1 应该是偶数。然后验证假设：自然数 1 是奇数，而奇数是不能被 2 整除的。得出矛盾，这与假设所有自然数都是偶数矛盾。因为假设命题为真导致了逻辑矛盾，所以假设的原命题是错误的。因此，所有自然数都是偶数的命题为假。

2）法律论据

律师在法庭上用逻辑推理来揭示证词中的矛盾，以驳倒对方证词的可靠性。例如，证人 A 声称："嫌疑人在案发现场。"证人 B 提供了嫌疑人在案发时间段内在另一个城市的可靠目击证据（当地的一张收据上有嫌疑人的签名和时间戳）。矛盾律不能同时接受"嫌疑人在案发现场"和"嫌疑人在另一个城市"这两个矛盾的陈述。如提出的证据（收据）表明为真，即嫌疑人在另一个城市，证人 A 与证人 B 的言论存在矛盾，所以可以据此推翻证人 A 的证词的可信度。

3）日常生活中的决策

一个家庭在日常生活中做决策时也经常使用矛盾律来确保决策的合理性和一致性。例如，父母打算决定孩子是应该在周六晚上学习还是去朋友家玩。爸爸的观点：孩子应该待在家里学习，妈妈的观点：孩子应该去朋友家玩。根据矛盾律，孩子不可能同时待在家学习和去朋友家玩。父母需要权衡利弊，选择一个不矛盾的决策，要么选择在家学习，要么选择去朋友家玩，但不可能同时执行。

4）科学研究

在科学实验和研究中，科学家使用矛盾律来检验假设并确认研究结果的有效性和一致性。例如，科学家假设：化合物 X 在温度低于 100 ℃时会冻结。实验结果是在 60 ℃时观察到化合物 X 没有冻结。由此，化合物 X 在温度低于 100 ℃时不会总是冻结。因观察结果与假设矛盾，所以假设被证伪，或需要修正。

通过这些实际案例，可以看到矛盾律在各个领域中的重要应用。它不仅是逻辑推理的基本原则，更是确保推理过程无矛盾、纯粹和一致的基石。

### （二）矛盾律的要求

#### 1. 在概念方面

矛盾律要求在同一思维过程中，不能同时用两个相互否定的概念指称同一对象，即"A"和"非 A"不能指称同一对象。

【例 7-9】不能同时说张三既是"犯罪嫌疑人"，又是"非犯罪嫌疑人"。

#### 2. 在命题方面

矛盾律的要求是不能同时肯定两个互相矛盾或互相反对的命题同真，必须肯定其中有一个是假的。

【例 7-10】在学校的数学考试后，老师和学生之间对于考试答案的争论。

T1：老师表示，"本次考试所有的答案都正确。"

S1：学生反驳道："本次考试有些答案不正确。"

T2：老师接着重申："本次考试所有的答案都正确。"

S2：学生提出："本次考试所有的答案都不正确。"

命题 T1 和 S1 直接矛盾，根据矛盾律，不能同时为真。

命题 T2 和 S2 具有反对关系。这种反对关系指的是两个命题不能同时为真，但它们可以同时为假（例如，可能有一些答案是正确的，而另外一些答案是错误的）。

## 二、违反矛盾律的逻辑错误

从逻辑学的角度来说，任何思想和言论，如果包含着逻辑矛盾，那就违反了作为基本逻辑思维规律之一的矛盾律的逻辑要求，就是不合逻辑的思想和言论，是错误的、不正确的。违反矛盾律产生的逻辑错误就是"自相矛盾"。

【例 7-11】一个年轻人对大发明家爱迪生说："我有一个伟大的理想，那就是我想发明一种万能溶液，它可以溶解一切物品。"爱迪生听罢，惊奇地问："什么！那你想用什么器皿来放置这种万能溶液？它不是可以溶解一切物品吗？"

解析：为什么这个年轻人被爱迪生问得哑口无言呢？这是因为他提出的"发明一种万能溶液，它可以溶解一切物品"这个想法，自身包含着不可克服的逻辑矛盾。

【例 7-12】古时，有一个京官要到外地任职，临走前，去向他的恩师拜别，老师对他说：

"外地的地方官不容易当，你要小心谨慎为好！"

京官说道："老师放心，我准备了一百顶高帽，逢人便送一顶。这样恐怕就不会有什么问题了。"

老师听了很生气，当场呵斥他："吾辈师教，不搞邪门歪道，哪有像你这样办事的？"

京官说："天下的人，能有几个像老师这样不喜欢戴高帽的？"

老师听了，转怒为喜、点点头说："你这一句话倒也说得很对！"

京官辞别老师后，便对别人说："我的一百顶高帽，今天只剩下九十九顶了！"

解析：京官的老师由于言行不一而出现了自相矛盾。在言论上，老师把给人戴高帽的话说成是"歪门邪道"，可是当京官学生给他自己戴了一顶高帽时，却说学生给他戴高帽的话"说得很对"。这是明显的自相矛盾。

【例7-13】在一篇关于新型药物疗效的科研论文中，作者描述了研究的目的、方法和结果。原文摘录：在本研究中开发了一种新的抗癌药物X，并旨在评估其对癌细胞的抑制效果。实验结果表明，药物X在所有实验组中均显示出了显著的抗癌效果。具体而言，在实验组1中，药物X成功地抑制了90%的癌细胞增殖。然而，在实验组2中，药物X完全没有显示出任何抑制效果。

解析：作者犯了一个"自相矛盾"的逻辑错误，违反了矛盾律，即同一命题不能既为真又为假。自相矛盾点：作者一开始宣称，药物X在所有实验组中均显示出了显著的抗癌效果。然而，接下来作者却提到，在实验组2中，药物X完全没有显示出任何抑制效果。这两个声明是显然的自相矛盾，因为"所有实验组均显示出显著效果"和"某实验组完全没有效果"不能同时为真。

【例7-14】某位写作爱好者，在作品中出现的部分内容："某电影的门票已部分售罄。1985年11月15日，（1925年出生的）李华英年早逝。被河边光秃秃的森林吓了一跳。老艺术家年轻时的近照。"

解析：这些作品中的部分内容都是一些包含互相矛盾的语词的句子或判断。"售罄"就是卖完了，怎能又是只卖了"部分"；1925年出生，1985年去世，怎能是"英年"（一般指壮年）早逝；"光秃秃"不可能被称作森林，怎会有"光秃秃的森林"；"近照"一般指最近拍摄的照片，老艺术家年轻时的照片，怎能称为"近照"。总之，这种文字上或语词之间的矛盾很容易导致思维中的逻辑矛盾，应当尽力避免。

## 三、如何正确使用矛盾律

任何一种思想，包括任何一个判断、一种理论或一种理论体系，只要包含着逻辑矛盾，它就是不能成立的，也是不可能为人们接受的。遵守矛盾律的逻辑要求，保持思维的一致性或融贯性，是正确思维和有效交际的必要条件。无论是说话、写文章、日常思维还是科学研究，都不应包含逻辑矛盾。自相矛盾的逻辑错误会导致思维丧失，无矛盾性和确定性，从而引发思维的混乱。

如何正确使用矛盾律？首先，明确命题，确定正在讨论或分析的具体命题；其次，辨别矛盾，检查否定命题是否在同一时刻、同一情况下、同一方面、同一意义上与命题同时被认为是真；最后，评估命题和其否定的关系，需要确保的是，在逻辑推理或论证过程中，不会出现命题和否定命题同时为真的情况。若发现则说明推理或论证中存在矛盾。矛盾律是有条件的：同一时间、同一方面、关于同一个对象；矛盾律是关于思维的一条规律，不是客观事物本身的规律。通过不断地逻辑训练与实际应用，可以更好地掌握这一工具，为学习、工作和生活提供更加坚实的思维基础。

# 第四节　排　中　律

## 一、排中律的内容和要求

### （一）排中律的内容

#### 1. 基本内容

排中律是普通逻辑的基本规律之一。它的基本内容是：在同一思维过程中，两个互相否定的思想必有一个是真的。"两个互相否定的思想"指在同一思想过程中，两个互相矛盾的思想不可能都不是真实的。

#### 2. 公式

$$A \lor \neg A \tag{7-3}$$

说明：

A：表示任一概念或命题。

¬：逻辑"非"运算符

¬A：表示与 A 具有矛盾关系或反对关系的概念或命题。

∨：逻辑"或"运算符

含义：对于 A，要么 A 为真，要么¬A 为真；即每个命题非真即假，不能既非真也非假，简而言之，一个命题必须在"真"和"假"之间做出选择。

#### 3. 应用场景

排中律是经典逻辑中的一个基本原则，排中律在许多领域和场景中的应用都非常广泛，以下是一些具体的应用案例。

1）日常决策

在日常生活中，许多决策也基于排中律进行。对于"选择是否去参加一个朋友的婚礼"。依据排中律可知："去参加婚礼"或者"不去参加婚礼"至少有一个为真。最终只能做出一个决定，而不能既去又不去。

2）法律和判决

在法律系统中，排中律用于确保对案件进行明确的裁决。例如，在刑事案件的判决中，"被告有罪"，根据排中律，要么被告有罪，要么被告无罪。在审判过程中，必须通过证据和法律程序做出明确的判断，而不能处于模糊状态。

3）计算机科学和算法设计

在计算机科学中，许多算法设计和决策问题依靠排中律来确定执行的路径。例如，条件语句在编程中的应用，某个算法需要判断用户输入的值是正数，根据排中律，要么输入的值是正数，要么不是正数。根据这个条件分支，程序执行相应的操作。例如，如果输入的值是正数，则执行相应的代码块，否则执行另一个代码块。

4）医学诊断

在医学诊断中，排中律用于确定患者是否患有某种疾病。例如，诊断患者是否感染某种病毒。要么患者感染该病毒，要么未感染，通过医学检测手段，得出明确的诊断结果。

5）电子电路设计

在电子电路设计中，排中律用于确定电路状态。例如，数字电路的状态判定。电路中的某个开关处于高电平状态。根据排中律，开关要么处于高电平状态，要么处于低电平状态。电路设计和故障诊断基于这些明确的状态进行。

总之，排中律几乎贯穿于所有正式和非正式的逻辑推理过程，确保对命题和情况能够做出明确的判断，从而避免不确定性和模糊状态。

### （二）排中律的要求

#### 1. 在概念方面

在同一思维过程中，即在同一时间、从同一方面、对同一对象而言，它或者是 A，或者是非 A，二者必居其一。例如，反法西斯战争，或者是"正义战争"，或者是"非正义战争"，二者必居其一。

#### 2. 在判断方面

在同一思维过程中，对于同一对象所作的两个互相矛盾或反对关系的判断，必须肯定其中有一个是真的。例如，"所有青年都是体育爱好者"与"有青年不是体育爱好者"，这两个判断不可能全假，必有一真。

## 二、违反排中律的逻辑错误

在同一时间、同一关系下，对反映同一个对象的两个互相否定的思想，必须承认其中一个是真的，不应含糊其词，骑墙居中。违反排中律的要求所犯的逻辑错误是："模棱两可"，或者叫作"两不可"，即对两个相互矛盾的判断都否定。

**【例 7-15】** 在某次班级选举班委时，张同学既没有投赞成票，也没有投反对票。此例违法排中律了吗？

解析：在实际选举中，除了投赞成票和投反对票之外，通常还有其他选项，如弃权票。这并不违反排中律。因为在张同学的投票结果集合中，投赞成票和投反对票并不是唯一的两种选择。

**【例 7-16】** 在一次讨论古典文学名著《红楼梦》的会议上，出现了两种互相矛盾的意见：一种意见认为《红楼梦》是一部杰出的古典文学名著，另一种意见认为《红楼梦》并不是一部杰出的古典文学名著。主持会议的人在作讨论小结时说："我不同意第一种意见，但也不同意第二种意见。"此例违法排中律了吗？

解析：会上出现的这两种意见，明显是互相矛盾的，而会议主持人对这两种意见却同时给以否定，显然违反了排中律的逻辑要求，犯了模棱两可的逻辑错误。

究其原因，一方面可能是由于他自己对《红楼梦》的评价也有犹豫之处。如果是这样，他完全可以公开说明，明确表示自己还没想清楚，可以暂时不表示意见，这也是允许的。但他却采取了上述表态，以至于陷入了违反排中律要求的逻辑错误之中。另一方面，可能是他对两种不同意见的赞成者都不想"得罪"，迫于情面，只好采取骑墙态度。这也正是人们之所以会犯模棱两可错误的一个通常原因。

**【例 7-17】**在某次法院的审判中，法官甲："公诉机关的材料还不够充分、确凿，所以不能证明被告人犯了罪。"法官乙："那么说，只能判决被告人无罪了。"法官甲："也不能说被告就无罪，他嫌疑还是很大的。"此例违反排中律了么？

解析：本例中的"犯了罪"与"无罪"是相互矛盾的，亦即没有中间可能，因此不能对二者同时予以否定，必须肯定一个而否定另一个。而法官甲的回答却是对二者同时否定，显然也犯了模棱两可的逻辑错误。

### 三、如何正确使用排中律

排中律是逻辑学中的一个基本原则，表述为"对于任何命题 P，要么 P 为真，要么 P 的否定为真"。排中律在推理、证明和解决矛盾中发挥重要作用。正确使用排中律有助于维护推理的严密性和一致性。

如何正确使用排中律？首先，明确命题的定义，确保命题是清晰明了的，不含歧义；确认命题是可以确定真假。其次，理解命题和其否定的逻辑关系，确保否定命题正确表达了原命题的相反情况，避免把多重选项拆解为简单的二选一过程。然后，应用排中律进行推理，在推理中，分别考虑命题为真和为假的两种情况。最后，解决逻辑矛盾，使用排中律识别和纠正逻辑矛盾，这时要关注具体背景和条件，避免草率结论。

# 本 章 小 结

本章主要讲解了普通逻辑基本规律的作用，以及同一律、矛盾律、排中律的内容、要求和应用，总结如下。同一律：即具有确定性的思维，A 是 A，在同一时间、从同一方面、对同一对象所形成的论断"A"，是真则真，是假则假。否则会犯"偷换概念/论题"的错误。矛盾律：即具有一致性的思维，在同一时间、从同一方面、对同一对象所形成的论断"A"和"非 A"不能同真，必有一假。不能同时肯定 A 和非 A，否则会犯"自相矛盾"的错误。排中律：即具有明确性的思维，在同一时间、从同一方面、对同一对象所形成的论断"A"和"非 A"不能同假，必有一真。不能同时肯定 A 和非 A，否则会犯"两不可"的错误。

总而言之，同一律、矛盾律和排中律在本质上是一致的，它们都反映了思维的确定性，但它们反映的角度和形式是不同的。同一律以肯定形式体现了思维的确定性，矛盾律以否定形式体现了一致性，而排中律则通过"非此即彼"体现了明确性。这些逻辑原则是正确思维的必要条件，也是科学理论的重要工具。

# 本 章 习 题

1. 同一律的基本要求是什么？
2. 矛盾律的定义是什么？
3. 排中律如何体现思维的明确性？
4. 案例分析：张三既高兴又悲伤。该陈述违反了哪条逻辑规律？为什么？

5. 案例分析：迷信邪说我是不信的，但要说起鬼神就由不得你不信了，因为在我看来，这些东西实际上是人类尚未知晓的奇异现象，同许多尚未为人了解的现象一样是一种客观的存在。该陈述违反了哪条逻辑规律？为什么？

6. 案例分析：小红在讨论中说："所有的猫都是哺乳动物，但有些猫不是哺乳动物。"该陈述违反了哪条逻辑规律？为什么？

7. 案例分析：吉米考汽车驾驶执照。口试时，主考官问他："当你看到一个人和一只狗同时在你车子前面出现时，你是撞人还是撞狗？"

"当然是撞狗了！"吉米冲口而出。主考官摇摇头，说："你下次再来考吧。"

"怎么？"吉米很不服气，"我不撞狗，难道应该去撞人？"

"你应该刹车！"主考官道。

该陈述违反了哪条逻辑规律？为什么？

# 参 考 文 献

[1] 皮里. 有用的逻辑学 [M]. 蔡依莹，付业莉，译. 2 版. 南昌：江西人民出版社，2018.

[2] 麦克伦尼. 简单的逻辑学 [M]. 赵明燕，译. 北京：中国人民大学出版社，2008.

[3] 蒋巍巍. 我的第一本逻辑学入门书，提升思考力 [M]. 北京：中国商业出版社，2018.

[4] 丁毓峰. 逻辑学原来如此有趣 [M]. 北京： 化学工业出版社，2016.

[5] 王路. 论矛盾律的意义 [J]. 自然辩证法研究，2024，40（5）：137-144.

[6] 黄朝阳. 从金岳霖的观点看矛盾律争鸣 [J]. 学术研究，2019（5）25-29.

[7] 曹飞. 矛盾律和排中律析论 [J]. 理论导刊，2018（2）：47-51.

[8] 李宇宁. 同一律及矛盾律的中西比较研究 [D]. 秦皇岛：燕山大学，2009.

[9] 写文章要掌握矛盾律 [J]. 山西中医，2008（8）：26.

[10] 写文章要掌握排中律 [J]. 山西中医，2008（8）：42.

[11] 刘汉民. 论正确认识和运用同一律 [J]. 重庆工学院学报，2006（12）：68-70.

[12] 张晓芒，张大同. 写作过程中的一点"讲究"与同一律意识 [J]. 编辑之友，2002（6）：75-76.

[13] 苏越. 逻辑矛盾律与新闻写作的一贯性 [J]. 新闻与写作，1999（10）：21-23.

[14] 许占君. 排中律的定义及其适用范围 [J]. 内蒙古大学学报（哲学社会科学版），1996（3）：111-114.

# 第八章　学术写作的逻辑

学术写作的核心在于逻辑清晰、条理分明地阐述研究问题、方法、结果和结论，用文字完整地呈现提出问题、分析问题和解决问题的研究过程与结果，选择适合的研究范式和方法有助于提高学术研究的说服力，选择合适的结构进行规范化的文字阐述有助于提高学术论文的可读性。

学术论文写作强调科学性、创新性、专业性、规范性和应用性。

科学性：内容的科学性；结构和表述的科学性；结果的可重复性。

创新性：新的研究结论；新的研究方法；新的资料；新的假说。

专业性：专业的研究领域；专业的语言表述；专业的读者群。

规范性：学术论文结构体系和编写格式的规范性；语言文字、标点符号使用的规范性；图表制作和参考文献著录的规范性。

应用性：理论上解决专业领域某方面的理论问题；实践上解决专业领域的某些实际问题。

学术论文的具体写作框架一般包括引言、文献综述、研究内容、研究方法、结果、讨论、结论等部分。引言部分介绍研究背景和意义，文献综述，以及研究目的和研究问题。方法部分详细说明研究设计、数据采集方法和数据分析方法。结果部分阐述描述性统计结果、实证分析结果，以及对结果的解读和讨论。讨论部分分析结果的启示和意义，与文献的关系，结果的局限性和未来的研究方向。结论部分总结主要发现，以及对实践和理论的意义。此外，还可以包括参考文献、致谢、附录等。其中，学位论文和一般的学术论文略有不同，学位论文主要内容包括：题目、摘要、关键词、目录、引言、绪论、文献综述、正文、结论、致谢、参考文献、附录等；而学术论文一般包括：标题、署名及单位、摘要、关键词、引言、文献综述、研究模型或框架、研究方法、研究结果与讨论、结论、参考文献等。值得强调的是以上内容提纲会因学术写作的范式不同而不同，即不同的范式所包含的内容会有所不同。

## 第一节　学术写作的范式与结构

学术写作的范式根据研究范式不同也有所不同。宏观上可以分为探索性研究（exploratory research）和验证性研究（confirmatory research）。它们在目的、方法和研究设计上有着明显的区别，因此体现在写作逻辑上也有所不同。

第一类　探索性研究范式

研究问题：通常是开放式的，允许研究者发现新的现象或信息。

研究目的：旨在探索未知领域，提出新的问题，或为后续研究提供框架。

研究方法：一般采用定性研究方法居多，如深度访谈、焦点小组、案例研究等定性研究方法。

数据分析：强调主题分析、模式识别和理论构建等。

研究设计：灵活，允许研究者根据初步发现调整研究方向。

结果表述：一般以叙述性文本、概念图、理论框架或理论模型的形式呈现。

此外，可能没有明确的假设，或者研究假设在研究过程中逐步形成；不追求结果的普遍性，而是关注特定情境下的深入理解，即比起普遍性更关注典型性。值得注意的是，探索性研究通常在某一研究领域发展的早期阶段进行，可能存在一定的局限性。

第二类　验证性研究范式

研究问题：通常是封闭式的，基于预先设定的假设或理论。

研究目的：旨在测试已有理论或假设，验证变量之间的关系。

研究方法：采用定量研究方法居多，如问卷调查、实证分析、实验设计等。

数据分析：依赖统计方法，如假设检验、回归分析等。

研究设计：严格和标准化，以确保结果的可重复性和可靠性。

结果表述：以数值数据、图表、统计测试结果的形式呈现。

值得注意的是，验证性研究一般都有明确的研究假设。研究假设需要在研究开始前明确提出，并在研究过程中进行测试；追求结果的普遍性和代表性，希望研究结果可以推广到更广泛或一般化的范围；存在的研究限制可能由统计方法会带来一定的误差，以及样本的代表性也可能存在一定的偏差等。

总之，探索性研究更注重发现新现象、理解复杂问题和生成新理论。而验证性研究更注重测试理论、验证假设和量化变量之间的关系。两种研究范式在研究过程中可以相互补充，探索性研究为验证性研究提供理论基础和研究方向，而验证性研究则可以为探索性研究的结果提供实证支持。在实际研究中，研究者可能会根据研究问题和目的，灵活运用这两种研究范式。

不同的研究范式，学术写作的风格和结构略有不同。从行文结构上来讲，学术写作的论述逻辑可以分为：总分总结构和递进式结构。

## 一、总分总结构

总分总结构的表达式："总体概述+分论 1/分论 2/分论 3……+总结"。这种结构强调从总体出发，通过各个分论点的展开，最后再进行总结，有助于逻辑清晰地阐述研究内容和结论。在学术写作中，可以围绕研究问题的细分进行总分总结构划分，例如，将一个研究问题细分为不同的平行问题，分别进行论证分析或论述等。

其中"总"部分在文章的开头，提出论文的主题或中心论点，在这一部分，作者会明确论文的研究问题或主题，为读者提供一个清晰的论文概述。利用学术论文的引言部分，明确阐述研究问题或主体、研究结论或观点及研究意义。

"分"部分是对主题或中心论点的展开和论证，通常包括若干个分论点或子话题，这些分论点从不同角度支持或解释主题。这一部分包含对研究问题的详细分析和讨论，可能包括实验设计、数据收集、结果分析等，这些都是为了支持或证明论文的主要论点。例如，一个研究问题可以细分为几个不同的、并列的子问题，进行分别阐述或论证。

"总"部分在文章的结尾，对前面的分析和论证进行总结，重申或扩展主题，或者理论结合实际，对主体进行内涵及外延上的升华，使读者对论文的主要观点或结论有一个更为具体的认知，并回应文章开头提出的研究问题，做到前后呼应，体现学术写作的完整性。

此外，总分总结构还可以细分为先分后总式、先总后分式和先总后分再总式，这些变体根据具体内容和逻辑需要灵活应用，以确保信息的有效传达和读者理解。通过明确的总分总结构可以帮助写作者系统地组织信息，提升学术写作的条理性，增强可读性。通过明确地提出问题、分析问题和总结问题，提升学术写作的逻辑性和说服力。

## 二、递进式结构

递进式结构是学术写作中常用的一种结构方式，它按照事物或事理的发展规律及逻辑关系，一层一层地组织文字，层次之间是深化递进的结构关系。在学术写作中可以按照逐层递进的思路对研究问题、研究内容等进行细分或分层论述，环环相扣，层层递进使得各个部分之间紧密相连，逻辑上层层深入，不断推进。

采用递进式的结构进行论述，有几种不同的细分逻辑，具体如下。

### 1. 从现象到本质的"剥洋葱"式深化

首先描述问题的表面现象，然后逐步揭示其背后的本质原因和规律。例如，在社会科学研究中，可以从社会现象入手，逐步深入到社会结构、社会心理等层面。

### 2. 从因到果的逐层递进

按照事物发展的因果关系，逐层推导，揭示事物发展的内在逻辑。例如，在自然科学研究中，可以通过实验数据逐步推导出科学结论。

### 3. 从一般到特殊或从部分到全局的递进

一般到特殊即先从普遍性的规律或原则出发，然后逐步深入到具体的事例或细节中，将抽象的理论与具体的实践相结合，增强文章的说服力；而部分到全局或整体，则是先从代表性的局部再到全局的论述过程。

【例 8-1】学术写作是以研究问题为线索的，写作内容可以根据研究问题分别采用总分总或递进式结构进行展开。

假设研究问题为：直播电商平台用户的使用意愿研究

如果采用总分总结构，则可以参考以下思路进行展开论述：

第一部分（总）先总体阐述研究问题本身。例如，可以总体介绍平台用户使用意愿的影响因素一般有哪些，并给出本研究的理论框架或模型，如采用技术采纳模型（technology acceptance model，TAM）框架，为后续分开论述提供依据。在学术写作中可以单独一级标题，论述研究框架或理论模型。

第二部分（分）分开论述。依据研究框架或理论模型，分别阐述不同变量之间的关系。例如，采用 TAM 模型框架，分别阐述感知有用性和感知易用性对用户使用意愿的影响，可以分为两个不同的小节，如 2.1 感知有用性对用户使用意愿的影响；2.2 感知易用性对用户使用意愿的影响。

第三部分（总）总括论述。综合分析论述的结果，综合论述研究问题的分析论证结果，回应第一部分，前后呼应，回答基于本研究的数据分析或资料论证，影响平台用户使用意愿的因素主要有哪些，整体论述感知有用性和感知易用性对用户使用意愿是如何影响的，回答研究问题。

如果采用递进式的结构进行论述,则可以参考以下思路对研究问题的论述进行逐层展开:

第一部分: 直播电商平台的用户特征及其消费行为画像;

第二部分: 影响用户使用意愿的主要因素分析;

第三部分: 用户行为意图分析及其持续使用意愿的影响因素分析。

以上思路是层层递进的,从用户特征出发,分析用户使用意愿的影响因素及其持续使用的影响因素。

## 三、实证研究学术论文的写作逻辑

实证研究学术论文的写作逻辑通常遵循一系列严谨的步骤,以确保研究的科学性和可信度。以下是实证研究学术论文写作的主要逻辑结构。

### 1. 引言 (introduction)

背景介绍:简要阐述研究领域的背景信息,说明研究的重要性和意义。

研究问题:明确提出研究问题或假设,为后续研究指明方向。

研究意义:阐述可能的研究贡献和研究价值所在。

### 2. 文献综述 (literature review)

文献梳理(综):广泛阅读和分析相关文献,建立研究背景,理解研究领域的现状和发展趋势;并识别研究领域中的关键理论、主要研究方法和重要发现,为研究问题或假设的论证提供支撑。

文献述评(述):对前人的研究成果进行评价,指出研究不足或未来的研究方向,明确本研究的出发点和目的。

### 3. 模型构建 (modeling)

构建研究模型:明确阐述研究的理论基础和框架,构建实证研究模型;并对模型中的变量及变量之间的关系进行明确定义。

提出研究假设:基于模型变量关系,提出明确、可验证的研究假设。

### 4. 研究方法 (methods)

设计研究:根据研究问题,设计合适的研究方法,包括数据收集方法(如问卷调查、实验法等)和数据分析方法(如统计分析、回归分析等)。

变量度量与量表开发:明确定义研究中的变量,并选择合适的度量方式,如采用问卷调查法,则需要开发测量量表。

### 5. 数据收集与处理 (data collection and processing)

数据收集:按照研究设计收集数据,确保数据的来源和质量。采用问卷调查法,则需要分别进行预调研和正式调研两个不同阶段的数据采集。预调研的主要目的在于通过少量调研进一步完善问卷。

数据清洗与准备:对数据进行清洗和预处理,提高数据质量,确保分析结果的准确性。

描述性统计与信效度分析:进行描述性统计分析,对被调查者进行描述分析,了解数据的基本特征;进行问卷数据的信度和效度分析,确保数据质量能够满足实证分析要求。

### 6. 实证分析 (empirical analysis)

结果分析:利用统计软件对数据进行分析,开展假设检验,验证假设是否成立。可以采用路径分析法、结构方程模型、QCA 分析等不同的方法。

稳健性检验：进行稳健性检验，验证分析结果的可靠性。

### 7. 讨论（discussion）

解释结果：详细解释实证分析结果，讨论结果与假设的一致性。

对比前人研究：将研究结果与前人研究进行对比，讨论差异的原因。

理论贡献：阐述研究结果的理论意义和实际意义，说明本项研究的重要价值。

研究局限与未来方向：指出研究的局限性，并提出未来研究的方向和建议。

### 8. 结论（conclusion）

总结研究发现：精炼表达在理论分析和实验验证的基础上得出的结果。

提出见解：在结论中提出自己的见解，并对可能的进一步研究方向进行预估。

与引言呼应：结论应与引言相呼应，体现研究的完整性和逻辑性。

实证研究学术写作逻辑的总体要求在于：逻辑清晰：从引言到结论，论证线索要清晰有序，逻辑关系要紧密连接；结论来自数据，强调数据支撑：学术论证中，数据和案例是重要的支撑材料，确保研究的可靠性和可信度；突出创新贡献：学术论文的价值应该体现在其创新性上，即对已有文献的边际贡献，尤其强调理论创新。

## 第二节　选题与研究意义的阐述

问题的提出是学术研究的首要环节，好的研究有一半取决于研究问题的质量，发现好的研究问题是开启好的研究的第一步，研究问题新颖、有价值往往是一项研究值不值得做的主要原因。那么好的选题从何而来呢？

### 一、研究选题与问题阐述

#### （一）选题的来源

研究选题的来源一般可以分为两类：即从实践中来或从理论中来。

#### 1. 选题来源于实践

学术研究应该来源于实践，再回到实践，即好的研究问题一定是有现实依据的，是现实生活或工作中存在的真实问题，也就是我们说的"真问题"。来源于现实世界的"真问题"是学术研究关注的重点，这可能包括以下两方面。

① 来自社会热点的问题，或者是社会各界普遍关注甚至感到困惑的难题。解决现实问题的研究课题，往往需要研究者首先对社会现象和问题根源有较为深刻的认知；其次需要研究者能够建立现实问题和解决问题的理论基础之间的有效关联。因此，将现实问题转化为好的研究问题并不是一件容易的事情，研究者需要具备洞察现实问题的能力和较为充足的文献或理论储备。例如，关于外卖等新就业形态的研究；数字经济与绿色低碳发展等主题相关的研究等。

② 来自管理实践的问题。在管理实践中发现研究问题是一个既富有挑战性又极具价值的过程，可以是研究者本人亲自参与管理实践，通过观察与记录、提炼总结研究问题；也可以是研究者调查、走访管理实践者或相关工业人员，通过跟踪调查，记录看似平常但可能隐藏

着重要问题的现象，从而提炼挖掘研究问题。例如，数字化转型对员工工作态度、工作效率的影响等。研究者从实践中寻找研究问题还需要考虑问题的可研究性或者在当前研究的可行性。值得注意的是，一个好的研究问题应该是清晰的、可操作的，并且能够引导后续的研究设计，预期研究结论能够指导研究实践。例如，"如何通过团队建设活动提高跨部门合作的效率？"就是一个具体且具有操作性的研究问题。

**2. 选题来源于理论**

有许多的研究问题是从理论发展的沿革中产生的。例如，与现有理论一脉相承，在现有理论基础上的进一步扩展；或颠覆现有理论，即通过对现有理论的质疑和否定产生新的研究问题；抑或是对现有理论的证明与验证，从而发展理论。

文献研读是获取研究问题非常重要的方式。通过理论来获取研究问题，有以下 3 种方式。

第一种方式，对经典文献的纵深研究，也就是常说的把经典文献"读"透。每种理论的诞生，都是以一篇或者几篇经典文献的发表为标志的，对经典文献的深入阅读及思考，有助于理解该学科的精华。任何一篇经典文献大致都可以分为问题提出、问题研究和研究结论 3 个部分。读透问题提出部分，就是要分析作者提出该问题的理论背景和实践背景的思路，思考沿着作者的思路或者改换作者的思路是否有可能提出新的问题；读透问题研究部分，就是要读透作者的研究思路，思考对于作者提出的问题，自己是否有新的解决问题的思路，或者适当改变作者原思路中的某些环节，看是否有可能有新的发现。目前相当多的研究，都是在原有经典文献基础上，通过放宽假设条件、改变推理方式、拓宽应用范围等方式进行的，尤其是有一些西方理论结合中国情景的实证研究，甚至是直接用中国数据源替代西方数据源后展开的。读透研究结论，就是认真研究作者提出的研究结论及其创新点、未来拟研究方向等内容，从中寻找可研究的问题。读透经典文献是最为常见的方式，也是理论研究者应该掌握的研究基本功。

第二种方式，文献的比较研究，也就是同一主题下的几篇文献进行比较，找出文献之间的相同点和不同点，这些点主要体现在研究的理论基础、研究所采用的方法、研究所涉及的案例、数据等都会形成不同的研究结果，对文献中的不同进行比较研究的过程中，能够发现研究的空白点、研究的局限性，从而产生进一步研究的问题。

第三种方式，对多篇文献的动态聚群研究。聚群就是对某一领域内多个相关主题在不同时间段内的多篇文献进行研究，动态就是及时跟踪该领域内最新研究文献。如果对单个文献的纵深研究是对"点"的研究，文献比较研究是对"线"的研究的话，对某一领域大量的跨时段的多篇文献的研究，则是对"面"的研究。通过文献研究，掌握该领域的发展脉络、所使用的研究方法、所涉及的研究领域，从中把握未来的研究方向及可研究的领域，即从理论中延伸出来新的研究问题。

### （二）文献研究与分析

无论选题来自实践还是来自理论，研究者在开始真正研究一个具体问题之前，均需要开展文献研究与分析。在文献分析过程中，需要思考几个问题：即研究所属的领域或其他领域对此问题已经知道多少，已经完成的相关研究有哪些？以往的研究解决了哪些类似的问题，还有哪些问题有待解决？是否存在前人没有涉及的新的议题和研究方向。通过文献分析可以帮助研究者确定研究问题或确认研究方向值得探讨。

文献研究的目的包含：理清研究主题所在领域的研究现状，同时也帮助读者了解该领域的研究进展；为研究者提出新的理论框架或者新的假说的构建理论基础；为研究者对某种现象和行为进行可能的解释提供理论依据，从理论上识别概念之间的关系和前提假设，为构建研究模型奠定理论基础；通过评述现有研究的不足，找到新的空白点或者可创新之处，开辟新的研究议题或发掘新的研究方向和研究方法、途径等；提供后续研究者参考以开展进一步的研究工作，寻求更为重要的研究议题。在行文写作中，关于选题的文献分析可以写入引言部分，也可以单独列出"文献综述"进行详细阐述。

文献研究的作用在于通过文献调研和分析，告诉研究者此项研究在该领域内的地位和价值。有些新的研究议题现有研究很少，这有两种可能，一是该项研究确实很前沿，很新颖，非常值得关注；二是该研究的价值不足，因此无人问津，或者其他原因导致该项研究的实际意义不足等，因此，通过文献分析可以帮助研究者更好地找到"研究问题是否值得探讨"的答案。

### （三）问题的阐述

确定研究问题后，需要思考如何准确地进行选题表述。一个好的研究问题通常具备以下条件。

明确性：问题表述清晰、具体，避免模糊和歧义。

重要性：问题对学术界或实践领域有重要意义，能够产生新的知识或解决实际问题。

可行性：问题在现有资源和条件下是可研究的，包括数据的可获取性、研究方法的可行性等。

创新性：问题具有新颖性，能够推动领域的进步或提供新的视角。

相关性：问题与现有研究紧密相连，能够建立在已有知识的基础上，而不是孤立存在。

要找到好的研究问题或创新性的研究选题，首先，需要具备善于发现问题、思考问题的思维习惯和学术敏感性，提升学术素养和学术思辨能力，培养敏锐地发现问题意识。其次，好的研究问题还需要有好的文字呈现，这主要包括两个方面，第一，一个好的标题；第二，一个引人入胜的引言。

#### 1. 标题的表述

学术论文的标题是最直接反映论文选题的文字表述，一般控制在 25 个字之内，用词要精炼精准、具体、切题、恰当、简明，具有新颖性，能够引起读者注意，达到表述清晰简洁、直截了当地揭示论文研究选题和研究问题的作用。研究选题要大小适中，提倡小题深做，避免"大题小做"，根据需要可以使用副标题。

【例 8-2】标题举例

大学生对个人碳账户的认知、参与意愿和行为的调查研究

消费者直播购物评价特征识别及情感分类研究

数字化转型推动企业绿色创新——基于信息效应、资源效应与技术效应的分析

#### 2. 摘要和引言中的问题阐述

一篇学术论文的开篇就应该清楚明确地交代研究问题。一般读者筛选和阅读文献会从标题、摘要、引言、结论等入手先行阅读，因此，在这些部分要有专门的行文明确清晰地告知读者该文关注的研究问题是什么。摘要字数有限，涉及研究问题本身描述限于一句话或半句

话，而在引言中则可以从问题产生的社会现象和文献基础出发，更为清晰地阐述研究问题的提出逻辑，以说明该研究问题具有一定的现实意义，且理论上值得深入研究。下面将详细介绍摘要和引言的撰写逻辑。

## 二、摘要与关键词的撰写

摘要是对论文内容的简短陈述，要求扼要并符合逻辑地说明研究背景与问题、研究目的、研究方法或过程、研究结论及意义等，重点是结论。学术论文的摘要字数一般控制在 200～300 字，不同刊物要求不完全一样，而硕士学位论文摘要字数一般在 600 字左右，此外，学位论文除了简短摘要以外，还可以大摘要，相当于研究简报。

摘要的写作要求：客观、简洁、完整；语言要规范，不叙述、不抒情；不出现"我、笔者、作者"的字眼，要以第三人称进行撰写；不能出现图片、表格、公式、特殊符号及参考文献标注等。

### （一）学术论文摘要的写作逻辑应遵循的几个关键点

摘要结构反映文章叙事逻辑：摘要的内容应简洁明了地概述论文的主要内容和研究逻辑，包括研究背景、目的、方法、结果和结论等部分。

突出研究目的和结论：摘要中应明确阐述研究的目的和主要发现，使读者能够快速了解研究的核心内容和贡献。

保持客观和简洁：摘要应使用客观、简洁的语言，避免加入主观见解、解释或评论，确保信息的准确性和可读性。

逻辑清晰，语义确切：摘要的内容应按照研究逻辑顺序排列，句子之间要上下连贯，互相呼应，确保语义的完整和确切。

### （二）学术论文摘要的写作风格

不同的学术论文有不同的摘要撰写要求，目的有所不同。与学术论文相比，学位论文的摘要更要求全面性，篇幅一般比学术期刊发表论文的摘要长。以学术论文为例，摘要的撰写风格主要有结构式摘要、全景式信息型摘要、重点提示型摘要等。

#### 1. 结构式摘要

顾名思义，结构式摘要就是按照学术期刊的摘要撰写结构要求进行学术论文的摘要信息提取，一般仅限一个段落，但每一项信息都有明确的标题，如"背景""目的""方法""结果""结论"等。背景部分介绍研究的背景和研究问题；目的部分明确回答研究的目的或研究问题；方法部分详细描述研究设计、数据采集和分析方法；结果部分提供关键的统计数据和研究发现；结论部分总结研究结果的意义和对未来研究的启示。一般每一个部分限于 1～2 句话，即简洁明了地阐明相关信息。

【例 8-3】

标题：虚拟社区用户知识付费意愿实证研究

作者：方爱华；陆朦朦；刘坤锋（武汉大学信息管理学院，武汉 430072）

发表刊物：图书情报工作，第 62 卷，第 6 期，2018 年 3 月

摘要：[目的/意义] 探索虚拟社区用户知识付费意愿的影响因素，有助于更加深入了解

用户在虚拟社区中的知识付费行为，帮助内容创作者和虚拟平台运营商洞悉用户需求，为提高知识服务质量和优化资源配置提供参考。[方法/过程]基于感知价值理论，对虚拟社区用户知识付费行为进行研究，构建知识付费的结构方程模型，揭示影响用户知识付费的关键因素及其机理；采用问卷调查法，搜集 321 份有效样本数据，在此基础上，利用偏最小二乘结构方程模型方法分析数据。[结果/结论]虚拟社区用户的感知价值显著正向影响其付费意愿；感知利得（感知有用性、感知信任）显著正向影响感知价值，感知利失（感知风险、感知成本）显著负向影响感知价值，且感知价值在感知利得和感知利失对用户付费意愿起到了完全中介作用；口碑负向调节感知价值对付费意愿的影响。

以上摘要是按照期刊投稿要求进行的摘要信息提取，包括[目的/意义]、[方法/过程]和[结果/结论]3 部分，且每一部分都保留了明确的指示性标题，如[目的/意义]。

### 2. 全景式信息型摘要

信息型摘要（informative abstract）是最常见的摘要类型，通常用于科学、技术和医学领域的研究论文。通过详细描述研究的目的、方法、主要结果和结论，帮助读者快速理解论文主旨。信息型摘要一般篇幅较长，可能包含具体的数据和统计结果。而全景式摘要（panoramic abstract）旨在为读者提供一个全面、多维度的论文概览，可以理解为信息型摘要的一种，但更全面，可能包含对研究背景、目的、方法、结果、结论和应用的全面描述。

该摘要主要特点如下。

全面性：涵盖论文的所有关键部分，包括研究背景、目的、方法、结果、讨论和结论。

深度：不仅描述研究的结果，还探讨结果的意义、局限性和未来研究方向。

多维度：整合理论与实践、定量与定性分析、国内与国际视角等多个维度。

启发性：提供对读者有启发性的信息，帮助他们理解学术研究的创新点和学术价值。

应用导向：强调研究的应用潜力和实际影响，使读者能够看到研究在现实世界中的可能应用。

全景式摘要的目的是为读者提供更全面的论文概览，帮助他们决定是否深入阅读全文，并为学术交流和知识传播提供一个更加丰富和立体的视角。

### 【例 8-4】

标题：知识网络与集群企业竞争优势研究

作者：王晓娟

浙江大学博士学位论文，2007 年 3 月

摘要

集群企业正成为联系地方产业集群与全球生产网络的重要纽带，是经济全球化背景下产业集群升级和演进的微观动力；从已有的集群理论研究成果来看，目前的研究主要集中于集群整体层面，研究的焦点是对集群整体的竞争优势进行探讨，集群企业被假定为是具有同质性和机会均等性的，相对于非集群企业可以获得一种"非对称"的特殊竞争优势。然而，从集群内部企业之间的知识溢出来看，集群企业享有的知识溢出效应实际上并不均等，集群企业竞争优势存在显著差异。

对此，本文将研究的视角深入到集群内部，以知识网络分析为起点，运用结构与关系两个维度定性和定量描述了知识网络的特征，论述了集群企业在知识网络中知识溢出的非对称性及路径选择性；在此基础上，通过明晰知识网络特征集群企业学习能力和集群企业竞争优

势三者之间的关系，构建出基于知识网络特征差异的集群企业竞争优势概念模型，并借此模型说明了知识网络特征对集群企业竞争优势的作用机制。在实证研究中，根据对集群企业进行问卷调查所获得的数据资料，运用经典统计分析和结构方程建模的分析与检验，对概念模型做出适当修正并确立最终模型，从实证研究角度验证了知识网络特征对集群企业竞争优势的作用机制，并识别出了知识网络不同结构特征和关系特征对集群企业竞争优势的影响效应，为集群企业在本地知识网络和全球知识网络之间实现均衡提供了一定的理论指导。

通过理论探讨和实证分析，本文主要得出以下研究结论：（1）产业集群中企业间知识溢出具有一定的选择性和不均匀性特征，集群企业间知识网络与商业网络之间存在一定的差异性；（2）强调了存在于集群企业间关系中知识资源的重要性，指出获取、吸收知识网络中的知识资源，并不断地进行知识创新是集群企业竞争优势形成的关键；（3）知识网络不同的结构与关系特征对集群企业竞争优势的影响存在差异，接近本地知识网络的中心位置、拥有较大知识网络规模和保持一定的网络开放度都将有助于集群企业获取竞争优势，而其中知识网络的开放度对集群企业竞争优势的影响效应最大；企业间的频繁互动和长期的知识合作关系，以及企业间的关系质量都会有助于集群企业竞争优势的获取，而其中关系质量对集群企业竞争优势的影响效应最大，关系稳定性对集群企业竞争优势的影响效应最小；（4）知识网络结构与关系特征间接影响集群企业竞争优势，集群企业的组织间学习能力是这一作用机制形成的中介变量；（5）指出本地知识网络规模和网络开放度对集群企业知识创新能力的重要意义，集群企业不仅要保持与本地企业间的知识合作关系，同时也要重视与集群外部企业的知识合作，特别是对于产业集群中龙头企业来说，更要承担起集群内外知识传递的中介作用。

围绕"知识网络—集群企业组织间学习能力—集群企业竞争优势"这一理论分析框架，本文在以下 3 个方面进行了尝试性的理论创新：（1）运用集群企业间知识网络的结构与关系特征维度，定性分析和定量描述了知识网络的属性，间接地探讨了产业集群知识溢出现象及其内在特征；（2）基于知识网络结构与关系特征揭示出集群企业间竞争优势差异的原因，在明确提出集群企业间知识网络的结构性和关系性特征的基础上，本文创新性地提出了知识网络、集群企业学习能力和集群企业竞争优势的分析框架，解释了集群企业间竞争优势差异的重要原因之一在于其知识网络的"区位"特征；（3）识别出知识网络的不同结构特征和关系特征对集群企业竞争优势的作用差异，特别是本文通过引入网络开放度对知识网络结构维度的刻画，从定量角度证实了网络开放度对集群企业持续竞争优势获取的重要作用，具有一定的实践指导意义。

当然，本文仍然存在诸多不足之处，对此，本文最后部分提出了本研究的局限性及在未来还需要深入研究的若干问题。

以上摘要篇幅较长，且详细交代了论文选题的视角、研究问题、研究方法和过程、研究结论、创新点并提及了研究不足与未来研究方向等。

### 3. 重点提示型摘要

重点提示型摘要（indicative abstract）一般较为简短，主要用于人文和社会科学领域的学术论文。摘要中会根据不同刊物要求概述研究的主要内容、结论或研究贡献，重点突出，但不会详细描述具体的方法和研究过程。重点提示型摘要的目的是为读者提供重点信息阅读提示，帮助他们决定是否需要阅读全文。

**【例 8-5】**

标题：出行共享中的用户价值共创机理——基于优步的案例研究

作者：杨学成；涂科

发表刊物：管理世界，2017 年第 8 期

摘要：本文对优步的价值创造活动展开了案例研究，从中归纳成功经验，进而为在出行共享领域中从事价值创造活动的其他企业提供借鉴。研究发现：在共享经济模式下的出行行业中，用户连接阶段的价值创造方式是遵循用户主导逻辑的价值共创；用户接触阶段的价值创造方式是遵从用户主导逻辑的用户价值独创；用户分离阶段的价值创造方式是服从供应方主导逻辑的价值共创。研究的主要理论贡献在于提出了共享经济背景下的用户价值共创概念，并阐明其中用户与平台的角色与作用。研究的管理意义在于为企业在出行共享领域的价值创造实践提供了新视角。

以上摘要重点交代了研究发现，即结论、研究贡献和意义。

### （三）关键词

关键词是用作计算机系统标引论文内容特征的词语，是一篇论文最重要的标签，便于信息系统汇集，以供读者检索。因此，关键词是一篇文献被读者检索到的入口词，从文献传递的视角来讲，准确的关键词是促进文献传递的重要工具，即使用关键词可以增加论文被看见及被引用的机会。

关键词是对文章核心内容的强调和突出，是用来表示全文主要内容信息的几个词语。通常 1 篇论文的关键词为 3～5 个，按研究对象、研究问题、研究方法、研究手段等均可以列入关键词，但总体要求简洁明了、具有通用的含义，不存在歧义，概括性强，不用虚词、形容词等无实际意义的词。

**【例 8-6】**

1. 标题：虚拟社区用户知识付费意愿实证研究

关键词：知识付费；感知价值；口碑；付费意愿

2. 标题：出行共享中的用户价值共创机理——基于优步的案例研究

关键词：共享经济；用户主导逻辑；用户价值独创；用户价值共创；优步

## 三、引言的撰写

引言是学术论文中的开篇部分。用于阐述研究背景、引入研究主题、说明研究意义和目的等，引起读者的兴趣和关注，为后续的研究工作打基础。引言的内容通常包括研究背景、研究现状、问题提出、研究目的、研究方法、研究意义与贡献等。研究背景是指研究主题的来源，主要阐述研究问题产生的社会背景和理论基础；通过背景论述，提出在社会实践中存在哪些令人们困惑的问题，理论上该问题如何值得探讨，前人在该领域的研究成果和不足之处有哪些（研究现状）；研究目的是指研究的目标及它在学术界或现实生活中的重要性；研究方法是指研究的具体方法、步骤和过程，包括数据采集方式，数据分析，资料和数据的论证等，回答使用数据或资料论证研究问题，并寻求答案的逻辑过程；研究意义是指研究主题的理论价值和应用价值，研究可能带来的贡献等。

引言的写作需要回答以下 3 个问题。

第一，你打算研究什么问题？用明确的句子写出研究的问题是什么，回答现实中什么样的社会现象导致出现了什么样的问题，理论上尚未得到解释；或者现有理论在应用中出现了新的场景，导致不适用，产生了什么样的新问题，需要对原有理论或新场景进行深入研究等。

第二，为什么该问题值得研究？即回答研究问题对推动科学实践和理论知识发展的重要性。如果该研究问题不解决，会产生什么严重的后果或者该问题的解决将为人类带来多大的好处等。

第三，你的研究有何不同？有何贡献？这里需要与文献对话，即现有工作 A、B 已完成哪些方面的工作，但这些工作还存在哪些不足。例如，仅解决了部分问题，尚有其他细分问题没有解决，或者解决该问题的方法还存在局限性，需要提出新的方法等；然后本研究提出了一个新的理论或方法或设计或过程，强调自己研究工作的新颖性，以及自己提出的新理论或新方法能够带来什么影响，即研究贡献。

## （一）引言的结构

论文的引言类似于我们谈话的开场白，好的引言可以迅速提升受众对文章所表达内容的兴趣和认同感。一般情况下，为了引起受众的共鸣，在引言部分我们提倡以讲故事的方式展开，但是故事一定要与研究主题和问题紧密关联，最好是能够说明研究问题的内在逻辑和外在表现，如所反映的社会现象及其背后的原理等。讲故事的逻辑可以参照背景（S：situation）—冲突（C：complication）—问题（Q：question）—解答（A：answer）的结构来组织文字，简称 SCQA 结构。

S：背景，介绍与研究问题或主题相关的背景事件，最好是选取读者们熟知的、易产生共鸣的社会事件或热点事件，明确交代事件发生的时间、地点等要素，以及该事件带来了哪些问题，引发了哪些思考等。

C：冲突，在该背景下产生了哪些困境或难以解答的问题，或者导致了哪些变化或复杂性。冲突是推动序言故事情节发展的重要因素。

Q：问题，即根据前面的背景和冲突，顺理成章地提出本文的研究问题或拟探究的理论问题是什么，即冲突部分提到的复杂性会使得读者脑海中产生一个疑问，这个疑问就是我们的研究问题所在。

A：回答，给出你的研究思路和简要结论，即给出研究结论的概述。在序言中简要总结你的研究结论，并明确表述这一结论的意义所在，揭示你的研究贡献，有助于提升读者对于研究本身的认同感。即当读者产生疑问后，在引言部分就给出该研究可以解决疑问的信号，先向受众传递答案，避免让他们在混乱中寻找答案，从而失去耐心。

## （二）研究背景与问题提出

研究背景的写作逻辑主要包括以下几点。

① 讲故事引入研究领域：从社会实践中描述一个切实发生的社会事件或长期存在的社会现象，从宏观角度引入研究领域或主题，并阐述其重要性和广泛性，阐述其在实际生活、产业发展或学术界中的地位和作用。

② 确定研究问题：明确阐述研究问题，指出其独特性和研究价值，使读者理解研究背后的驱动力。

③ 指出现有问题或挑战：引入现有问题、挑战或未解决的领域，说明研究的必要性。

④ 文献回顾：回顾领域内的相关文献，论述前人的研究成果、发现、观点和方法，并讨论现有研究的局限性和不足之处，揭示现有理论的局限性，提出本研究的切入点。

⑤ 强调研究意义和贡献：强调该项研究对解决问题、推动领域发展、完善或发展现有理论，甚至提出新的理论等方面的潜在贡献。

⑥ 提出假设或目标：根据研究问题，提出研究假设、目标或研究方向。

⑦ 确定研究对象和范围：明确指出研究对象、范围和限制，界定研究的边界。

【例 8-7】

2017 年北京市哲学社会科学基金项目申报文本

课题名称：市场监管对北京市共享经济价值创造过程的调节作用研究

项目负责人：郭彦丽

选题依据：

移动互联网的普及为共享经济的发展提供了无限可能。近年来，随着网约车、共享单车等交通共享模式的快速发展，共享经济持续升温，成为现今商业模式创新的主流趋势。在交通出行、房屋租赁、知识服务及其他生活、生产服务领域得到了快速的推广，出现了很多新型业态。根据《中国分享经济发展经济报告 2017》数据显示，我国分享经济活动的参与总人数达到了 6 亿人，2016 年市场交易额约为 34 520 亿元。尤其是在北京、上海这样的大型城市，其发展速度惊人。据北京市交通委统计，截至 2017 年 4 月，ofo、摩拜、小蓝等企业在北京投放车辆规模已达近 70 万辆，注册用户近 1 100 万。

尽管共享经济的快速发展有效地降低了交易成本，提高了效率，一方面为人们节省了时间和资金；另一方面创造了闲置资源的价值增值，提高了服务或产品的可获得性，但是发展如此迅速的共享经济也不可避免地带来了很多新问题。例如，网约车存在交通安全隐患，共享单车破坏率高，逆行等违章行驶现象严重，用户和服务提供者的权益缺乏保障等。为了规范网约车市场，2016 年 12 月，北京市颁布了网约车经营服务管理实施细则，其中要求接入网约车平台的个人和车辆符合"京籍京牌"的规定方可上路营运。"新规"出台后，网约车市场迅速降温。滴滴称，网约车新规抬高了市场准入标准，导致车辆供给骤减，网约车车费翻倍。乘客反映"打车难"问题再现，且价格过高。根据滴滴平台有关 2017 年 3 月份北京地区不同时段快车打车成功率数据显示，成功率最高的时段为 10 点至 17 点，平均成功率在 83.2%；最低时段为 21 点至 23 点，平均成功率仅为 54.1%，即接近一半的用户叫车需求无法得到有效满足，网约车所创造的价值优势正在衰减。而与此同时，资本催生下的共享单车市场则迅速升温，但依然存在市场准入门槛不设限导致的各种市场乱象等弊端。可见，共享经济的蓬勃兴起给监管部门提出了新的难题，强制性或过度监管可能会扼杀共享经济的创新活力，但不监管或放松监管又可能引发各种新问题（陈元志，2016）。目前北京市共享经济模式的应用已经覆盖了较多生活领域，未来将会覆盖更为广泛的领域。例如，共享餐饮在爆发式增长后也陷入了艰难境地，一大批私厨平台因监管趋严而停止运营，共享餐饮的价值链条趋于断裂。那么面对涉及民生安全等服务领域的共享经济创新，是否应该监管、如何监管、何时监管，才能既不影响共享经济的创新活力和价值创造，又能够实现规范管理，维护用户及服务提供者的正当权益？显然既定规则无法解决共享经济作为一种新的经济模式带来的新现象和新问题。共享经济创新活动需要突破原有思路，建立新的监管机制，从而促进共享经济的价值创造。

备注说明：参考文献　略

以上选题依据作为申报文本的引言部分，主要内容包括研究背景、冲突、疑问和答案，通过 SCQA 结构提出了研究问题。与学术论文撰写风格不同的是，申报书在 A 答案部分仅简要指出了"建立新的监管机制"的思路，未对结论进行阐述。原因在于申报文本是先于研究活动开展的，尚未形成明确的结论；而学术论文是在研究过程已经完成，结论明确的前提下进行撰写的，相当于是研究过程的总结性文档。

### （三）研究贡献撰写逻辑

引言部分研究贡献的撰写重点是阐述研究的创新点和潜在贡献，通常需要与现有文献进行比较，以突出贡献点。于正文中详细展示方法与结果；讨论部分将研究结果与文献综述中的相关研究进行比较，突出研究的独特贡献和局限性；结论部分，总结研究的主要发现和贡献，并指出未来研究方向等前后呼应。因此，研究贡献的阐述是贯穿论文始终的，只不过在论文的不同部分，阐述的方式不同。但当读者阅读一篇文献时，首先要从标题、摘要和引言这 3 部分看到文献的研究贡献及其对自己的价值。但标题仅能揭示研究问题或主题，摘要部分的研究贡献是结论性的简单表达，引言部分是可以让读者看到为什么你可以说该研究有这些贡献的较为完整的逻辑。从某种意义上说，一篇文献是否能够引人入胜，引言是关键。

【例 8-8】

标题：共享经济 App 类型、用户心理和工具需求与用户体验的实证研究（原文为英文版）

作者：耿洁；郭彦丽（通讯作者）

发表刊物：Entertainment Computing，2022 年第 41 卷

引言

用户体验是人机交互研究中的一个重要课题。特别是当共享经济和移动应用成为人们生活的一部分时，用户对体验的要求越来越高。一般来说，应用产品的设计师更注重功能实现；然而除了关注功能，用户可能对心理需求有更多的期望。2020 年春季，由于新冠疫情暴发，家庭办公和在线学习成为一种新的工作和学习形式。共享经济应用程序（App）在远程办公、在线教育和生活服务中发挥了前所未有的作用。有趣的是，自 2020 年 2 月以来，尽管钉钉作为一个一体化的移动工作和沟通学习平台，为在线教育提供了强有力的支持，但它在中国和日本的小学生中获得了一星的评级。截至 2020 年 4 月，有超过 1 000 万的商业组织在使用钉钉。从功能设计上看，它不仅帮助学校开展在线教育，也促进了企业实现远程办公。一方面，用户的规模急剧增加，而另一方面，来自许多学生的一星评价给钉钉带来了相当大的压力。一些学生在社区写评论，说他们喜欢分期支付五星评价，每期支付一星。这一事件在互联网上引起了激烈的讨论。随后，钉钉发布了一些幽默的回复视频，以减少尴尬和公众舆论的影响。从这次网络事件中可以看出，影响共享经济应用程序用户体验的因素是复杂的。根据 CNNIC 发布的第 45 次《中国互联网络发展状况统计报告》的数据，一些互联网应用程序的快速增长，提高了公众访问意识。与 2018 年底相比，在线教育、在线政府、在线购物、即时通信等应用程序的用户规模增长了 10% 以上。截至 2020 年 3 月，中国的在线教育用户已达到 4.23 亿，目前已有 2.65 亿学生转向网络课程。因此，研究共享经济应用的用户体验至关重要。在本研究中，我们讨论了两个问题：什么因素会影响用户体验？这些因素如何影响用户体验？

共享经济的最初概念是由费尔森和斯佩斯提出的。他们相信，通过第三方市场平台进行的个人点对点的直接交易和服务，将成为一种新的生活方式和消费方式。最初共享经济主要是指基于互联网平台的闲置资源共享，可以称为狭义的共享经济；然而，随着应用领域的不断扩张，广义共享经济的商业形式越来越丰富。今天的共享经济不再局限于对闲置资源的共享，并已开始发展为专业的资源共享。Botsman 和 Rogers 系统地阐述了共享经济的 3 个阶段：代码、内容和线下资源共享。在应用方面，涵盖了更广泛的领域，如旅行、住宿、办公空间、物流、教育、医疗等。Robin Chase 提出共享经济具有"产能过剩+网络平台+人人参与"的特点。其中，基于互联网的平台，特别是移动应用程序，是共享经济运行中最独特的组成元素。

共享经济通过应用程序实现了新的人机交互，这种形式的互动可以帮助用户完成具有特定目标的任务，如信息检索、产品购买或服务访问等，以满足用户的功能需求；然而，人机交互过程也包含用户的积极或消极情绪，从而反映用户的心理需求。也就是说，应用程序有两个特点：实用主义和享乐主义的。前者是指用户对产品系统实现任务目标的能力的感知，后者是强调用户的心理健康。哈桑扎尔表明，享乐质量比实用质量更倾向于积极影响用户感知。尽管实用的品质作为"卫生因素"，抑制负面影响，但它不是积极体验的来源。哈桑扎尔认为，人机交互必须关注互动产品的实用方面和享乐方面。根据哈桑扎尔的研究，具有强实用主义和弱享乐主义的产品可以被称为功能型（ACT-type）应用，而具有弱实用主义和强享乐主义的产品可以被称为自我型（SELF-type）应用。本研究根据上述分类对应用程序类型进行分类和后续研究。

研究贡献在于提出了与用户体验相关的重要影响因素，其中心理需求是最重要的，包括安全、自尊和美学。更重要的是，影响用户体验的主要因素因不同类型的应用而异，对于 ACT-type 的应用，用户的工具需求也是心理需求之外的一个重要因素。然而，对于 SELF-type 的应用程序，工具性需求的直接影响并不明显；用户的心理需求是改善用户体验的更重要因素。上述结论具有一定的管理意义。目前，通过移动应用开展共享经济业务的企业应该更加关注用户的心理需求，特别是当为用户提供娱乐和休闲服务时。相反，当一家公司的产品是面向工作和生活提供服务时，工具性需求和心理需求同样重要。

备注说明：参考文献参见原文

以上引言除了通过讲故事的方式交代背景、冲突、疑问，从而提出研究问题以外，在答案部分介绍了共享经济的基本概念、应用程序 App 的类型等理论基础，并明确阐述了研究结论和贡献。

# 第三节　研究过程与结果的阐述

## 一、研究方法与过程的设计

研究方法与过程的设计逻辑是学术论文写作中的关键环节，它关乎研究的科学性和可信度。以下是研究方法与过程设计的主要逻辑过程。

首先，明确研究设计，需说明研究的类型（如实验研究、调查研究、案例研究等），并阐述选择该设计的原因。

其次，详细阐述数据收集与分析方法，描述数据的来源、收集方式和分析方法，确保研究资料的可信度和有效性。开展分析与论证，基于分析结果进行讨论，并形成结论。

最后，考虑研究局限性与伦理问题：诚实地指出研究可能存在的局限性，并讨论研究过程中涉及的伦理问题。

其中，研究设计最重要的工作就是选择研究方法，总体上可以把研究方法分为：定性研究方法和定量研究方法。

### （一）定性研究方法

定性研究方法是根据社会现象或事物所具有的属性和在运动中的矛盾变化，从事物的内在规定性来研究事物的一种方法或角度。它以普遍承认的公理、一套演绎逻辑和大量的历史事实为分析基础，从事物的矛盾性出发，描述、阐释所研究的事物。进行定性研究，要依据一定的理论与经验，直接抓住事物特征的主要方面，将同质性在数量上的差异暂时略去。

定性研究一般使用实地调查、深度访谈、行为观察、文献分析、案例研究等方法对社会现象进行深入细致和长期的研究；分析方式以归纳为主，通过收集一手资料，从一定的视角对资料进行分析和解释，然后建立研究框架、假设和理论。定性研究的结果会受到研究者本人的个人背景、观念及其与被研究者之间的关系的影响。

以案例研究为例，案例研究是指研究者选择具体的组织或情境进行剖析。研究者经常选择多个或单一的案例进行研究。如果是个案研究，则需要选择关键的、极端的或不同寻常的个案。在进行案例研究时，研究者通过与被访谈对象交流，一般会根据自己的对特定主题的理解梳理和构建符合该研究主题的研究框架，例如，范文举例中的"组织意义建构的一般形式"。进而，在该框架下开展深度访谈和资料收集。研究者经常会要求被访谈对象讲述他们经历的故事，并常常选择代表不同层次或对同一情境持有不同态度的人参与。

【例8-9】

标题：企业信息系统实施中的意义建构：以S公司为例

作者：陈文波；黄丽华；陈琪彰；潘善琳

发表刊物：管理世界，2011年6月

摘要：意义建构是复杂动态环境下组织认知活动的主要形式。本文以S公司为案例对象，研究了在企业改革、产业和国家信息化发展等剧烈内外部环境变化下，S公司15年信息系统实施历程中意义建构的模式。研究认为，在这一历程中存在4种意义建构模式：高受控的、离散的、集成的和协同的意义建构，通过这些模式S公司形成了相应的信息系统组织认知，分别实现了信息系统的尝试性应用、业务电算化、企业集成和战略应用。研究发现每一阶段意义建构的促发因素、过程和结果都具有很强的内外情境适配性，组织对信息系统及其实施的认知不断成熟是阶段演化的驱动力。

关键词：企业信息系统；意义建构；案例研究

一、引言（略）

二、理论背景

意义建构是指组织认识内外部情境，建立对情境的集体理解的过程（Weicketal.，2005）……

组织意义建构一般过程，主要由意义建构的促发因素、意义建构过程和意义建构结果组成。意义建构常常由一些因素促发，促发因素包括以下 3 种情形（LouiSandSutton，1991）：面对的情境对于组织而言是新奇的；组织预期与实际观察到的现象之间存在差异；利益相关者被要求对问题进行思考。上述 3 种情形在企业信息系统实施中普遍存在。

三、研究方法与过程

本文采用了案例研究方法……

案例资料的收集始于 2008 年 6 月。在 9 个月的调研过程中，研究人员分别对高层、中层干部和业务操作人员、IT 部门负责人和一般员工等进行了 20 人次的面对面访谈；此外，研究人员还对一直从事 S 公司信息化咨询工作的咨询人员进行了 6 次访谈。每次访谈的平均时间约为 90 分钟，访谈过程进行了录音，并在访谈结束之后的 24 小时内进行了文字稿转录工作。为了避免录音给受访者带来的困扰，在每次采访中访谈者都会声明匿名和保密条款。

案例数据分析是在案例资料、理论视角、相关文献及过程模型四者之间解释、反演的过程（Eisen-hardt，1989）。归类、图示和叙事等手段（Langley，1999）贯穿了案例数据的组织与分析始终。在对初始数据的分析过程中，研究者发现 S 公司信息化过程中存在 4 种不同的意义建构方式。同时，S 公司的信息化过程可以根据 4 种不同的意义建构方式划分为 4 个不同的阶段。于是研究者通过图示和叙事等手段将案例资料按照 4 个阶段和 4 种意义建构方式进行分类，并进一步进行资料收集。接下来，研究者对资料分析中出现的新的视角和观点也采用图示和叙事等手段进行了以 4 种意义建构方式、4 个阶段为基础的整理分析，进一步调整和完善模型。最后，研究者对 S 公司信息化过程中意义建构的模式与 S 公司中的受访者进行交流和讨论，以验证理论视角和模型是否正确。在所有的资料和数据都符合模型，并且没有新的资料能够丰富模型时，研究者认为建立的模型达到了稳定状态（Eisenhardt，1989）。

四、案例描述

企业背景：

S 公司所处行业是国家垄断行业，其前身是 1952 年政府接管的民族资本企业，并在发展过程中通过兼并重组成为该区域一家以一业为主，多元化、集约化、现代化的大型企业。进入 21 世纪以后，S 公司又通过联合重组，先后并入两家外地企业，成为跨区域的大型企业集团。S 公司是全国纳税大户，多年来在同行业纳税额排名第一。

尽管 S 公司所处的行业属于国家垄断行业，但由于最近二十多年来国际国内市场环境的变化，S 公司的经营和管理也面临很大的不确定性。首先，国家信息化战略给行业管理带来巨大变革。国家信息化战略要求国有企业大力推动信息化在企业经营管理中的应用。行业主管部门要求国有企业要充当信息化的先行者，起示范作用。其次，行业的对外开放和行业管理体制变迁给 S 公司发展带来很大的不确定性。随着中国加入 WTO，国家对行业的支持力度逐渐减弱，公司必须面对来自国际市场的竞争压力。此外，近年来国家行业主管部门不断加大行业联合重组步伐，通过整合中小企业，力图打造中国的航母级企业集团。相关的行业管理、行业调整政策也频繁变动。环境的动态变化一直与 S 公司的信息化过程相伴随。

公司信息化历程，从 1993 年到 2008 年，S 公司的信息化可以分为以下 4 个阶段。

第一阶段：MRP Ⅱ 实施的失败（1993—1994 年）。S 公司是国内较早开始信息化的企业，从 1982 年就开始引进第一台计算机用于材料的核算；1987 年，公司开始建立全公司范围的 Nove Ⅱ 网。1992—1994 年，S 公司引进了国外某著名公司的 MRP Ⅰ 软件。

············

从信息化的动因看，在第一阶段信息化动力主要来自外部环境的制度压力（Meyerand Rowan，1977）。包括了强制压力，如主管部门的推动；规范压力，如同行业普遍的应用及对竞争对手的模仿等。

•••••••••••

整个意义建构过程呈现明显的单向特征，即从主管部门到管理层再到 IT 部门或业务部门，主管部门和管理层是意义的赋予者，IT 部门和业务部门是意义的接受者。这种单向灌输的意义建构过程使 S 公司对于信息系统的集体理解主要体现为主管部门或管理层的理解。

•••••••••••

这一阶段的 S 公司信息系统实施中的意义建构由制度压力（Meyer，Rowan，1977）引发。3 种主要的制度压力，即强制（coercive）、模仿（mimetic）和规范（normative）压力在 S 公司信息化中都得到了体现。在管理层感觉到来自主要是制度压力导致的信息化压力时，管理层必须对信息化这一外部环境给予的压力，提供一个明确的框架来理解这一压力。所以，希望借助这一软件能够引进国外先进的管理方式。但在具体选型中并没有 IT 部门或管理部门参与，在具体实施过程中 IT 部门和业务部门之间也无法形成有效的协作。在主管部门和公司管理层的信息化迷信指导下的信息系统实施导致对信息系统的期望脱离企业管理实际，信息系统实施变成一个试错过程，最后 MPRⅡ 实施的失败不可避免。

第二阶段：业务电算化（1995—1999 年）。尽管经历了第一阶段引进 MRPⅡ 的失败，公司管理层仍然坚定地认为信息化是大势所趋，所不同的是不再迷信国外的现成软件。下一步信息化的突破口是从对单个职能部门业务的"信息化写实"即现有业务操作的自动化开始的。

•••••••••••

这一阶段意义建构的驱动力来自单个职能部门的需求。在信息化过程中，管理层仍然占据主导地位，部门在具体执行上全面参与信息化工作。管理层对 IT 部门和业务部门是单向的意义赋予，而 IT 部门与业务部门在信息系统实施中实现了双向的意义赋予。对一个业务操作的"写实"需要业务部门与 IT 部门多次讨论才能实现。通过这一阶段的意义建构过程，S 公司上下认识到了计算机对企业业务的作用，在不考虑跨部门流程的前提下，实现了单部门需求的计算机"写实"，最终实现了业务操作的电算化。

第三阶段：系统集成（2000—2005 年）。尽管在"写实"阶段，公司的信息系统实施并没有对现有的业务流程进行任何调整，但业务的自动化也给 S 公司的业务运营带来了效率上的提升。更重要的是，通过业务自动化，员工克服了对计算机的神秘感，培养了信息化意识与文化，管理层也更加重视信息化工作。

计算机对职能部门业务效率的提升开始启发管理层、IT 部门思考以下问题：

"计算机在财务部门应用是财务系统，生产部门应用是制造执行系统。那么，计算机对于公司整体层次的应用是什么？"（公司 CIO）。通过求助咨询公司和信息化专家，系统集成"流程重组""管理绩效""IT 促进组织架构和管理方式变革"等词语开始在管理层的讲话中频繁出现。为了实现计算机在企业整体层次上的作用，管理层认为有必要进行系统集成。面向系统集成的信息系统实施不再是各个职能部门在信息化上进行单打独斗，而是开始考虑跨越职能部门的流程衔接，将企业作为一个整体进行考虑。这一阶段信息化系统实施中的意义建构可在这一阶段信息系统实施中，管理层和 IT 部门首先识别了需要进行集成的几个重要模块，以及在"写实"阶段没有进行自动化的跨越职能部门的流程。在确定了模块和流程以后，与模块和流程有关的业务部门开始提出自身对集成以后系统需求和业务流程协作方面的需求。由于有了"写实"阶段的计算机基础，业务部门对于系统集成以后系统能够为它们提供什么信息有了更清醒的认识，从而在系统需求提出上更具有针对性。此外，"写实"取得的成果也使 IT 部门的能力在公司范围内得到认可。这一阶段计算机中心正式改组为信息中心，信息中心在系统集成中拥有了更大的话语权。对于信息系统实施的意义建构促成了一种广泛集成的信息系统实施方式，管理层、IT 部门及业务部门在系统实施中充分参与。最后公司成功地实施了三大集成系统：产销集成系统、财务集成系统和人力资源集成系统，至此，企业的 ERP 系统已经基本成形。

第四阶段：信息技术作为集团化战略的使能工具（Enabler）（2006—2010 年）。这一阶段由于企业信息系统对公司运营支持的卓越表现，S 公司开始超越运用信息系统支持企业日常运作这一层次，寻求利用信息系统支持战略目标的实现。在基于战略目标指引的企业信息系统实施过程中，三方（管理层、IT 部门和业务部门）都积极参与信息系统实施的决策过程。管理层在制定战略愿景的过程中会要求经济信息中心和各业务部门思考怎样用信息系统来支持战略实现的问题。经济信息中心和业务部门在向管理层提出规划时会主动向对方征询意见，以确定战略匹配性和可行性。S 公司通过三方的主动参与与协作已经形成了协同的意义建构。协同的意义建构过程使 S 公司在最近提出了一系列以支持企业战略为目标的信息系统规划与系统，如信息化支持集团化运作规划、集成化供应链管理系统、数据仓库系统、客户关系管理系统等。这些系统有力地支持了企业战略，如集团化战略、供应链管理战略和面向客户战略的实施。企业信息系统在 S 企业已经成为战略使能的工具。

五、讨论

（一）对 4 种模式的理论探讨

第一阶段：高受控的意义建构。在第一阶段意义建构输入中，来自外部环境的制度压力输入充当了启发意义建构的"种子"（Weick，1995），管理层是主要的意义赋予者。管理层通过对外界一手信息的解读影响意义建构各方的行为（Gioia，Chittipeddi，1991），对信息系统实施的总方向起绝对控制作用。另外，公司的各业务部门和 IT 部门既缺乏相关知识，也缺乏正式权力，因此在意义建构过程中只能起意义接受者的作用。

第二阶段：离散的意义建构。意义建构输入和情境的变化使第二阶段的意义建构变成一种离散的意义建构，其特征是控制程度高而活跃程度较低。由于在此阶段管理层和 IT 部门自身的信息化知识也不全面，因此此时集体意识实质上反映的仍然是管理层对于信息化的认识：即认为信息化就是现有业务计算机化，这一认识指导下的企业信息系统实施实现了业务系统的电算化，但缺乏集成也限制了效率和效益的进一步提升。

第三阶段：集成的意义建构。集成的意义建构的特征是高控制和中等程度的活跃程度，集体意识的统一性和丰富程度都较高。集成使各主体在信息化各种突发事件中可以集成的意义建构特征是高控制和中等程度的活跃程度，集体意识的统一性和丰富程度都较高。集成使各主体在信息化各种突发事件中可以很快达成一致意见，从而形成了合作程度较高的信息系统实施。

第四阶段：协同的意义建构。协同的意义建构的特征是中等程度的控制和高活跃程度。由于管理层有意识地将控制权下放给 IT 部门和业务部门，因此控制程度有所降低。而由于三方都积极主动地参与意义建构过程，都是主要的意义赋予者，组织中双向交流通畅，因此活跃程度很高。中等控制程度和高活跃程度使得企业对于意义的集体认知既高度统一又具有多样性。这种意义建构的结果使得企业可以充分发挥各方的智慧，用密切协作的方式实施组织的信息系统。这种方式实现了意义建构各相关者利益的统一，最后成功实施了一系列面向企业战略目标的信息系统项目，信息系统成为支持 S 公司战略目标实现的有力工具。

（二）四种模式的演化过程（略）

六、结论（略）

参考文献（略）

备注说明：原文文字为节选，图表和参考文献参见原文文献。

## （二）定量研究方法

定量研究一般是为了对特定研究对象的总体得出统计结果而进行的。因此，统计数据的采集是定量研究的基础。要进行定量研究就不可避免地涉及数据变量的定义、数据的采集和数据的分析等数据的测量和统计分析过程。

### 1. 测量变量

在定量研究中，为了便于进行问题的定量研究，首先需要对所研究问题构建概念模型。在概念模型中，用不同的变量来表征事物之间的因果关系。但是现实中有些变量可能是无法直接观测和测量的，因此，人们设计了测量变量来对那些无法观测的变量进行间接观测。通常在定量研究模型中，涉及的变量类型如下。

（1）潜变量和显变量

在结构方程模型中包括两种主要变量，即潜变量（latent variable）和可观测变量，有时也称为显变量（manifest variable）。潜变量是实际工作中无法直接测量到的变量，包括比较抽象的概念和由于种种原因不能准确测量的变量。一个潜变量往往对应多个显变量，可以看作其对应显变量的抽象和概括，显变量则可视为特定潜变量的反应指标。

（2）因变量与自变量

因变量也称为结果变量，是研究者主要关注的预测变量。通过研究，研究者期望发现因变量的变化并对它进行解释。而自变量是以某种方式影响因变量的变量，也称为原因变量。二者之间存在特定的因果关系。

（3）中介变量

是自变量和因变量之间发生关系的中介，自变量通过中介变量对因变量产生作用。例如，在例 8-10 范文的 TDTS 模型中，游客体验就是游客期望与游客感知价值之间的中介变量。

（4）调节变量

调节变量也是影响自变量和因变量关系的第三个变量，它的存在改变了自变量和因变量之间的关系。调节变量可以是定性的（如性别、种族、学校类型等），也可以是定量的（如年龄、受教育年限、刺激次数等），它影响因变量和自变量之间关系的方向（正或负）和强弱。

通过描述变量与变量之间的关系，从而构成实证研究的概念模型。

## 2. 测量工具

在管理研究中测量变量的工具主要有量尺和量表。

（1）量尺

量尺即测量的尺度，主要有类别尺度、顺序尺度、等距尺度和比率尺度。

类别尺度也叫定类尺度。例如，按照性别分类，可以分为男性和女性。

顺序尺度也叫定序尺度。根据高低、多少等特征标出不同类别之间的差异并排出次序。例如，报酬的高低等。

等距尺度也叫定距尺度。不仅给出了顺序，而且确定了尺度中两点之间的距离。定距尺度可以计算变量的平均值和标准差。

比率尺度也叫定比尺度。除了等距之外，还具有真正的零点。除了可以测量点与点之间的差异，还可以计算差异之间的比重。

（2）量表

量表是根据特定的法则，把数值分派到被试者、事物或行为上，以测量其特征标志程度的数量化工具。目前在管理研究中普遍采用李克特量表进行实证数据采集。

李克特量表的基本形式是给出一组陈述，这些陈述都与某人对某个事物的态度有关，要求被调查者表明他们的态度是"同意"或"不同意"。通常将备选答案从"非常不同意"到"非常同意"分为 7 等或者 5 等，即 7 度量表或 5 度量表。

【例 8-10】

标题：旅游地游客满意度：模型及实证研究

作者：汪侠；梅虎

发表刊物：北京第二外国语学院学报（旅游版），2006 年 7 月

摘要：在对现有国际主流顾客满意度模型进行改进的基础上，结合旅游业的特点，构建了旅游地游客满意度（TDTS）模型，并以桂林游客为例进行了实证研究。运用 LISREL 统计软件对模型的检验结果表明：测量模型各观测变量对隐变量的影响是显著的，测量模型具有较高的目标可靠性；结构模型中各隐变量之间的路径系数与假定基本符合；TACSI 模型的整体拟合性能良好。文章最后探讨了 TDTS 模型对于旅游地实施游客满意度战略的五点启示，分别是重视游客期望管理、把握影响游客满意度的敏感性因素、提供顾客让渡价值、妥善处理游客抱怨及正确理解游客忠诚的内涵。

关键词：游客；满意度；结构方程模型；桂林

引言

……本文尝试运用结构方程模型构建旅游地游客满意度（tourism destination tourist satisfaction，TDTS）模型，以科学指导旅游地游客满意度的测评工作。

TDTS 模型构建

1. 构建原则（略）

2. TDTS 概念模型

TDTS 概念模型是一个具有因果关系（casual relationship）的结构方程模型（structural equation model）（见图 1，略）。该模型由结构模型和测量模型两部分组成，其中椭圆形之间的路径构成了结构模型，它包括 6 个变量，即游客期望、游客体验、游客感知价值、游客满意度、游客忠诚和游客抱怨。其中，游客期望、游客体验、游客感知价值决定游客的满意程

度，是模型的输入变量，也称为前提变量。在前提变量的作用下，产生游客满意度、游客忠诚和游客抱怨 3 个结果变量。高水平的感知价值会使游客对旅游地非常满意，当游客体验远远大于游客期望时，会产生游客忠诚。反之，劣质旅游产品和不合理的价格，会导致游客抱怨甚至游客投诉。同时，如果重视并妥善处理好旅游地游客的抱怨和投诉，同样可以提高游客的忠诚程度。各前提变量和结果变量之间的关系用加号"+"、减号"−"符号标出，将在下文 TDTS 模型实证研究中对其加以验证。模型中各椭圆形与长方形之间的路径构成了测量模型。因为游客期望、游客体验、游客感知价值、游客满意度、游客忠诚、游客抱怨均为潜变量（latent variahle），无法直接计算，需通过观测变量（observed variable）对其进行度量。在文献回顾和深度访谈的基础上，结合旅游业的特点共设计观测变量 21 个：（1）从游客对旅游地的总体期望、游客对旅游地满足其需求程度的期望、游客对旅游产品可靠性期望 3 个方面对游客期望进行度量；（2）从餐饮、住宿、交通、游览、娱乐、购物、整体环境 7 个方面对游客体验进行度量；（3）从游客对总成本的感知、游客对总价值的感知、游客对价值价格比的感知 3 个方面对游客感知价值进行度量；（4）从总体满意度、与理想中旅游地的比较、与期望中旅游地的比较 3 个方面对游客满意度进行度量；（5）从重游行为、正面口碑宣传、向他人推荐 3 个方面对游客忠诚进行度量；（6）从游客投诉和负面口碑宣传两个方面对游客抱怨进行度量。

### TDTS 实证研究

#### 1. 研究方法

以桂林游客作为旅游地游客满意度的实证研究对象，对前文构建的 TDTS 概念模型进行检验。实证研究采取问卷调查的方式，问卷设计的思路是将 TDTS 模型中的 21 个观测变量转化为具体的语句项目（item），量表采用了李克特 5 级量表（Five-point Likert Scale），分值从 1～5，分值越高表示游客评价值越高。抽样调查于 2005 年 10 月中旬在桂林的象山公园、帝苑酒店及火车站、机场等处进行，共随机发放问卷 500 份，回收有效问卷 412 份，有效回收率为 82.4%。采用 SPSS 统计软件对问卷的信度和效度进行了检验，对缺失的数值采用列表删除法进行了处理。信度分析的结果发现，6 个潜变量的可靠性系数（Cronbach $\alpha$）最小为 0.67，最大为 0.914，表明设计的度量项目是合适的，问卷具有较高的信度。效度分析采用因子分析方法，以因子载荷大于 0.4 为标准对观测变量进行筛选，经整理，发现有 2 个变量的因子载荷低于 0.4，分别是游客对旅游产品可靠性期望和游客对价值价格比的感知，根据结果对这 2 个观测变量进行了剔除。

在问卷的信度和效度得到保证的前提下，采用 LISREL 统计软件根据二阶段测试方法（the two-stage testing progress）先对 TDTS 模型中的测量模型进行验证性因子分析（confirmatory factor analysis），检验测量模型的综合信度（composite reliability，CR）和收敛效度（convergent validity，CV）。然后在此基础上采用极大似然估计法（the maximum likelihood）对结构模型中的路径系数进行估计。最后进行 TDTS 模型的整体拟合度检验。

#### 2. TDTS 模型检验

（1）测量模型检验

测量模型验证性因子分析的结果显示各观测变量的标准化因子载荷介于 0.56～0.92 之间（见表 1，略），符合因子载荷大于 0.4 的标准，说明各因子对测量模型具有较强的解释能力。用标准化因子载荷和各观测变量的测量误差方差对潜在变量的综合信度进行计算，结果在

0.72 和 0.86 之间，均大于 0.7，反映了观测变量量表内部具有较好的一致性。测量模型的会聚效度可以从潜在变量的平均变异抽取量（average variance extracted，AVE）来进行判断，6个潜变量的平均变异抽取量在 0.56～0.67 之间，大于 0.5 的最低标准，因此测量模型的会聚效度较为理想。

（2）结构模型检验

采用极大似然估计法对结构模型中各隐变量之间的路径系数进行估计，结果表明前文提出的 9 个假设基本是正确的（见图 2，略）。在旅游地顾客忠诚的 3 个前提变量中，游客体验、游客感知价值对旅游地游客满意度有显著的正向影响，游客期望则与游客体验、感知价值及游客满意度之间呈负相关关系。在 3 个结果变量中，游客满意度与游客忠诚呈正相关关系、与游客抱怨呈负相关关系。游客抱怨虽然对游客忠诚有正向影响，但并不显著（路径系数为0.15）。

（3）模型整体拟合度检验

运用 LISREL 统计软件对旅游地游客满意度模型进行拟合度（goodness of fit）检验。衡量模型对数据的拟合程度的指标有拟合优度的卡方（Chi Square）检验 $V^2$、近视误差的均方根 RMSEA（root mean square error of approximation）、拟合优度指数 GFI（goodness of fit index）、调整拟合优度指数 AGFI（adjusted goodness of fit index）、规范拟合指数 NFI（normed fit index）、非规范拟合指数 NNFI（non-normed fit index）。研究结果表明，旅游地顾客忠诚模型的拟合度指数中 $V^2$=281、df=143、$V^2$Pdf=1.96、RMSEA=0.047、GFI=0.966、AGFI=0.954、NFI=0.931、NNFI=0.927，各指标均显示旅游地游客满意度模型具有较好的对数据的拟合能力。

备注说明：图 1、表 1、图 2 请查阅原文。

## 二、论据资料采集与论证分析

论据资料采集包括定性资料和定量数据的收集，可以是第一手资料，也可以是二手资料。采集方式可以是实地走访、个别访谈、小组座谈，也可以是问卷调查、文献调研、大数据爬取等。在一项研究中往往会采用多种数据采集方式，以追求多来源数据相互之间的印证，尤其随着大数据技术的发展，多源异构数据的采集和处理变得更为方便，促进了学术研究资料采集的多样化发展。在学术论文写作中，要对研究设计及数据采集方法和过程进行详细的描述。

无论是定性研究还是定量研究，均需要在论文中阐述研究资料的采集过程。如果是案例研究，需要交代案例资料采集的方式、方法、时间、地点及采集到的资料编码处理等，例如，个别访谈、小组座谈、二手资料采集等均需详细阐述调查对象、资料采集方法和收集时间等；采用问卷调查方式采集数据的实证研究论文，在文中也需要对问卷设计、量表开发、调查对象、数据采集量、预调研数据收集情况、正式调研的过程及数据收集情况等进行详细阐述，并对采集到的数据进行描述性统计分析、信度和效度检验等。

【例 8-11】案例研究的样本选择与数据采集

标题：突变情境下互联网平台的赋能机制——基于微医平台的纵向案例研究

作者：许晖；周琪；于超（南开大学商学院，天津，300071）

发表刊物：研究与发展管理，2021 年网络首发

DOI：10.13581/j.cnki.rdm.20201854

1 理论基础（略）

2 研究方法

2.1 方法选择

本文聚焦于探讨突变情境下互联网平台如何通过赋能过程进行快速响应，纵向案例研究的分析方法适用于解释这类研究问题。原因在于：① 由于突变情境具有不确定性及演变过程复杂的特征，平台的快速响应行为应根据情境变化进行合理有效的调整，通过纵向案例研究设计，能够识别平台因事件发展态势不断演化而对突变情境的感知变化过程，便于揭示平台快速响应的动态特性和演化特征；② 互联网平台应对突变情境的响应是一个复杂的过程，其中涉及对于突变情境的感知、决策方案的制订与执行等多个分析层次，纵向案例研究能够对平台的赋能过程进行更丰富的描述和分析，以解构突变情境下赋能过程的内在机制[30]；③ 互联网医疗平台在疫情突变情境下的响应行为是独具特色的过程，且极具启示性特征，其快速响应中的赋能过程属于管理实践中涌现的新现象，纵向案例研究的分析方法适合从质性数据中提炼规律，构建理论观点，以推进对实践新现象的理解[31]。

2.2 样本选择

本文选择微医互联网医院在线诊疗平台（以下简称"微医平台"）作为案例分析对象，主要原因在于以下两点：① 遵循极端聚焦原则。新冠疫情的突变情境对互联网平台的原有经营模式造成了巨大冲击，作为互联网医疗领域的先行者和国际领先的数字健康平台，成立于2010年的微医平台，凭借在连接医院、服务政府和行业过程中逐渐积累的雄厚医疗数据和服务能力，通过赋能于在线医生、用户及第三方机构等平台参与主体，积极探索在线处方、在线复诊、远程会诊等医疗服务线上模式，为互联网医疗领域提供了有效开展平台运营的新范式，被业内称为"医疗界的亚马逊"。② 遵循启发性原则。微医平台是中国最早提供抗击疫情在线义诊服务并挺进核心疫区武汉救援的数字健康平台，深圳国际公益学院盘点当前中国社会组织参与全球抗疫行动案例及其对行业的影响，微医平台入选"中国社会组织参与全球抗疫十大行动案例"，成为全球抗疫典范，微医平台凭借自身具备的发展规模和经验优势对突变情境进行快速响应，极大彰显了互联网平台在应对环境变化过程中的特色，剖析其快速响应中的赋能过程，能够为分析互联网平台应对突变情境时如何发挥平台的赋能作用提供有益洞见。综上，微医平台符合纵向单案例的研究标准。

2.3 数据收集与分析

本文对微医平台的数据收集自2019年2月至2020年8月，由于作者长期从事医院管理班的培训工作，对于互联网医疗领域的先行者——微医平台给予了持续关注，对微医平台的发展历程及运营情况有基本了解，尤其是新冠疫情暴发后，微医平台在面临突变情境时的快速响应行为引发了研究团队的思考，团队为此从多种渠道积累并获取了大量与微医平台及医疗行业相关的数据资料。但由于受限于当时疫情不断扩散的实际情况，为降低线下接触交叉感染的风险，研究团队在2020年1月至5月期间，对微医平台访谈者的数据收集主要采用电话访谈、微信访谈、电子邮件沟通等方式，并于2020年6月至8月期间，前往微医（杭州）集团有限公司天津分公司进行了3次正式调研。主要采访了6位企业中高层管理者，平台在线医生代表共计12人，每次访谈时间均在1～2小时，整理后的访谈记录见表8-1和表8-2。

表 8-1　案例企业半结构化访谈信息及编码

| 类别 | 职务 | 访谈内容 | 时间（约）/min | 编码 |
|---|---|---|---|---|
| 半结构化访谈（$S_a$） | 副总经理 | 战略规划、应急方案设计及业务布局等 | 50 | $S_1$ |
| | 区域健共体经理 | 战略执行、医院及政府关系维护情况等 | 210 | $S_2$ |
| | 数据智能部经理 | 用户管理、数据服务及资源调配等 | 160 | $S_3$ |
| | 产品项目组经理 | 服务质量、用户体验、服务满意度回访等 | 300 | $S_4$ |
| | 技术保障部经理 | 产品设计需求制定、产品功能测试等 | 110 | $S_5$ |
| | 市场运营经理 | 业务开展、企业竞争决策及市场维护等 | 270 | $S_6$ |
| | 实施工程师 | 系统落地建设、产品完善升级等 | 90 | $S_7$ |
| | 大数据运维工程师 | 技术木栈设计、产品调优及服务监控等 | 100 | $S_8$ |
| | IT 信息工程师 | 信息化系统开发、信息化项目推进等 | 80 | $S_9$ |
| | 平台在线医生（12 人） | 义诊流程优化反馈、服务举措改进建议等 | 260 | $S_{10}$ |

表 8-2　案例企业数据来源及编码

| 数据来源 | 名称 | 类别 | 数量 | 编码 |
|---|---|---|---|---|
| 半结构化访谈（$S_n$） | 副总经理、区域健供体经理、数据智能部经理、产品项目组经理、技术保障部经理、市场运营经理、实施工程师、大数据运维工程师、IT 信息工程师、平台在线医生等 | 人员 | 21 | $S_{1\sim10}$ |
| 内部资料（$T_n$） | 会议记录、历史档案、领导讲话、内部期刊等 | 文档 | 56 | $T_1$ |
| 外部资料（$F_n$） | 微医平台官网、微信公众号、报纸、社交媒体宣传（36 氪、今日头条、新浪财经）、行业分析报告、期刊数据库的文献资料等 | 新闻报道 | 214 | $F_1$ |
| | 微医平台 App 播报的实时信息和相关资讯等 | 相关资讯 | 89 | $F_2$ |
| | 互联网医疗行业：行业建设升温，2020 年拐点之年等 | 行业报告 | 12 | $F_3$ |
| | 互联网是医联体的"神经中枢"——专访微医平台董事长兼 CEO 廖杰远等 | 文章 | 15 | $F_4$ |
| 参与式观察（$D_n$） | 微医（杭州）集团有限公司天津分公司参观，体验微医平台 App 线上问诊服务，调研微医平台 App 目标用户群体等 | 现场观察 | 5 | $D_1$ |

注：出于保密协议"内部资料"仅罗列部分类目。

遵循"证据三角验证"原则[31]，本文除了半结构化访谈之外，还采用多种方法收集数据以获得研究问题所需的信息和资料，主要包括：① 内部资料，包括微医平台的会议记录、历史档案、领导讲话、内部期刊等资料；② 公开性外部资料，包括微医平台官网、微信公众号、报纸、社交媒体宣传（36氪、今日头条、新浪财经等）、行业分析报告、期刊数据库的文献资料、平台App播报的实时信息和相关资讯等；③ 参与式观察，包括体验平台App线上问诊服务、调研平台App目标用户群体等。本文基于MILES和HUBERMAN[32]、GERSICK[33]的编码建议和实施策略，通过3个阶段开展编码分析工作，研究团队划分为两组，每组包括2~3名成员，采用背靠背编码方式独立编码。第1阶段，明确数据来源，对收集到的微医平台的原始数据资料进行选择、聚焦和简化，构建基本编码表并对数据进行编码转化；提炼编码构念，识别主要构念、关键过程和重要逻辑关系，形成稳健的因果关系证据链。第2阶段，为了保证信度和效度，利用组内讨论方式反复商榷、独立编码，并通过组间讨论方式核对编码结果，对编码差异进行讨论或征求第三方意见进行修正。第3阶段，基于前两个阶段形成的编码结果，不断迭代企业数据、关键构念和现有理论之间的关系，试图发掘突变情境下微医平台快速响应过程中潜在的理论规律，并与文献进行比较直至理论饱和，形成稳健的理论分析框架。在该阶段，如果发现存在数据不充分或逻辑不完整的地方，则通过电话、电子邮件、微信等通信方式开展补充调研，补充关键数据或对存疑数据进行修正，进而完善研究结论。

备注：参考文献 [30][31][32][33]参见原文。

【例 8-12】实证研究通过问卷调查法的数据采集

标题：协同创新影响因素与协同模式对创新绩效的影响——基于长三角316家中小企业的实证研究

作者：解学梅；吴永慧；赵杨（上海大学管理学院，上海，200444）

发表刊物：管理评论，2015年第27卷第8期

研究设计与数据收集

1. 问卷设计与变量测度

本文基于已有研究文献结论和部分成熟子量表设计问卷，以此全面诠释中小企业协同创新的影响因素、协同模式和创新绩效的关系。影响因素的测度。已有关于中小企业协同创新影响因素的研究多是基于五个维度进行分析：企业的业务素质，企业与其他主体的关系，企业自身及协同创新过程中所需要的创新资源，促进关系链接的网络环境和宏观环境等。鉴于中小企业协同创新受很多因素驱动，本研究更加关注网络关系和协同机制的作用。影响企业协同创新的主要因素包括五个维度：即创新主体、知识与技术、协同机制、协同网络和社会关系网络。确定上述五个维度主要基于以下原因：第一，在协同创新过程中存在着不同主体的沟通合作，单独强调企业这一创新主体，偏废其他关联关系，会导致对创新绩效测度的不全面。由此，本文选择创新主体作为关键维度，并从网络协同和社会关系网络两个维度考察企业主体之外的协作关系在协同创新中的作用。第二，在协同创新过程中，协同机制是协同开展的体制保障，对创新主体之间的协同开展尤其重要，由此，本文将协同机制作为测度协同要素的重要维度。第三，知识和技术作为企业协同创新过程中所要获取的重要资源，是测度企业协同创新效果的重要维度，由此，细化并突出企业协同创新过程中的知识和技术的互补性，是针对协同创新特性所做出的调整。在具体测度中，创新主体变量主要根据Lee等[16]和Xie等[17]的观点，将其分为企业员工理念与业务素质、管理人员的管理理念与方法、企业

市场导向的创新型文化氛围、企业的激励与薪酬机制、企业的技改与研发投入五个指标；知识与技术变量主要根据 Desouza 和 Awazu[19]、Chang[10]的观点，将其分为协同企业的知识互补性、技术相关性、协同企业双方研发人员的水平和数量、协同企业产品相关性四个指标；协同机制变量主要根据范太胜[21]、Lee 等[16]、郑刚和梁欣如[4]等的观点，将其分为协同企业文化相容机制、协同创新成果公平分配机制、协同成本公平分担机制、企业间理解和合作的沟通机制四个指标；网络协同变量主要根据解学梅和左蕾蕾[33]、Nieto 和 Santamaria[13]等的观点设计，将其分为网络开放性、网络合作强度、网络规模和网络异质性程度四个指标；社会关系网络变量主要根据肖丁丁，朱桂龙[12]、Micheal 等[18]、Nieto 和 Santamaria[13]等的观点，将其分为网络中技术转移的频率、网络中信息交流的频率、网络资金流动状况、企业间人才流动状况四个指标。问卷主要采用李克特量表，请被调查者对驱动企业协同创新的关键因素进行测度，从 1 至 5 表示重要性程度逐渐增加。协同模式的测度。对中小企业协同模式，已有研究从不同角度进行了分析。一些学者从技术来源视角，将协同模式划分为自主创新、合作创新和模仿创新。另外一种常见的划分方式是从技术创新要素视角，将协同模式划分为企业间协作、产学研结合、产业集群和国家创新协同系统等模式。由于本文所研究的企业协同创新不仅局限于技术创新领域，更关注企业协同过程中的多维创新视角。由此，基于已有研究[14, 32]，综合考虑协同创新过程中的技术来源、创新要素、资源开发和共同协作等关键要素，将企业协同创新模式分为：专利和技术服务购买、技术引进、委托研发、创新要素共享和转移、产业/技术/知识联盟、产学研合作、网络组织、创新平台、人才流动等九种模式，且测度方式同上。创新绩效的测度方面，尽管已有学者对创新绩效进行了大量研究[17]，但目前仍未形成统一的测量指标体系。

本文主要从新产品和专利视角，结合已有研究结论[17, 34]，采用"企业新产品市场反应、新产品创新成功率、专利/技术文档使用情况、新产品技术含量、新产品开发速度、新产品的投入产出效率"六个指标对企业创新绩效进行测量。问卷同样采用李克特量表，请被调查者依据竞争对手情况对其创新产出进行测度，1 至 5 表示从"明显偏低"到"明显偏高"。

2. 问卷预测试和数据收集

在进行正式的问卷之前首先进行预测试。本研究问卷主要基于高校专家的意见和企业高层管理人员的访谈结果进行了多轮修改；之后主要通过现场填写和邮件方式发放调查问卷 300 份，回收有效问卷 53 份，有效回收率 17.67%。正式调研过程主要运用实地、邮件和校友调研对长三角 16 个城市的中小型制造业企业进行调查。共发放调研问卷 1 000 份，回收 316 份有效问卷，有效回收率 31.6%。

3. 基本统计

调查样本的概况主要涉及行业、区域、成立年限、所有制、员工数量和年销售额等（见表 1，略）。

就区域分布而言，上海、江苏和浙江的样本分别为 38.29%、33.54%和 28.17%。之所以选取较多上海地区企业的样本，主要考虑到上海在长三角的龙头作用，上海的制造业企业在一定程度上代表了长三角地区的最高水平。同时长三角 16 个城市均有相应的企业样本，保证了问卷数据的广泛性和代表性。就被调查企业的行业而言，制造业 30 个子行业均有相应样本（除废弃资源综合利用产业），其中计算机、通信和其他电子设备制造业的企业样本占 12.34%，纺织服装、服饰业的企业样本占 9.18%。制造业的每个行业都有一定的样本，保证了问卷的代表性。此外，结果显示，89.56%的企业成立六年以上，且以民营和三资企业居多（占 82.28%）；就企业规模而言，300～1 000 人的企业比重较大，为 57.92%；就企业销售额而言，2 000 万～4 亿元的企业比重较大，为 61.71%。综上，调查样本基本能够反映长三角中小型制造业企业总体的特征。

备注：参考文献略，以上标注文献参见原文文献。

论据资料的论证分析可以采用归纳逻辑或演绎逻辑。根据百度百科的定义，归纳与演绎是写作过程中逻辑思维的两种方式。人类认识活动，总是先接触到个别事物，而后推及一般，又从一般推及个别，如此循环往复，使认识不断深化。归纳就是从个别到一般，演绎则是从一般到个别。归纳和演绎是科学研究中运用得较为广泛的逻辑思维方法。马克思主义认识论认为，一切科学研究都必须运用到归纳和演绎的逻辑思维方法。案例研究是从特殊现实到一般理论的不完全归纳；而基于大样本调查的实证研究则是基于数据统计的归纳法。实验研究、行动研究等常常采用类比推理进行比较研究。不论哪种类型的研究都有可能同时用到归纳、演绎和类比推理的逻辑方法。例如，在论据论证过程中，通过大前提、小前提推理得出一个新的假设，就是演绎推理的逻辑。而实证研究中通过调查 200 个被试的反馈结果，则从个别归纳出一般化结论，正是归纳法的逻辑。

### 三、结果解释与结论总结

结果解释与结论的意义建构是学术论文写作中的关键环节，主要涉及对研究结果的深入分析和讨论，以及对结论的意义和价值的阐述。具体写作逻辑如下。

结果呈现：首先，需要客观、准确地呈现研究结果，可以使用图、表格或统计数据来支持。

结果解释：对研究结果进行详细解释，分析其结果的含义、相关性和可靠性，解释结果为何会发生，以及它们如何与研究问题和假设相关联。

比较与讨论：将研究结果与文献综述中的前人研究进行比较和讨论，突出研究的创新点和贡献，同时讨论其局限性。

意义建构：阐述研究结果对研究领域的贡献，包括理论意义和实践意义，并提出可能的实践应用或进一步研究的建议。

实证研究的结果讨论更多地关注数据分析结果对假设的验证情况，是否得到了验证，验证了有何意义，没有得到验证可能的原因有哪些？然后基于假设验证结果梳理总结结论；而案例研究的结果讨论更多地关注理论的形成。在结果讨论和结论总结部分，学术论文应另起段落明确阐述论文结论的研究贡献所在，对引言中提出的研究问题做出回应，并从研究贡献视角，呼应引言和摘要中的阐述。

【例 8-13】

标题：平台生态系统中的参与者战略：互补与依赖关系的解耦

作者：王节祥；陈威如；江诗松；刘双

发表刊物：管理世界，2021 年第 2 期

············

结论与启示

综上，本文主要研究结论包括：① 基于"互补-依赖"整合分析框架，发现生态参与者对平台企业的互补性和依赖度存在同升同降的耦合困境。因此，生态参与者需要实现解耦，

在提升互补（增强价值创造能力）的同时，降低依赖（增强价值获取能力）方能真正提升绩效。② 通过案例分析归纳出三大解耦战略，即多重身份、多栖定制和平台镶嵌，并揭示了解耦机制。多重身份战略提升互补和降低依赖的机制分别是拓展生态位宽度和促进多样化交换；多栖定制战略提升互补和降低依赖的机制分别是促进跨平台学习和培育通用性能力；平台镶嵌战略提升互补和降低依赖的机制分别是实现跨边界连接和增强社会性防御。

（一）理论贡献

（1）对生态系统文献的贡献：第一，贡献了平台生态系统研究的参与者视角。已有平台生态系统研究大多从平台企业视角出发，剖析了平台企业的定价策略、包络战略和开放度治理等议题。这类研究往往以参与者的同质性和被动性为假设前提，导致难以解释生态参与者的战略能动性及其绩效差异。从生态参与者视角出发的研究普遍较少（Mcintyre，Srinivasan，2017），少量探索性研究也未专门分析参与者应对平台企业的能动战略（Zhu，2018），本文弥补了这一不足。第二，为生态参与者战略研究构建了"互补—依赖"整合分析框架。尽管Teece（1986）就曾隐含地对互补和依赖关系做了整合探讨，指出共同专用性（cospecialized）既能提升互补又不提升单边依赖。但是，后续研究一直将互补和依赖割裂考察，导致难以解释本文案例中仅仅提升互补或降低依赖并不能为参与者带来绩效提升的管理现象。此外，在平台生态系统情境下，由于平台企业同时扮演两种角色：基础区块提供商和生态系统领导者，因而研究者在考虑参与者和平台企业互补与依赖关系时，既需要考虑互补与依赖的直接维度，也需要考虑互补与依赖的间接维度。尽管近年来商业生态系统研究方兴未艾（Jacobides et al.，2018），但其本身是一个理论根基较为薄弱的领域（Adner，2017），本文构建的"互补—依赖"整合分析框架及其构念维度为后续研究奠定了基础。第三，发现了参与者的三大解耦战略并揭示了其解耦机制。案例分析得出多重身份、多栖定制和平台镶嵌三大解耦战略，弥补了简单多栖和瓶颈战略在平台生态系统中的参与者战略：互补与依赖关系的解耦情境中难以帮助参与者提升绩效的不足。本文发现多重身份通过生态位拓宽和多样化交换机制、多栖定制通过跨平台学习和通用性能力机制、平台镶嵌通过跨边界连接和社会性防御机制实现解耦。其中，多重身份和多栖定制战略与Tavalaei和Cennamo（2020）的研究不谋而合，本文进一步将多栖策略细化为简单多栖和多栖定制，有助于消弭已有研究中参与者实施多栖战略会提升还是降低绩效的争论（Cennamo et al.，2018）。平台镶嵌战略渐受关注（谢富胜等，2019；Khanagha et al.，2020），参与者实施平台镶嵌会拓展已有生态的边界，这对生态演化和更新的研究亦具有启示意义（Mcintyre，Srinivasan，2017）。

（2）在权力高度非对称的平台生态系统情境下延伸了资源依赖理论。第一，平台生态系统参与者与平台企业处于权力高度非对称的关系状态（Parker，Van Alstyne，2018），参与者很难实施传统降低外部依赖的应对策略，如战略联盟和收购等（Casciaro，Piskorski，2005）。本文归纳出的三大解耦战略有助于参与者处理与平台企业之间的依赖关系。第二，将互补概念纳入资源依赖理论框架，有助于整合互补性理论和资源依赖理论。传统上，资源依赖理论框架并没有重视互补概念的角色，因此很难解释组织间价值创造问题。为了解释平台生态系统参与者的应对战略及其绩效结果，需要对互补和依赖进行理论整合。这是对Teece（1986）思想的延续，也与Jacobides等（2006）的研究相呼应。本文重拾这一经典传统，并且在平台生态情境下开展了参与者和平台企业之间互补和依赖关系的测度，为后续更为深入的理论整合研究提供了概念启示和实证基础。

（二）管理启示

（1）生态参与者可以利用多边关系，改变与平台企业的二元关系张力。平台生态系统的核心特征是多边关系架构，参与者在处理与平台企业的互补和依赖关系时，不应局限于双边视野，要注重利用多边关系来改变二元关系张力。本文归纳的多重身份、多栖定制和平台镶嵌战略均体现了这一理念。多重身份战略是参与者在同一生态内利用多子群改变与平台企业的关系；多栖定制战略是参与者通过跨越多个生态改变与平台企业的关系；平台镶嵌战略则是通过参与者构建与生态外部主体的连接来改变与平台企业的关系。

（2）生态参与者要预判自身与平台企业的关系演变方向，进而做出先动响应。由于生态间竞争强度、消费需求、供给结构等因素的改变，平台企业治理策略会发生改变，从而对生态参与者的战略选择产生影响。因此，即便参与者自身战略没有变化，平台生态系统战略情境的变化也会带来参与者对平台企业的互补性和依赖度的演变。相应地，生态参与者的解耦战略也需要做出调整。此外，平台生态参与者自身也在不断成长，这会改变其可选的战略集，也会改变对平台企业互补性和依赖度的相对水平。因此，参与者应该预判自身与平台企业互补和依赖关系演变的方向，率先布局、主动作为，而不是简单的事后应对。

（3）生态参与者应关注所处平台生态系统的特征，及其对战略能动性发挥的长期影响。本文案例分析涉及腾讯和阿里巴巴两大生态，电商是阿里巴巴的核心领域，它搭建了完整的架构。腾讯的核心领域是社交和游戏，而在电商领域缺乏基础架构。因此，相对而言，从事电商业务的参与者对腾讯平台的互补性高于阿里平台，而对阿里平台的依赖度高于腾讯平台，这使得参与者在阿里电商生态内的关系处理压力会更大。可见，平台生态系统特征会对参与者战略能动性的发挥产生长期影响，参与者从生态选择开始，就要思考解耦的可能性。

备注：参考文献请参见原文文献。

# 本 章 小 结

本章内容主要包括学术写作的范式与结构、实证研究学术论文的写作逻辑、学术论文选题与研究意义的阐述、论文标题、摘要、关键词、引言的撰写，以及研究过程与结果的阐述，包括研究方法与过程的设计、论据资料采集与分析、结果解释与结论阐述。通过丰富的示例及案例研究和实证研究的学术论文范文，介绍了学术论文从提出问题、分析问题到解决问题的基本逻辑。

# 本 章 习 题

1. 学术论文写作有哪些特征？
2. 学位论文写作和期刊发表的一般性学术论文写作的框架有何不同？
3. 探索性研究范式和验证性研究范式的区别是什么？
4. 学术论文的研究选题有哪些来源？
5. 摘要写作的目的是什么？有几种不同风格的摘要？

6. 引言的撰写需要回答哪些问题？

7. 引言部分如何通过讲好一个故事来引出研究问题，或者简单说明引言部分讲故事的基本结构。

8. 研究贡献一般在学术论文的哪些部分进行阐述？

9. 定量研究模型中，涉及的变量类型有哪些？

# 参 考 文 献

[1] GENG J, GUO Y L. App types, user psychological and instrumental needs, and user experience in the sharing economy: An empirical research [J]. Entertainment Computing, 2021, 41: 100467. DOI: 10. 1016/j. entcom. 2021. 100467.

[2] 张巍. 逻辑表达：高效沟通的金字塔思维 [M]. 杭州：浙江大学出版社，2020.

[3] 塔沙克里，特德莱. 混合方法论：定性方法和定量方法的结合 [M]. 唐海华，译. 重庆：重庆大学出版社，2010.

[4] 殷 R K. 案例研究方法的应用 [M]. 周海涛，夏欢欢，译. 3 版. 重庆：重庆大学出版社，2014.

[5] 风笑天. 社会研究方法 [M]. 4 版. 北京：中国人民大学出版社，2013.

[6] 方爱华，陆朦朦，刘坤锋. 虚拟社区用户知识付费意愿实证研究 [J]. 图书情报工作，2018, 62 (6): 105–115.

[7] 王晓娟. 知识网络与集群企业竞争优势研究 [D]. 浙江大学，2007.

[8] 杨学成，涂科. 出行共享中的用户价值共创机理：基于优步的案例研究 [J]. 管理世界，2017 (8): 154–169.

[9] 陈文波，黄丽华，陈琪彰，等. 企业信息系统实施中的意义建构：以 S 公司为例 [J]. 管理世界，2011 (6): 142–151.

[10] 汪侠，梅虎. 旅游地游客满意度：模型及实证研究 [J]. 北京第二外国语学院学报，2006 (7): 1–6.

[11] 许晖，周琪，于超. 突变情境下互联网平台的赋能机制：基于微医平台的纵向案例研究 [J]. 研究与发展管理，2021, 33 (1): 149–161.

[12] 解学梅，吴永慧，赵杨. 协同创新影响因素与协同模式对创新绩效的影响：基于长三角 316 家中小企业的实证研究 [J]. 管理评论，2015, 27 (8): 77–89.

[13] 王节祥，陈威如，江诗松，等. 平台生态系统中的参与者战略：互补与依赖关系的解耦 [J]. 管理世界，2021, 37 (2): 126–147.

[14] 周翔，叶文平，李新春. 数智化知识编排与组织动态能力演化：基于小米科技的案例研究 [J]. 管理世界，2023, 39 (1): 138–157.

[15] 梁玲，袁璐华，谢家平. 基于 ABC 态度理论的直播带货用户购买行为机理实证 [J]. 软科学，2022, 36 (12): 118–126.

# 第九章 有逻辑的学术写作

## 第一节 写作主题的确定

如前所述，写作主题的选择可以归纳为 3 个方面：一是文献阅读中发现的有意义的写作主题；二是业务实践或现实生活中遇到有意思的现象或问题，感觉有必要进一步地研究探讨；三是学术交流中得到的有兴趣的话题或有价值的灵感等。有时，写作主题的选择又是上述几个方面相互结合、相互补充、演化迭代后确定的既有学术价值又可行创新的主题。

### 一、写作主题的经验

下面以笔者研究团队近期的两个研究主题为例，阐述写作主题的确定过程。

#### （一）知识平台赋能与激励研究主题

【例 9-1】

随着开放注册限制，大量的普通用户涌入，代表性的在线知识社区（online knowledge community，OKC，也称知识平台）如豆瓣网、知乎等，已经从备受好评、飞速发展的初期步入了发展的第二个阶段：大众知识生产时代。巨大的信息容量和随时随意的插入、编辑，改变了传统在线交流方式，大大增加了信息数量与混乱程度（裘江南等，2018），知识社区运营也面临着复杂局面。

2021 年初，悟空问答 App 从各大应用商店下线；另一边，知乎迎来了十周岁生日，并实现 IPO 上市。这两个平台放在一起形成鲜明对比，除了它们都是问答社区的共同身份外，更有 2017 年前者重金挖走 300 名知乎大 V 的背景事件。因此，悟空问答在巨资投入下运营不到 4 年即宣告停止服务退出江湖，而它对标、学习和竞争的对手——知乎在 2011 年 1 月正式上线，在不温不火中不断推进商业化进程，2021 年 3 月 26 日在美国纽交所敲钟上市、2022 年 4 月在港交所实现双重上市。正如网上有一则评价：

"悟空问答的失败，……给了互联网上唯流量论、唯资本论致命一击，流量与资本可以创造出一个内容社区，但却无法赋予创作者留存的根本因素——社区生态。""尤其是这种 UGC（user generated content，用户生成内容）社区，如果说免费分享能有 A+ 到 C 之间的内容，用钱砸顶多可以砸出一个绝大部分时候质量有 B 的社区"。网上吐槽悟空问答的痛点还有："高年龄、低收入、低学历"用户群体；批量生产内容，只为完成 KPI 的"羊毛党"；板块推荐、话题机制、折叠机制、内容分发方式；timeline（时间线）；内容定位和风格；问答水平和讨论氛围；模式优化迭代探索；算法及其价值观等。有关研究也表明，悟空问答存在话题标签少、搜索功能和互动功能弱、内容专业化和用户素质低等问题（曾昭娴，2018）。

这种强烈的对比，引发笔者团队的思考：同为知识平台，为什么有不同的发展路径和结果？悟空问答背靠今日头条的引流和市场资本的追捧，却无法获得持续运营，为什么呢？据说，悟空问答在技术层面和 App 开发过程中，较多地参考了知乎的功能、界面，可以说在技术层面也具有高度同质化；当初被悟空问答重金挖走的知乎大 V 们，后来又纷纷回归知乎平台，回到那个熟悉的社区和熟悉的群体。所以，接下来的问题就是，在数字技术高度同质化的今天，社区运营如何赢得用户的长久支持？网评中的"社区生态"又是怎样的存在？

在上述思考的基础上，研究团队进行了大量的文献检索和深度研讨，发现当前的相关研究有两个方面，一是对互联网、移动 App 用户的行为研究，二是 App 平台模式、功能、运营等的研究，但两者之间缺少必要的联合。例如，在知识平台用户行为研究中，并没有区分这些用户是依托于哪个平台；对于知乎或悟空问答这种 App 平台的分析，也缺少它的用户群体特性与社区特性相匹配的考量。因此，上述研究，无法回答"同样的问答社区，为什么用户更喜欢知乎"或者"为什么知乎的用户（包括知识提供者和知识需求者）与知乎平台之间会产生深度的黏性和忠诚？"很自然地，研究焦点就落在了"平台特性和用户群体特性的匹配，以及平台赋能与激励措施在这种匹配过程中发挥的重要调节作用"这样的研究选题上。在进行深入的研究基础上，研究团队进一步确定了"数字技术可供性"这种将技术与组织相结合的理论视角，撰写了课题申报书"基于社会–技术视角的知识平台激励与赋能机制研究"，于 2021 年获得了北京自然科学基金的资助，先后发表"在线知识社区用户知识协同绩效的激励组态路径——精神激励还是物质奖励？"等核心期刊论文。

小结：本选题的核心逻辑是，数字产品具有同质化，只是构成不可替代的核心能力的一个必要因素；对用户的经济激励具有重要作用，但在某些情况下也会失效，过度的经济激励影响社区生态；以社区特性、用户特性、经济激励、精神激励共同构成了"社区生态"，需要解构这种生态"黑箱"，为改善平台运营、提升用户黏性和社区忠诚提供决策参考。

### （二）数字化转型与组织韧性的选题

**【例 9-2】**

2020 年 1 月 31 日，全球著名的做空机构浑水（Muddy Waters）调研公司将一份长达 89 页的做空报告发到了推特（Twitter）上，直指瑞幸咖啡有限公司（以下简称瑞幸）在财务和运营数据上存在作假和欺诈行为。2020 年 4 月 2 日，瑞幸发布公告承认了这一指控。公告显示，瑞幸公司首席运营官兼董事刘剑和部分员工在 2019 年的第二季度至第四季度之间，虚增了高达 22 亿元的销售收入，相关费用和支出也相应虚增。受此消息影响，瑞幸盘前股价由前一交易日的 26.200 美元/股暴跌至不足 4 美元/股，跌幅一度高达 85.69%。截至收盘，瑞幸股价为 6.400 美元/股，市值已由 62.88 亿美元跌至 16.11 亿美元，缩水超 46 亿美元，创历史新低。随后，大量评论认为瑞幸"泡沫破裂""模式失败""大象倒下"。

然而，瑞幸在强大的数字化系统支持下短时间内克服了内部治理和外部疫情双重冲击，于 2022 年初发布"实现赢利"消息在公众视野中强势回归，此后一路高歌猛进。到 2023 年末，瑞幸全年总净收入为 249.03 亿元人民币，同比增长 87.3%；国内门店数量达 16 218 家（2024年 7 月 18 日，瑞幸第 2 万家门店在北京中关村开业），新加坡门店总数达到 30 家。2023 年全年推出 102 款新产品，产品售卖数超过 20 亿件，现制饮品数超过 19 亿杯。截至 2023 年底，瑞幸有 8 个 SKU 销量破亿。2023 年新增交易客户数超过 9 500 万，月均交易客户数突破 6 200 万，累计交易客户数达到 2.3 亿。整体表现十分抢眼。

近年来，由于国际形势和全球卫生事件的冲击，如何从容应对突发危机，恢复甚至实现超越增长，成为企业需要面对的重要话题。新冠疫情后，企业更需要关注如何做好常规准备应对下一次不确定的外部冲击。因此，作为一个理论概念和实践需求，企业"组织韧性"成为研究热点。自然地，面对瑞幸的高调回归和抢眼业绩，它为什么能够挺过 2020 年的难关？为什么能够 2 年时间就实现盈利？为什么此后能够踏上更快的发展轨道？它的组织韧性从何而来呢？

经过多方资料检索和社会调研，尤其是结合笔者团队关于企业数字化的研究优势，发现瑞幸在应对这轮冲击的过程中，除了重塑价值体系、优化治理体系、强化内控、坚守品质等系列举措外，有 3 点数字化实践值得重视：一是基于企业微信的平台化运营，总部根据不同情况推出不同营销策略，每个用户触点都可以自动同步；二是基于数据和算法的咖啡研发与门店自动咖啡机所形成的低度员工依赖；三是通过数字化手段"理解用户但不骚扰用户，把好产品和个性化服务推到用户手边"形成双方的高度契合。"整家公司如同一个庞大的机器，其中每个零部件、每个流程都严谨地运行着"。无论是新员工加入还是老员工离职，都不会对门店运营产生影响。将"人为"因素逐渐从系统里清除，既冰冷又强大[①]。因此，我们初步认为瑞幸的全面数字化运营，构筑了结构韧性、关系韧性、运营韧性，全面提升了瑞幸应对外部冲击的"组织韧性"这种动态能力，为其渡过难关提供了强有力的保障。

当然，意识到数字化对组织韧性的正面效用并不难，也远远不够。因为，大家都知道数字化很重要，很多企业都在开展数字化建设或者数字化转型，可为什么有的成功、有的失败？同样的数字技术应用，为什么数字化效果存在异质性？这自然需要探究一下企业数字化的具体过程，具体的部署策略，具体的数字化组织变革。另外，虽然数字化正向作用于组织韧性的提升，它又是如何提升的呢？比起单一的正向效用的结论来，对具体的作用过程进行挖掘，更有利于企业制定正确的个性化数字化战略，而不是人云亦云、照猫画虎。

企业的数字化转型实质遵循数字技术与组织要素互为决定、相互牵引的演进逻辑。根据知识基础观，企业的本质是一组具有特定价值的知识集合体，知识是企业最重要的资源要素之一，具有柔性、可拆分、可组合的特征。有效的知识编排在大型复杂业务组织的动态能力形成过程中发挥至关重要的作用。因此，数字化企业的组织韧性并不仅仅来源于先发优势和效率优势，更是数智化知识编排带来的机制优势和能力优势。那么，在数字化情境下，企业变革引致组织韧性发生了哪些"型变"或"质变"？数智赋能组织韧性的知识机制是怎样的？企业又应如何利用数字技术"主动"构建独特的组织韧性呢？在中国旺盛的数字化创新实践中，针对上述问题研究，既有利于挖掘中国企业管理智慧，发展数字经济时代组织韧性的创新理论，也有利于中国企业在前所未有的严峻形势下制定正确的数字化战略和组织韧性构建策略，从而"转危为机"逆势成长。在此分析的基础上，研究团队开展了"基于数字技术可供性的数智化知识编排与组织韧性的构建"，先后撰写了"数字技术可供性视角下组织韧性形成机理""数智化知识编排、组织变革与组织韧性的构建"等学术论文。

---

① 香帅. 瑞幸卖的不是咖啡，是算法[EB/OL]（2022-09-23）[2025-03-19]. https://t.cj.sina.com.cn/articles/view/7742560434/1cd7e18b202000zsh2?finpagefr=p_104.

小结：本选题的核心逻辑是，企业数字化能够提升企业的组织韧性，但需要解构企业数字化如何提升组织韧性，从而为企业在数字化转型过程中构筑组织韧性提供决策参考；企业面对的数字技术具有同质性，只有将数字技术与企业核心要素相结合，才能实现有效的数字化转型；根据企业知识观，企业是一组具有特定价值的知识集合体，企业专用知识是企业的核心要素之一，"数字技术+企业知识"实现的数智化知识编排，是数字化转型的微观机制。

## 二、写作主题的范文分析

大学教师是一个特殊的群体，他们承载着"教书育人"的重要使命，承担着"为党育人，为国育才"的宏大责任。同时，很多人认为大学教师作为一种职业，没有中小学教师那种升学压力，还有寒、暑两个长假，是令人羡慕和追捧的职业之一，尤其是女性，希望作为一名高校教师既有事业追求又方便照顾家庭。实际上，就像"围城"一样，城外的人想进去，城里的人也想出来，大学教师也有自己的酸甜苦辣，也有大大小小的各种压力，自己的幸福感也是无法得到保障的。

那么，对大学教师这样一个充满了教授、副教授高知群体来说，它们的幸福感有什么不一样呢？哪些人更幸福一些呢？另外，哪些因素在影响他们的幸福感呢？这样的研究看起来是很有意义的。因为，只有找到了幸福感影响因素和来源，作为高校和教育部门才有可能针对性地采取相应措施来提升教师幸福感。而只有教师群体自身有了充分的幸福感，才有更多的激情和精力付出在育人过程，才会高质量地完成学生的培养工作。因此，这是一个很符合实际需求又有研究价值的研究主题。详细内容见附录 B 的范文《影响高校女教师幸福感因素的探究》。

小结：由于职业的特殊性，高校教师的幸福感既影响教师本体，也影响育人效果，因此需要特别重视；教育管理部门和高校如何提升高校教师（尤其是女教师）的幸福感，需要把握影响幸福感的相关因素；针对特定群体的幸福感影响因素研究，需要在一般性影响因素框架下，特别重视群体特性，从而提出具有实际价值的对策建议。

# 第二节　调研与分析

在确定写作主题后，就需要选择一定的方法开展研究。一般来说，调研的方法有定量研究和定性研究两大领域，包括但不限于文献调研、问卷调研、直接访谈、观察实验等。调研方法又与研究主题、学术规范性等密切相关，社会学、心理学、经济学、管理学、理工科等每个学科都有较为严谨的调研方法要求，这里仅以范文《影响高校女教师幸福感因素的探究》为例，进行一般性论述。

## 一、调研方法

研究方法的选择与研究主题、研究对象和研究目的密切相关。在对高校女教师幸福感影响因素的研究中，研究主题是高校女教师幸福感来源与现状，研究对象是高校女教师，研究目的是探究哪些因素会影响高校女教师的幸福感，从而针对性采取措施来提升幸福感。由于幸福感及其影响因素的研究是一个较为成熟的领域，相关研究比较多，有现成的理论支持，也有较多可供参考的测量问卷，不需要在理论层面进行探索和创新，因此属于典型的应用型研究。范文作者采用了两种调研方法：量化测试法和深度访谈法。当然，在深度访谈中，作者也曾尝试发现一些"本土概念"，具有一定程度的理论创新性。

### 1. 量化测试法

范文中所称量化测试法，实际指采用调查问卷的方法向调研对象采集数据。调查问卷的设计也有很多强的理论性，包含的调研问题、问题的提问方式、问卷长度与结构等都需要慎重设计。在该例中，考虑到调研对象——高校女教师个人的特征（文中所指的人口统计学特征）对幸福感的形成影响较大，因此在问卷中首先考虑了 26 个研究对象的人口特征，如年龄、婚姻、专业、性格、学历、职称、学校类别等。在研究主题中，关注的焦点是幸福感这个变量（在学术性较强的文献中，被称为因变量或被解释变量。反之，那些影响幸福感的因素如年龄、婚姻等，是用来解释或认知幸福感来源的，所以被称为自变量或解释变量），由受访者根据自己的感觉进行陈述，采用了九级量表形式，即自述幸福感的体验分为 9 个等级（从"非常痛苦"到"非常幸福"共 9 个选项）。

在设计问卷时，需要特别考虑李克特量表（Likert scale）的运用。李克特量表是用于衡量意见、态度或行为的评级量表。它由一个陈述或一个问题组成，后面是一系列 5~7 个答案陈述。受访者选择最符合他们对陈述或问题的感受的选项。由于向受访者提供了一系列可能的答案，因此李克特量表非常适合以更细致的方式捕捉他们对主题的同意程度或感受。然而，李克特量表很容易出现反应偏差，即受访者由于疲劳或社会期望而同意或不同意所有陈述，或者有极端反应或其他需求特征的倾向。李克特量表在调查研究及营销、心理学或其他社会科学等领域很常见。该文中关于幸福感的自述评价划分为 9 级，可以比较精准地捕捉受访者在幸福感自我感觉方面的微小差异，但是由于选项较多时容易造成选择困难，因此这种等级划分也不是越细越好。

### 2. 深度访谈法

该文中在问卷调查中仅仅包含了人口统计学特征与自述幸福感的题项，能够进行人口统计学特征与幸福感之间关联关系的研究，为幸福感影响因素的共性提供数据支撑。但这种规模化、定量化的调研数据，缺少情境和细节，容易淹没个性和现实性，所以范文中又采用深度访谈法对 26 名调研对象进行了个性的访谈，对访谈得到的文本进行编码、提炼、分析和解读。

进行深度访谈也需要提前做好调研提纲的准备，并不只是有个主题就可以开始，更不会信马由缰、随性而聊。在范文中，作者拟定了一份访谈提纲，除了上述提及的人口统计学信息，还包括 16 道题的问答提纲，涉及职业幸福感、家庭幸福感、影响幸福感的因素及提升幸福感的方法等。这就为深度访谈的内容提前做好了框架准备，确保能够获得希望的信息，也可以开放性获取其他可能的新鲜信息。深度访谈的实施过程也需要精心安排，包括事前与调研对象的互相联系与前置沟通，访谈现场的选择和轻松气氛的营造，访谈过程中话题的引导与控制等。另外，还要考虑一些技术环节如录音、现场演示工具等的准备。

## 二、数据分析

调研的目的是采集数据，之后需要进行数据分析。

问卷的数据分析具有成熟的体系，包括描述性数据分析，还有相关分析、回归分析，其中又涉及信（效）度分析、内生性检验、稳健性检验等，在此不做赘述。深度访谈后，也需要遵循扎根研究方法的规范性要求进行数据编码。范文中提出，要阅读所有数据，建立编码系统，找出一些初步感受到的意义；将数据切割成有意义的片段，对每个片段进行编码，尽量寻找"本土概念"作为码号，如被研究者经常使用的概念、带有强烈感情色彩的概念、容易引起其注意的概念等；再提炼有意义的内容，找到彼此之间的内在联系；最后将内容或主题相似的片段组成概念类属，用图表等方式对数据进行比较分析、解读。

# 第三节　分析结果与讨论

在定量和定性分析的基础上，需要根据研究主题确定分析结果，并对结果进行讨论。

## （一）定量分析结果讨论

在范文中第 3 部分，首先报告了分析的总体结果："从幸福感自述等级来看，大多数研究对象的总体生活满意度一般，虽然以积极情绪为主，但消极情绪也常常影响其幸福感"。紧接着，作者对上述分析结果进行了一定的延伸讨论"这主要是因为受试都是高校女教师，她们职业稳定，物质生活有基本的保障；淡泊明志，更多地追求精神生活，有较多的空闲时间发展自己的爱好；有较高的涵养和爱的能力，善于自我调节；同时她们职业本身就是教书育人，社会普遍认可其意义和价值。不过高校女教师情感细腻，内心丰富，对自己和他人的要求比较高，但囿于社会环境的影响、身心的局限，要在现实生活中达到理想的幸福境界也比较困难"。

总体结果和讨论仅仅是一个整体认知，但无法达到研究目标，需要进一步地分层分维度剖析。范文中，作者进一步按年龄、学历、职称、性格等几个细分维度描述了幸福感的分布状况。其中，按职称来说，受访者中讲师和副教授选择"有些幸福"及以上等级的，明显多于教授职称的。

针对上述分维度的分析结果，作者展开了进一步讨论："由此可以大致窥见人口统计学因素对高校女教师幸福感带来的影响：年龄在 30～39 岁的教师幸福感最强，因为年轻赋予她们创造各种美好的可能性；其次是 50～59 岁，此时的她们放弃了追求不到的奢望，更看重当下拥有的一切；最后是 40～49 岁，她们正处于职业的奋斗期，晋升职称是她们最大的压力源，因此幸福感较低。职称层次越高幸福感反而越低，副教授和讲师的幸福感高于教授的幸福感，可能是由于教授面临体制考核的要求更高，所承担研究生的指导工作也给她们带来相当大的负荷，随着年龄的增长，精神和心理状态每况愈下。性格对幸福感的影响并不是太大"。

## （二）深度访谈结果的讨论

范文在对访谈资料整理的基础上，对外部因素的婚姻家庭幸福感、职业幸福感（教学、科研、薪酬、组织支持）和内部因素的"心流"进行了讨论，讨论中引用了大量受访者的直接证据。可以看出，这种质性研究取得的语料在没有进行技术处理的情况下，只能采用典型观点进行代表性和概要性论述，例如"大部分高校女教师都视教师的职业为使命，而不仅仅是任务，学生成长的每一步都给她们带来内心的愉悦和成就感"。这种情况下，作者需要具备较强的逻辑归纳能力，从大量分散的语料中寻找到主流观点，并进行较为严谨的论证。例如，在论及科研工作时，作者提到"每个高校女教师都意识到……这就极大地影响她们做科研的热情……这不可避免地影响教师们的幸福体验"。

### （三）建议与策略

学术写作的目的不是为了写作而写作，是为了展示学术研究成果必须进行的写作。这也意味着，如果没有进行实质的学术研究，没有开展有意义、有价值的研究，没有获得一定的创新成果，就没必要进行学术写作。

因此，学术写作的最后，应该在对研究过程进行了较为充分和严谨（虽然有时限于发表时的篇幅限制，研究过程的表达不够充分，但仍然需要具备一定的规范性）的描述后，提出与研究主题密切相关的意见和建议，而且这些建议、策略的提出与研究结果密切相关，是依靠严谨的研究过程获得的结果的拓展和推论，不能是脱离该项研究过程的泛泛之谈。很多学术写作在最后的建议或策略部分出现了脱节现象。

范文在"04 相关建议"部分，首先论述了高校女教师主观幸福感与影响因素的相关性分析。实际上，一般的学术性文章中，这种相关性分析都应该在数据分析阶段完成，在分析结果部分进行讨论。在真正的建议部分，作者提出了"从精神层面入手""采取积极的生活态度""借助于各种外界的力量"，认为"真正带来幸福感的并不是财富的增长，而是观念的改变、积极情绪的调整及投入事件的意义；幸福也不是短暂的快乐，而是长久的愉悦心态"。

可以看出，范文的建议与研究对象、研究过程和研究结论联系较弱。从研究对象来说，在"建议"部分已经从"高校女教师"转换为"女人"，因此所提建议缺少"高校、女教师"这种特定人群的针对性；研究过程中发现"教授的幸福感弱于讲师和副教授"，但在建议部分却未涉及如何提升女教授这个群体幸福感的建议；研究结论中提到高校女教师的组织支持不够，但也未能针对性提出适当的建议。

### （四）其他讨论

该篇范文从主题选择和研究过程来看，具有较强的实践意义和较好的学术规范性，但在研究结论方面存在较多可进一步商榷之处。

#### 1. 高校教师的教学科研平衡问题

普遍认为，高校教师承担人才培养、科学研究、社会服务等三大核心职能，还有文化传承创新、国际交往等其他职能。高校女教师并不例外。作为最基本的职能，教学和科研在教师日常工作中具有同等重要的地位，可以说都是使命，都需要倾注一定的时间和精力。只不过由于教学与科研工作性质的不同，取得成果的路径和方法不同，因此，它们对幸福感的影响也有所不同。同时，由于个体差异性，不同的教师对于教学成果和科研成果的获得也有差异，因而同样的教学工作，并不是所有教师幸福感的来源。但范文所秉持的观点，以及由此带来的证据收集与展现，显示了作者对高校工作的认知局限性，或者说教学科研的不同倾向性。

例如，在深度访谈结果讨论部分，作者称高校女教师认为"教学是使命"，因而未进一步讨论教学过程中需要付出的时间和精力，以及是否影响家庭生活；"科研是任务"，由此提到"会殚精竭虑、消耗热情，影响孩子、家庭、休息、娱乐"，从而"教学会带来幸福感、科研只会影响幸福体验"。这种失之偏颇的论述，难免影响文章的质量。

### 2. 高校教师成长的组织支持问题

关于组织支持方面，由于作者前期缺少充分的理论准备，从"不担任任何行政职务，教学相对独立，无须与领导直接接触""给领导留下好印象""领导太忙"及一个与领导冲突的案例来看，作者简单地把"组织支持"等同于"领导支持"，把大学对教师个人成长所设计的各种培训、激励、赋能等体系化工作，等同于领导个人的关系和好恶。当然，作者后面也提到了后勤、工会等，似乎这是学校领导之外组织支持的另一方面。实际上，高校一般常设"教师教学发展中心"专门为教师成长提供多方面、长周期的支持，在人事、教学、科研等业务部门也会设置培训支持计划，帮助广大教师进行企业实践、国内外访学、教学与科研能力提升等。各教学单位和研究机构等也会有基层的教学科研工作坊、青年教师导师等多种常规工作。因此，上述对"组织支持"概念的理解有失偏颇。

### 3. 研究结果与对策讨论的自洽性

学术写作最重要的是逻辑自洽。选择一个好的主题，这是研究意义和价值空间，但不代表能填补这个空间；研究过程需要以科学规范的方法展开，包括选择研究对象和方法，确定关键概念和研究模型，进行数据采集和数据分析等，都需要遵循一定的学术方法，才能取得令人信服的研究成果；研究结论（包括建议和策略等）是这项研究价值和意义的直接表达，必须与主题和对象紧密响应，不能脱离开研究过程泛泛而谈。否则，前面的研究过程和研究的工作量，还有什么价值呢？

反观范文提出的 3 个主要对策，缺少对高校、女教师这个特殊群体的幸福感来源的针对性，也未能充分运用研究结果提供的决策支持，只是泛泛提出了精神层面入手、积极生活态度、外部力量的借用等 3 点建议，显示了写作前后逻辑的一致性较差。

### 4. 方法与结果的自洽性

范文虽然在方法与数据部分提到了语料编码、提炼概念等理论化过程，提出希望寻找到有特色的"本土概念"，但在结果分析和结论部分并未就相关发现进行陈述。这也是前后逻辑不一致的地方。

## 本 章 小 结

本章通过实例和范文，呈现了学术写作中 3 个重要的内容。研究主题的确定是方向性的，要兼顾实践与理论的需求；研究方法有很多种，需要根据研究主题的需要和各种研究资源的情况进行选择，要避免以方法选择主题；研究结果的分析和讨论，是对研究主题和主要内容的阐释，是研究意义和价值的关键性陈述。以"主题-方法-结果"串联起来的学术写作，主题要明确，前后要呼应，要有一致的核心逻辑。

## 本 章 习 题

根据自己的研究兴趣，从工作或生活中选择合适的主题进行学术研究和写作。

# 附录 A  学术论文范文

## 一、案例研究学术论文范文

**标题：数智化知识编排与组织动态能力演化——基于小米科技的案例研究**

作者：周翔；叶文平；李新春

出版刊物：《管理世界》2023 年第 1 期

**摘要：**有效的知识编排在大型复杂业务组织的动态能力形成过程中起着至关重要的作用，但是随着组织业务复杂程度不断提升，知识编排的难度也在不断加大。"人工智能"作为组织"数智化"的关键产物，可以大幅提升组织知识编排的效率，也为我们理解知识编排驱动下的动态能力演化提供了潜在的微观基础，但是现有动态能力文献尚未从"人工智能"开发与利用的视角对动态能力的形成机制进行深入的研究。为弥补这一理论缺口，本研究基于知识基础观的视角，聚焦"数智化知识编排如何促进组织动态能力演化"这一研究问题，以小米科技有限公司为例，提炼出知识获取、解码、筛选、编码、开发和探索等知识编排机制。通过这些机制，小米科技得以从内外部业务实践中广泛吸收零散、静态的隐性知识并将其解码和重构成为以"人工智能"为内核的智能知识模块，而智能知识模块的进一步开发与探索则是组织动态能力形成的基础。这一新兴理论框架既为动态能力的形成机制提供了全新的微观基础视角，也扩展了知识管理和资源编排理论，同时为数智化赋能下的企业战略管理和企业数智化转型的进一步研究提供了重要理论工具和实践启示。

**关键词：**数智化；动态能力；知识编排；赋能；开发与探索双元平衡；人工智能

原文链接：周翔，叶文平，李新春. 数智化知识编排与组织动态能力演化：基于小米科技的案例研究［J］. 管理世界，2023，39（1）：138-157.

DOI：10.19744/j.cnki.11-1235/f.2023.0015.

视频链接：周翔. 数智化知识编排与组织动态能力演化——基于小米科技的案例研究. https://kns.cnki.net/kcms2/article/abstract?v=sxrP1m9hSI-oWN9N5V-xl-SFQeoLvb--7mVi3ndVZVZf_DuJ6AbJl5mz9FFijqMrZhhAElh4cSyyNp_4np1kiJHsfutoB2PYXgKDu1KotrI28cLDG7tvh3ecNn-PszNuS63I6_vvSmlPyNNUnJhtEeUyixoV_22GuAiVG3MMSd7ZxjIWUVS04joxFHaW8tQC&uniplatform=NZKPT&language=CHS.

## 二、实证研究学术论文范文

**标题：基于 ABC 态度理论的直播带货用户购买行为机理实证**

作者：梁玲 1；袁璐华 2；谢家平 2

（1. 上海对外经贸大学工商管理学院，上海 201620；2. 上海财经大学商学院，上海 200433）

发表刊物：《软科学》2022 年 12 月·第 36 卷·第 12 期（总第 276 期）

摘要：引入 ABC 态度理论，将主播亲近度作为调节变量，揭示直播带货场景下观看用户购买因素机理。结果发现：（1）产品认知和主播影响力对中介变量的感知价值呈正向显著影响关系，但负向显著影响感知风险；而主播互动性与中介变量的感知价值为正向显著关系，但对感知风险并不存在负向关系。（2）主播亲近度在感知价值对购买行为过程中呈正向调节作用，且在感知风险对购买行为过程中为负向调节作用。研究表明：鼓励官员明星加入刺激观看用户购买行为、增强主播领袖作用，将会刺激观看用户的消费行为。

关键词：直播带货；主播亲近度；用户消费行为；ABC 态度模型

原文链接：梁玲，袁璐华，谢家平. 基于 ABC 态度理论的直播带货用户购买行为机理实证 [J]. 软科学，2022，36（12）：118-126.

DOI：10.13956/j.ss.1001-8409.2022.12.16.

# 附录 B　论文范文

本文源自：熊苏春，涂心湄，曾宪瑛. 影响高校女教师幸福感因素的探究［J］. 教育学术月刊，2022（3）：104-112.（有改动）

## 01　研究背景

幸福是每个人一生都在努力追求但却很难达到的目标。2011 年 3 月举行的全国两会使"幸福感"成为最热门的词汇之一，2012 年 9 月，"央视下基层"节目对全国人民调查"你幸福吗"，更是政府重视民众幸福感的一种体现。习近平总书记 2013 年提出的中国梦，其本质就是"国家富强、民族振兴、人民幸福"。因此，中国梦就是追求幸福的梦。在这一时代背景下，积极心理健康教育创始人孟万金教授率先提出"先让学校幸福起来"。

学校不仅肩负着为幸福中国培养优秀人才的使命，更承担着培养他们感受幸福、创造幸福能力的重任。教师的幸福感，不仅影响教师自身的生活质量和专业发展，还影响学生未来的发展及高校的可持续发展。教师有幸福感是学生能获得幸福感的前提[1]。叶澜[2]说过："没有教育者生命质量的提升，就很难有高的教学质量；没有教育者精神的解放，就很难有受教育者精神的解放；没有施教者个体的主动发展，就很难有受教者的主动发展；没有施教者的教育创造，就很难培养受教者的创造精神。"

随着高校师资队伍中女教师的人数和比例加速上升，高校女教师在师资队伍中的重要作用日趋显现。一方面，她们担负着教书育人的职责，尽其所能为各行各业培养人才；另一方面，她们虽然面临传统的社会性别观念、家庭角色冲突、职场激烈竞争等多重压力，却依然为能在职业发展生涯中获得一席之地付出宝贵的时间和精力。在荣誉的光环背后，是否有着许多辛酸和艰难？她们对幸福的理解是什么？她们的幸福感更多地源自哪里，事业、家庭抑或自身？

本研究侧重质性研究方法，通过了解高校女教师幸福感的现状，探讨影响她们幸福感的因素，以及提高高校女教师幸福感的策略。

幸福是什么？学界至今没有对幸福做出统一的界定，比较公认的是 Ryff，Singer&Love[3]对幸福感的理解，他们认为心理学中的幸福感体现在主观幸福感（subjective well-being，SWB）、心理幸福感（psychological well-being，PWB）和社会幸福感（social well-being，SWB），其中主观幸福感"涉及对生活的多维度的评价，包括对生活满意度的认知判断及对感情和情绪的情感评价"[4]，即幸福主要由对生活的满意度、积极情感的体验和消极情感的缺乏所构成；而最早使用"教师幸福感"这一术语的是 Scott[5]于 1998 年所作的一篇报告，他并未对教师幸福感做出明确的定义，只是将其视为教师情感上更为愉悦的一种体现，是相对于教师压力和焦虑而言的。Dzuka[6]的研究将教师幸福感分为 3 个维度：总体生活满意度、积极情绪和消极情绪，已然属于主观幸福感的范畴。以此为标志，教师幸福感研究进入多学科概念界定阶段。Isabel[7]的研究以教师群体为研究对象，验证了主观幸福感的三维结构，明确将"主观幸福感"的概念纳入教师幸福感的研究领域之中。由此，本研究主要从主观幸福感的角度讨论高校女教师的幸福感，并探讨本次研究中高校女教师幸福感的内涵及其影响因素。

根据裴淼和李肖艳[8]对国外文献的研究发现，教师幸福感主要来源于 4 个方面：人口统计学因素、内部因素、外部因素及多变量交互因素。人口统计学因素研究主要是探讨性别、年龄、婚姻等人口统计学变量对于教师幸福感的影响；内部因素研究目前关注较多的有控制点、信念、情商、自我管理和创造性等；外部因素研究主要从社会、学校两个层面来进行，社会层面的外部影响因素主要包括社会文化，学校层面的外部影响因素主要包括学校环境、专业学习共同体、学校积极行为干预和支持、支持性学校文化及教师在学校场域中的各种人际关系等。很多学者还尝试研究影响教师幸福感的多变量交互因素，如 Bermejo[9]分析了工作需求、个人资源和工作资源对教师幸福感的影响；Juan[10]的研究则认为教师幸福感是受 5个变量交互影响的，这 5 个变量分别是价值观、动机、能力和素养、满意度、情感。国内学者李丽敏[11]发现，我国研究者对教师主观幸福感的研究，大多从内外两方面的因素来探讨，外部因素主要包括人口统计学变量（主要指性别、年龄、职称、收入和婚姻状况、地域差别等基本情况）、社会支持等；内部因素主要包括人格、自我意识等。研究者根据本次研究选取的研究对象，涉及人口统计学因素、外部和内部等因素对高校女教师幸福感的影响。

## 02  研究对象及方法

本研究选取 26 名高校女教师作为研究对象，其中包括本文第一作者的同门师姐、师妹、曾经的研究生及要好的同事和朋友，她们均在不同省（市、区）的地方高校任教，由此能保证信息来源的可靠性和代表性，本研究主要采用量化测试法和深度访谈法。

### （一）量化测试法

人口统计学也是影响高校教师幸福感的因素之一。研究者根据这 26 个研究对象的人口特征，即年龄、婚姻状况、有子女否、所学专业、性格倾向、学历、职称、学校类别等，对之进行了量化测试，同时把自述幸福感的体验分为 9 个等级，由"非常痛苦"到"非常幸福"。按 26 个研究对象所属的高校分,211 院校 10 人，占比 38.46%；普通一本院校 7 人，占比 26.92%；二本公立院校 6 人，占比 23.08%；民办高校 3 人，占比 11.54%。

按年龄分，30～39 岁的 5 人，占比 19.23%；40～49 岁的 12 人，占比 46.15%；50～59岁的 9 人，占比 34.62%；均已婚生子。

按学历分，拥有本科学历的仅 3 人，占比 11.54%，均在 50 岁以上，为各校当年优秀毕业生留校；拥有硕士研究生学历的 12 人，占比 46.15%，大多为硕士毕业后经过笔试、试讲后分配至各个高校；拥有博士研究生学历的 11 人，占比 42.31%，其中有的属于定向招生，有的属于人才引进。

按职称分，教授职称的 4 人，占比 15.38%，3 人在 50 岁以上，她们教学经验丰富，科研能力较强，仅 1 人 40 岁以下，因科研成果突出，破格晋升为教授；副教授 9 人，占比 34.62%，其中两人为学院副院长，其余均为学院的中坚力量；讲师 13 人，占比 50%，普遍教学能力较强，但科研能力略显不足。

按性格分，13 人（占比 50%）认为自己性格既不外向也不内向，属于中间型；8 人（占比 30.77%）认为自己偏外向；5 人（占比 19.23%）认为自己偏内向。

研究者将自述幸福感分为 9 个等级，分别为：（1）非常痛苦（2）很痛苦（3）痛苦（4）有些痛苦（5）居于中间（6）有些幸福（7）幸福（8）很幸福（9）非常幸福。没有人选择 1～3 级；仅有 1 人选择第 4 级"有些痛苦"，占比 3.85%；选择第五级"居于中间"的有 10 人，占比 38.46%；选择第 6 级"有些幸福"的有 8 人，占比 30.77%；选择第 7 级"幸福"的有 4 人，占比 15.38%；选择第 8 级"很幸福"的有 3 人，占比 11.54%；没有人选择第 9 级"非常幸福"。

### （二）深度访谈法

目前，国外教师幸福感研究所采用的研究方法，90%以上是量化研究。本研究主要采用深度访谈法，研究者参考苗元江编制的《综合幸福问卷》[12]拟定了一份访谈提纲，除了上述提及的人口统计学信息，还包括 16 道题的问答提纲，涉及职业幸福感、家庭幸福感、影响幸福感的因素及提升幸福感的方法等。

无论是好友、同事还是从前的学生，她们都积极配合作答之后，通过微信发给研究者。研究者在认真阅读的基础上，再就有关幸福感的细节和她们进行深入探讨，得到对方允许之后录音。作为高校女教师，她们非常关注幸福的话题，不管是临时起意的约谈，还是通过微信聊天，都聊得尽兴而动情。

之后研究者进行数据编码，阅读所有数据，建立编码系统，找出一些初步感受到的意义；将数据切割成有意义的片段，对每个片段进行编码，尽量寻找"本土概念"作为码号，如被研究者经常使用的概念、带有强烈感情色彩的概念、容易引起她注意的概念等；再提炼有意义的内容，找到彼此之间的内在联系；最后将内容或主题相似的片段组成概念类属，用图表等方式对数据进行比较分析、解读。

## 03 结果及分析

根据量化测试及深度访谈的数据，研究者发现高校女教师的幸福感受以下因素的影响。

### （一）人口统计学因素的影响

从幸福感自述等级来看，大多数研究对象的总体生活满意度一般，虽然以积极情绪为主，但消极情绪也常常影响其幸福感。这主要是因为受试都是高校女教师，她们职业稳定，物质生活有基本的保障；淡泊明志，更多地追求精神生活，有较多的空闲时间发展自己的爱好；有较高的涵养和爱的能力，善于自我调节；同时她们职业本身就是教书育人，社会普遍认可其意义和价值。不过高校女教师情感细腻，内心丰富，对自己和他人的要求比较高，但囿于社会环境的影响、身心的局限，要在现实生活中达到理想的幸福境界也比较困难。

从人口统计学因素来看，高校女教师的总体生活满意度（自述幸福感的等级）与年龄、性格、学历和职称等因素有一定的相关性。

年龄方面，30～39 岁的研究对象中 100%都选择了第 7 级或第 8 级即"幸福"或"非常幸福"；40～49 岁的研究对象中 25%选择了第 7 级或第 8 级即"幸福"或"非常幸福"，大多数都选择第 5 级或第 6 级即"居于中间"或"有些幸福"，其中有 1 人选择了第 4 级即"有些痛苦"；50～59 岁的研究对象中 88%选择第 6 级或第 7 级即"有些幸福"或"幸福"。

学历方面，100%本科学历、83.3%硕士研究生学历、72.7%博士研究生学历的研究对象都选择了第 6 级"有些幸福"及以上等级。

职称方面，85.7%的副教授、83.3%的讲师、57.1%的教授都选择了第 6 级"有些幸福"及以上等级。

性格方面，外向型女教师 57%都选择了第 6 级"有些幸福"及以上等级，内向的女教师只有 1 人选择了第 4 级"有些痛苦"，其余 4 人选择第 7 级"幸福"及以上等级，"中间型"性格的女教师 46%都选择了第 5 级"居于中间"及以上等级。

由此可以大致窥见人口统计学因素对高校女教师幸福感带来的影响：年龄在 30～39 岁的教师幸福感最强，因为年轻赋予她们创造各种美好的可能性；其次是 50～59 岁，此时的她们放弃了追求不到的奢望，更看重当下拥有的一切；最后是 40～49 岁，她们正处于职业的奋斗期，晋升职称是她们最大的压力源，因此幸福感较低。

职称层次越高幸福感反而越低，副教授和讲师的幸福感高于教授的幸福感，可能是由于教授面临体制考核的要求更高，所承担研究生的指导工作也给她们带来相当大的负荷，随着年龄的增长，精神和心理状态每况愈下。

无论性格如何，对幸福感的影响并不是太大，内向的人敏感，更能感受到幸福，但性格外向的人更能勇敢地追求自己的幸福。

当然，这一量化分析的结果并非是绝对的，每一位高校女教师都是鲜活的个体，她们的总体生活满意度并不是由某一单项变量（如年龄、学历、职称等）决定的，而是由所有人口统计学因素的集合，以及其他外部因素和内部因素带来的综合影响。

### （二）外部因素

#### 1. 婚姻家庭幸福感

父母身体健康、孩子快乐成长、丈夫豁达体恤，是高校女教师共同的幸福心愿清单。

"老大一出生，妈妈就扔下还未退休的老爸，过来帮衬我们，这一帮就是三年，没有爸妈，我怎么可能安心上班？""爸爸从没说过好听的话，但他默默地递给我房子钥匙、车子钥匙那一刻，我真的感动得流泪。"

从小到大，父母都给予孩子无条件的爱，就是她们幸福的源泉，安全感是幸福的前提，只有身在其中，才可能勇于追求快乐而有意义的生活，从而感到激情的释放、身心的自由。

她们中有的对孩子没有过高的要求："我不怎么约束孩子，他完成作业之后，可以干自己喜欢的事。"但为了孩子的学业，她们也是竭尽全力，作为高校教师，时间相对有弹性，具备教书育人的能力，所以培养孩子的重任自然而然就落在她们身上。"老公是外科医生，天天做手术，回家就玩游戏，偶尔我有事，他帮忙管一下，孩子就翻了天。"但高校女教师也不是万能的，"不谈学习，母慈子孝；一谈学习，鸡飞狗跳。""孩子学习滑坡，被班主任叫去，说我不管孩子，作业没完成，听写没上 90 分，硬是把我委屈得哭了。"此时此刻，当她们的丈夫给予应有的支持和担当，她们立刻幸福感爆棚："老公是我的大学同学，虽然他来自贫困的乡村，他的性格却非常阳光，说话幽默风趣，家里总是充满欢声笑语。他烧得一手好菜，我们每天享受在家下馆子的乐趣。"

幸福最坚固的基石应是夫妻之间紧密的、平等的、共同成长的、维系终身的亲密关系，夫妻关系不同于父母关系，大多数中国父母心甘情愿为孩子牺牲时间、事业、感情等（甚至一切）；但夫妻之间，即便有一方愿意作出牺牲也是为了让自己活得更好，因为他们的幸福是捆绑在一起的，当其中一人幸福时另一人也会幸福，甚至更幸福，所以帮助对方也是帮助了自己，这是"幸福的交易"。美满姻缘最为关键的要素并不是找到合适的人，而是用心经营这段关系，理解、信任对方并被理解、被信任。在这场亲密关系中最受益的是他们的后代，孩子们生活在父母营造的幸福圈中，不惧失败，不断尝试，愿意去爱、去付出、去承担。

## 2. 职业幸福感

职业幸福感就是人们在职业活动中的幸福体验，反映特定职业群体对工作条件、职业环境、工作对象、收入水平、工作中的人际关系等能否满足职业生涯发展、实现人生意义与价值需要的情感体验和认知评价，可以有效预测其职业心理发展水平、职业心理健康状况、工作效能、离职意向等[13]。蔡玲丽[14]将高校教师的职业幸福感定义为教师在教育工作中需要获得满足、职业理想得以实现、能够发挥自己的潜能、实现自身和谐发展而获得的持续快乐体验。

国外对教师职业幸福感的研究进行得较早，根据马秀敏[15]综述，关于教师职业幸福感影响因素的研究成果较为丰富，主要影响因素有：管理制度、薪资待遇、工作量、工作条件；教师可以控制的因素，如能否参与到学校的决策、教育过程中的成就感、学生的成长和进步、教师的班级教育实践和教师所承担的角色与责任；教师难以控制的因素，如学校的管理制度、对教师的薪酬福利、教育过程中的成就感及学校环境越来越成为影响教师幸福的主要因素，尤其是学校管理者对教师幸福的获得和保持能起到重大的作用。

从本研究的编码结果分析，教师职业幸福感和满意度主要取决于以下几个方面。

（1）教学方面：在访谈的教师当中，最能带给她们职业幸福感的是学生对她们的认可及学生们在她们指导下取得的点滴进步。"教学相长，在流动的课堂上学生提出的新颖观点也常常让我惊叹，原来我们不可小觑他们的创造力。""在风起寒涌之时或节假日来临，学生们都会发来真诚的祝福，还不忘提醒我添衣保暖。有条信息我一直存在手机里，舍不得删去：老师，今天你穿着小棉袄真漂亮，但更漂亮的是你的课，我喜欢。"作为教师，还有比得到学生赞美更幸福的吗？

但也有吐槽学生的不配合："我尽量采取'以学习者为中心'的模式，上英语课设计各种丰富的活动，或讨论，或辩论，或演戏，可是很多时候学生用汉语讨论，或者干脆直接在草稿纸上写出自己要说的话，这样根本达不到训练口语的目的""上课如上战场，得和他们的手机、瞌睡、发呆作斗争"。

大部分高校女教师都视教师的职业为使命，而不仅仅是任务，学生成长的每一步都给她们带来内心的愉悦和成就感，对工作的认可比工作本身更重要，"好的教学是对学生的一种深情款待"，在"款待"中学生被尊重、被净化，教师被理解、被升华，教育的真正意义得以昭显，教育的力量得以展现，从而赋予教师人生的积极意义，让她们看到自己的社会价值。

（2）科研方面：在询问她们对科研的看法时，不管是讲师还是副教授、教授，她们都认为科研是教学的助力器，但普遍感觉科研压力太大。讲师感觉科研无人指点，极为困难，有的干脆就放弃。"在科研工作中我感觉是有困难的，当然了，我觉得这不会很大地影响我的职业幸福感，可能我并没有把我的重心完全放在这种科研工作中，我觉得我平时只要这个家庭能幸福，自己工作积极认真负责，就不影响我的职业幸福感。"有些副教授则渴望晋升教授，实现一生的夙愿。"在 CSSCI 权威期刊上发表论文还是相当困难的，一方面觉得自己的论文可能质量不够好，未达到权威期刊的要求；另一方面又会怀疑权威期刊在评审时的不公正。特别是当论文进入三审被刷下来，且可能是因为某个评审个人的某些偏见而被刷更觉得无奈，每年职称为此落实不下来，确实影响幸福感。"有些教授则为革命工作了一辈子，身心俱疲，她们更愿意把时间精力投入到自己喜欢的事情："这些年确实对科研有些懈怠了，只有抽出时间和家人外出游玩，享受生活，幸福感才又增强了。"有些担任领导职务的女教师往往力不从心："行政事务太重，一直没有时间弄论文，博士论文倒是至少可以写 10 篇文章出来，但杂事太多了，所以有时真心想辞掉行政职务，好好把职称搞定。"

每个高校女教师都意识到，不管是为个人专业，或者职称晋升，抑或完成任务，她们都不得不在科研上殚精竭虑；但无论是发表文章还是申请课题，都经常是石沉大海，这就极大地影响她们做科研的热情。况且申报课题和完成论文，都需要投入大量的时间和精力，常常为此无法兼顾到家庭和孩子，更要牺牲自己休息和娱乐时间，这不可避免地影响教师们的幸福体验。

（3）薪酬方面：虽然高校女教师都是高学历，但与中小学教师相比较，她们的薪水要低很多。"我以前是中学教师，带了十多年高三的学生，和孩子们成天在题海战术中摸爬滚打，实在厌倦了，就想提升自己，好不容易攻读了硕士学位，应聘到江西省唯一的 211 学校，却发现工资锐减，10%的中小学教师津贴没了，补课费没了，每个月到手 3 000 块钱，怎么维持生计呢？只有利用空闲时间接些翻译的活。"

有钱未必就能幸福，但没有钱是造成不幸福的重要原因之一。金钱可以带给她们安全感，满足她们自由生活的愿望，是实现她们精神需求的重要手段。所以，当有些教师不再需要为生活所迫付出额外的劳动时，她们就会更多地追求精神的富有。"我觉得在高校，文科教师不会对自己的收入很满意，但收入对幸福感的体验好像影响不是很大，因为我不是太追求物质享受，当然如果有更高的收入再好不过。"

众多学者的研究都发现，幸福与财富之间的关联性很低，只有那些极为贫困甚至连基本的生活也难以保障的地区，他们才会深感不幸。1945—1960 年间，美国人均收入增长有 60%的飞跃，然而，40%的人认为自己"很幸福"的这个比例，却没有丝毫的变化。这个数据挑战了美国最为牢固的信仰之一：经济繁荣是幸福的主要原因。在欧洲其他国家也揭示了类似的现象，例如，在英国，半个世纪以来国家的财富差不多翻了 3 倍，而自认为"非常幸福"的人却只从 1957 年的 25%增加到 2005 年的 38%。这些数据充分说明，金钱和物质并不是幸福的主要因素。高校女教师收入虽然不高，但能满足基本生活的需要，而且他们普遍素质较高，会适度控制自己的欲望，将更多的时间留给家庭、朋友，留给她们的热爱所在和内心世界。

（4）组织支持方面：在访谈过程中，大部分高校女教师，尤其 30～40 岁的女教师，她们没有担任任何行政职务，教学相对独立，无须与领导直接接触；虽然有的教师为了晋升，希望在领导面前有所表现，给领导留下好印象，但却苦于没有什么机会，也就不去勉强自己，因为毕竟和领导关系的好坏与幸福感没有太大的关联。"领导太忙了，我平时也没什么特别的事，不太在意他们对我的看法，但估计他们对我没什么印象，更别谈好印象了。"有些兼任行政职务的教师则表现得从容淡定："我是一个小领导，和上级打交道的机会很多，但我不把自己当领导，对领导交代的任务我也扎扎实实地完成。""我这个人比较直率，有什么意见该提的还是会当面提，毕竟营造更有人性关怀的工作环境，我们才能做得更好。我也希望其他同事能在领导面前畅所欲言"。一位来自"双一流学科"院校博士毕业后回校工作的教师，通过民主选举担任学院的副院长，满腔干劲，一心想为单位做些实事，但"木秀于林，风必摧之"，随着她威望的提高，慢慢受到直属领导的排挤。"他开始和我水火不容，处处压制我，大会小会不点名地批评，也不尊重手下人的劳动。我以前总是'两袖清风，为民请命'，现在学乖了，尽量避免正面冲突。我认为，领导干部要有宽广的胸襟，爱才惜才。一个团结的单位可以带给教师安全感，一个你争我斗的局面很不利于单位的发展，教师人心不稳，总想着如何站队，既影响他们业务水平的提高，又给他们平静的生活造成了困扰。"

在不同管理模式下，教师体验到的职业幸福感程度存在明显的差异。在民主文化管理模式下，教师的幸福感更强。学校制定与教师利益息息相关的规章制度，应广泛征求广大教师的意见。当教师觉得自己不仅仅是教书匠，更是学校重要的一分子，有权参与学校的行政事务时，他们的主人翁意识就会被激发，工作热情也会高涨；如果碰到赏识自己的领导，更会生出"士为知己者死"的气概。如果领导专横跋扈、嫉贤妒能，就会极大地伤害教师的情感和积极性。

学校的管理制度直接关乎教师幸福感的体验。无论学校层面还是学院层面，后勤到位带给教师的集体幸福感是无可拟比的。"学校后勤在很多方面做得很好，例如，教工食堂办得好，两荤两素只象征性地收 5 元钱；学校工会安排很多免费的文体活动，像舞蹈、太极拳、瑜伽等，我们各取所需，教研之余玩得不亦乐乎。""学校应该进行更人性化的管理，不要摊派这么多毫无意义的事务性工作，我们毕竟时间有限、精力有限。"

无论在何种性质的高校，后勤工作始终是安定教师精神的乐园，即便一首集体唱起的生日歌、食堂吃到的美味午餐，都让普通教师感到被关怀的温暖；更不用提解决教师的民生问题，当她们不再有衣食住行的后顾之忧，她们才能全力以赴投入到教学和科研工作中，在其中感受到身为高校教师的成就感和自豪感。

### （三）内部主观因素

幸福感是一种源自内心的主观感受，它要求身心之间的和谐，意味着各个维度所具有的平衡感和舒适感[16]。当个体完全沉浸于体验本身时称之为"心流"，这是由心理学家米哈里·齐克森米哈伊在 1960 年提出的概念，他将其定义为：一种将个人的精神力量完全投注于某种活动的感觉，心流产生时会有高度的兴奋和充实感。研究者认为一个人自我的获得感最易产生"心流"。

大多数高校女教师"心流"来源于外界给自己带来的幸福体验。刚做妈妈的洁老师满怀喜悦地说："我有一个宝宝，可能因为得来很不容易，就更加珍惜。参与到一个生命的成长，让我总是发现惊喜，先生也会协助我参与其中，这种良好的家庭关系，以及自我的认可和成长，让我倍感幸福。"和研究者一起在美国访学的室友离婚多年，刚刚找到新的恋情，她由衷感叹："看到美丽的风景，吃到喜欢的美味，和好友或者家人聊天等都可以给我带来愉悦感；做自己喜欢并擅长的事，实现人生中各种大大小小的目标，获得别人的认同；维系温暖美好的亲密关系；关心帮助他人及获得他人的关心帮助。"一直惺惺相惜的师妹当年的博士毕业论文获评为优秀，她总结自己的幸福也是面面俱到："幸福来源于多个支点：首先亲情最重要，买房时父母全力支持了我们；虽然在外地，我们总是电话问候，逢年过节也是尽可能探望二老，这种互相回馈和扶持的亲情让我的生活温暖而有意义；其次是友情，我一直用心地对待朋友，我们之间都是充满了善意和友好的气氛，但并不是所有人都值得我们这样做，尤其有利益关系的同事，要学会甄别；最后才轮到可遇不可求的爱情，如很多夫妻一般，我们更多地是搭伙过日子，工作不顺时也会关心，生活中该有的仪式感也努力保持，刻意去制造 surprise（惊喜）。"

现在复旦大学攻读博士的一名江西省师范学院教师强调幸福来源于自身。"在婚姻、事业中都保有一份自由，能有自我选择权，知道自己想要什么。当初读博也是想改变当时的现状，不管是婚姻还是事业，感觉以前是被动地在往前走，仿佛没什么自我；但现在发现影响幸福感最大的因素，应该是'自我'的获得感。我必须与现实的生活保持一定的距离感，包括婚姻、孩子和事业，希望能把足够的空间和时间留给自己。"

"把所有的时间花在自己孩子和别人孩子的身上，每当夜深人静时，倾听内心的声音，发现并不是自己想要的生活。不管怎么爱孩子和学生，一旦迷失了自己，没有独处的空间和与自己对话的时间，心灵是空虚而茫然的，没有内心的宁静和充实，何以幸福？"一位"双一流"高校女教授深有体会地感叹。

幸福确实来源于有意义的关联，外在的关联重要前提是本体的内在关联，来自外界的快乐是当下的小确幸，而心流体验却更多来源于自我成就，因为它和意义紧密结合。目标的确立是心流的前提，有意义的目标须确保其符合她们自身的价值观，而不是迎合外界的期待；也是发自内心最坚定的声音，而不是出于责任和压迫感。这样的目标才是幸福的源泉，它可以赋予生命自始至终的光芒，防止内心关联的崩溃，避免外在关联的破裂。当她们全身心地投入去实现自己的目标，当她们不为任何诱惑所动坚持自我，当她们一步步地接近着渴望已久的梦想时，这种心流的体验是更高层次的幸福，是眼前的努力和未来的目标高度的契合。

## 04　相关建议

### （一）高校女教师主观幸福感与影响因素的相关性分析

主观幸福感的内涵主要包括总体生活的满意度、积极情绪和消极情绪。从前文分析来看，人口统计学因素、外部因素和内部因素，或多或少地影响着高校女教师的主观幸福感。

人口统计学因素中的年龄、学历和职称等因素对高校女教师的幸福感有一定的影响，但并非都是正相关，即年龄越大、职称和学历越高，并非幸福感就越强。而且，落实到个人，也难免有些偏差，毕竟，高校女教师的幸福感是多种因素的汇合。

外部因素，即婚姻家庭幸福感和职业幸福感（主要体现在教学、科研、薪酬和组织支持方面）对高校女教师的幸福感产生较大影响，婚姻家庭幸福感是持续影响总体生活幸福感的关键因素，美满的婚姻家庭生活持续带给她们积极情绪，而糟糕的婚姻家庭生活则是她们消极情绪的"定时炸弹"。心灵这块情感的土壤，需要持续依靠人与人之间的关联来浇灌。相爱的人是彼此拥有、天长地久的承诺；和亲友架起友谊的桥梁，可以相互给予和治愈，慰藉着失落的心灵；而父母与子女之间天然的、永远的、不容否认的关联更是人生持久的意义，孩子是父母奋斗的动力和永远的牵挂，父母是孩子坚实的靠山和温馨的港湾。

职业幸福感是直接影响高校女教师幸福感的因素，职业中的积极情绪和消极情绪直接影响她们的生活幸福感，她们生命的意义很重要的一方面体现在和学生们之间的教学互动中，最好的教育在于无论是线下的教室还是线上的云课堂，都能成为思想交锋的阵地、心与心交流的港湾，教师可以成为引领者、探路人，或多或少改变一些学生的命运，这种使命感一旦完成，教师的幸福感便有了深刻的意义。有质量的科研产出带给她们极大的职业成就感，而过度的科研压力则是深深扎在高校女教师心里的"一根刺"，她们常常投入了大量的时间和精力在科研工作上，却收获甚微，并且因此无法兼顾到家庭，也牺牲了休闲时光，从而大大影响了高校女教师的幸福体验。此外，组织支持也是高校女教师幸福感的重要保障，高校女教师普遍感性而敏锐，她们在与组织的关联中，感受组织的关爱、环境的融洽，从中找寻归属感和获得感。大多数高校女教师因其职业令人尊重、人际关系相对单纯、教学对象充满活力且属于自己支配的时间较充裕，尽管总体幸福感不尽如人意，但职业幸福感还是比较强的。

内部因素是影响高校女教师幸福感的内在原动力。幸福感虽然会受到生活环境和外在条件的影响，但与基因、个性、感知力密切相关。幸福感是快乐和意义的结合，真正快乐的人能够在有意义的生活中感受幸福的点点滴滴，听一段美妙的音乐、欣赏一片美景、品尝一道美食等，这些知觉能让她们把身体和心灵关联起来，体会到短暂的、当下的快乐。高校女教师的幸福感，很多时候需要进入思考的状态、静观的守候。所谓"静能生慧"，顿悟总是在某个漂浮不定的远处；所谓"非宁静无以致远"，如果头脑里填充了太多繁杂的信息，高校女教师的灵感就会被挤占、被压抑。如果陷入忙碌的、琐碎的、机械的、疲于奔命的日常事务之中，高校女教师的灵气就会被遗漏、被淡化。所以高校女教师需要尽可能为自己争取"安静"的时间和空间，让自己有"发呆"的心情和环境。精神的思考，是高校女教师异于常人幸福的必备条件，可以使她们成为有主见的、幸福的人，过上幸福的生活。

**（二）提升高校女教师幸福感的建议**

在深入访谈中，这些高校女教师"仁者见仁，智者见智"，贡献了很多提升幸福感的合理化建议。

（1）从精神层面上入手。女人应该最先关爱、呵护自己，再去爱他人；修炼自我，丰富内心获得宁静；接纳生活，接纳现实，愉纳不完美的自己；心存感恩，热爱生活和家人，调整好心态，不如意时不妨用"阿 Q 精神"安慰自己。

（2）采取积极的生活态度。有规划地生活和工作，努力奋斗，一步一步实现目标；从学术、教学、孩子教育等方面提升自己，从而提升幸福感；读书、锻炼，自我缓解压力；培养自己的兴趣爱好，做自己想做的事，靠自己获取幸福感；从清除影响幸福的绊脚石着手，善于学习，踏实工作，与人为善；要多看到自己已经拥有的，少去与人比较，不去遗憾自己无法得到的。

（3）借助各种外界的力量。幸福是生活的小确幸堆积而成的，找找生活中的小乐趣，给自己添个心仪了很久的小玩意，和朋友聚一聚，和相爱的人一起去旅游；从日常生活中发现幸福感，不用刻意寻找特别的方式，例如，养宠物、阅读、看电视、跳舞、运动、自己动手做美食，让生活充实起来；在工作之余参加各种活动，尤其是做义工。人生有三乐—— 自得其乐、知足常乐、助人为乐。自得其乐和知足常乐是个人层面的圆满，助人为乐则超越了个人境界，可以让人生更圆满，帮助他人越多，自己越开心，也就更愿意去帮助更多的人。

职业的使命感、对人生的领悟力、对自己的幸福力，促使这些高校女教师义无反顾地走在寻觅幸福的道路上。

因此，真正带来幸福感的并不是财富的增长，而是观念的改变、积极情绪的调整及投入事件的意义；幸福也不是短暂的快乐，而是长久的愉悦的心态。名望财富、健康长寿或者其他种种小目标，其终点都是通往幸福的起点。只有把追求幸福作为终极目标的人，才有可能成为成功的人。树立了这样的信念，幸福就能伴随一生。

## 05  总体评价

研究对象中大部分高校女教师幸福感一般，影响她们幸福感的不仅有人口统计学因素，还有来自外部的环境及主观因素中"自我的获得感"。外部环境涉及婚姻家庭及其职业幸福感，其中职业幸福感主要受教学、科研、薪酬及其组织支持的影响，内外因素交相作用，影响高校女教师的总体生活满意度。真正带来幸福感的是观念的改变、积极情绪的调整及投入事件的意义。

注：参考文献请见原文。